KB150254

발해의 불교유물과 유적

발해의 불교유물과 유적

2016년 7월 1일 초판 1쇄 인쇄
2016년 7월 5일 초판 1쇄 발행

지은이 최성은 · 이송란 · 임석규 · 양은경 · 이우섭
펴낸이 권혁재

편집 조혜진, 권이지, 김경희
출력 CMYK
인쇄 한일프린테크

펴낸곳 학연문화사
등록 1988년 2월 26일 제2-501호
주소 서울시 금천구 가산동 371-28 우림라이온스밸리 B동 712호
전화 02-2026-0541~4
팩스 02-2026-0547
E-mail hak7891@chol.net

ISBN 978-89-5508-347-7 93910
협의에 따라 인지를 붙이지 않습니다.

책값은 뒷표지에 있습니다.
잘못된 책은 바꾸어 드립니다.

발해의 불교유물과 유적

최성은 · 이송란 · 임석규 · 양은경 · 이우섭

학연문화사

목　차

발해의 이불병좌상

林碩奎　재단법인 불교문화재연구소

Ⅰ. 머리말

발해는 698년에 대조영이 고구려의 옛 땅에 건국하여 926년에 거란에 의해 멸망되기까지 229년간 존속한 나라이다. 발해의 지방통치 기구는 5경 15부 62주로 구성되어, 그 판도는 현재의 중국 길림성(吉林省) 및 흑룡강성(黑龍江省)의 대부분과 요녕성(遼寧省)의 일부, 러시아의 연해주(沿海州), 그리고 북한의 함경남북도 및 평안북도 지역에까지 미치고 있다(도 1). 그러나 현재 발해에 관한 자료의 대부분은 소실되었고 현존하는 약간의 기록도 몇 편의 사료에 단편적으로 기록되어 있는 정도에 그치고 있다. 그렇기 때문에 「해동성국(海東聖國)」이라고 불릴 정도로 성숙되었다고 생각되는 발해 문화의 전체상을 이해하기에는 어려움이 많은 것이 현실이다.

이와 같은 현실을 극복하기 위해 지금까지 발해의 유적에 대한 고고학적인 조사가 진행되어 왔다. 우선 일본은 20세기 전반에 가장 먼저 상경용천부(중국 흑룡강성 영안시 발해진)의 유적인 상경성과 동경용원부(중국 길림성 훈춘시)의 유적인 팔련성 유적에 대한 발굴을 실시하였다[1]. 그 후,

---

1) 齊藤優씨에 의하면 「팔련성(八連城)」이라는 명칭은 「반납성(半拉城)」에서 전환된 것으

도 1. 발해강역도

중국과 러시아, 북한에 의해 다양한 지역의 발굴이 진행되었고, 1990년대 이후 한국도 러시아 연해주지역의 발해유적 발굴조사를 하고 있다.[2) 각국

로 발굴 당시 일반 주민 사이에서는 팔련성이라고 불렀다고 한다. 그러나 그의 견해도 역사적 전거를 가지고 있지 않은 것으로 본고에서는 현재 일반적으로 사용하고 있는 팔련성이라는 명칭을 쓰도록 하겠다. 齊藤優, 1978.1,『半拉城と他の史跡』, 半拉城址刊行會, 8쪽 또, 본론은 그의 1942,『半拉城と他の史跡』, 琿春縣公署를 재수록 한 것이다.

2) 앞의 주1) 齊藤優의 논고에 더하여 다음의 보고서·논문을 참고하였다.

東亞考古學會, 1939.3,『東京城 渤海國上京龍泉府の發掘調查』, 東方考古學叢刊, 甲種, 第五冊.

齊藤優, 1942,『半拉城-渤海の遺跡調查-』, 琿春縣公署(1878. 1,『半拉城と他の史跡』, 半拉城址刊行會에 재수록).

孫秀仁, 1969,「唐代渤海的佛像和舍利函」『黑龍江古代文物』, 黑龍江人民出版社.

丹化沙, 1980.6,「關于興隆寺渤海大石佛」『北方論叢』, 北方論叢編集部.

方學鳳, 1986.4,「渤海以國中京東京爲王都時期的佛敎試探」,『延邊大學學報』, 延邊大學出版社(후에 「구국, 중경, 동경을 수도로 한 시기의 발해의 불교에 대한 연구」라는 제목의 한국어 번역논문을 1989.6,『渤海史硏究』, 延邊大學出版社에 재수록).

이 지금까지 조사해 왔던 발해유적 중에는 성터나 고분과 함께 불교유적도 상당 수 보고되어 있다.

지금까지 보고되었던 발해의 불교유적은 상경성에서 발견된 십여 곳 남짓의 사원지를 비롯하여 중경과 동경이 있었던 중국 북동부와 러시아의 연해주, 함경북도 명천군 등에서 많이 확인된다. 이들 사원지에서는 여러 가지 재질로 제작된 다양한 도상의 불교조각이 출토되었는데, 특히 동경 용원부가 있었던 훈춘시 팔련성에서 발견된 여러 구의 이불병좌상은 다른 지역의 발해유적에서는 보기 어려운 특수한 형식의 불상이다.

팔련성에서 출토된 이불병좌상은 지금 알려져 있는 발해 불상들 중 고구려 불상과 양식적으로 가장 많이 닮아 있어서 주목되어 왔다. 또 출토지가 특정되어 있기 때문에 발해의 초기 불교조각을 연구할 때에 중요한 자료가 될 것으로 생각된다. 그 작례에 대해서는 일본의 연구자들이 이미 언급한 바 있으나, 주로 고고학적인 발굴성과 또는 발해의 지방통치제도와 관련된 연구에 머물고 있는 느낌이 강하다. 그리고 한국 불교조각에 있어서의 자리매김은 물론이려니와 양식적, 도상적인 검토도 거의 이루어지지 않고 있다고 말할 수 있다. 사상적 배경에 관해서도 막연히 법화사상과 관련된 것으로 이해되어 왔다.[3] 따라서 본문에서는 먼저 발해역사와 발해불

E.V.Shavkunov, 宋基豪譯, 1985, 「沿海州의 渤海文化遺蹟」『白山學報』30 · 31, 白山學會.

E.V.Shavkunov L.E.Semenichenko, 宋基豪譯, 1990, 「소련 沿海州의 渤海文化硏究」『韓國史論』23, 서울大學校歷史學科.

3) 동경룡원부의 이불병좌상에 관해서는 주로 다음과 같은 선행연구가 있다.

驅井和愛, 1946, 「渤海國의 二佛坐石像」『學海』三-四(1974, 「渤海國의 二佛坐石像」『中國考古學論叢』慶友社에 재수록).

驅井和愛, 1950, 「渤海의 佛像-特히 二佛坐石像에 대하여-」『遼陽發見의 漢代墳墓』考古學研究第一册, 東京大學文學部考古學研究室(1977, 『中國都城, 渤海研究』雄山閣에 재수록).

三上次男, 1968, 「半拉城出土의 二佛坐像과 그 歷史的意義-高句麗와 渤海를 結ぶもの-」『朝鮮學報』49, 朝鮮學會.

河上洋, 1992, 「渤海의 東京과 二佛坐像」『佛教史學研究』35-2, 佛教史學會.

교에 관한 자료를 가능한 취합하여 발해 역대 왕들의 문화정책, 특히 불교 정책의 틀을 밝히고, 팔련성 출토 이불병좌상의 양식적 도상적 특징을 새로이 관찰하여 그 조상 배경을 살펴보고자 한다.

Ⅱ. 발해의 불교문화

불교는 372년에 고구려에 전래된 이래 백제, 신라를 포함하여 한반도 전역에서 신앙되어 왔다. 고구려 문화를 계승한 발해도 당연히 불교신앙을 계승하여 왔을 것이다. 발해 불교에 관한 기록은 전무한 것과 다름없지만, 단편적으로 보이는 몇 개의 문헌기록, 유적 및 그 유품을 이용하여 발해 불교의 성격을 검토해 보고자 한다[4].

1. 발해의 문화정책

705년에 고왕 대조영의 차남 대문예가 당에 들어가고, 713년 대조영은 당으로부터 발해군왕에 책봉된다. 건국 초기 고왕의 당에 대한 적극적인 교섭은 고구려와 백제를 멸망시키고 당의 세력을 한반도에서 몰아낸 신라를 견제하기 위한 것이었다. 713년에 왕자를 당에 파견하고 「입사예불(入寺禮佛)」을 요청한 것이나, 함경북도의 오매리사지에서 고구려 546년명 금동판이 발해 시기 토층에서 출토된 사실 등에서 발해는 건국초기에 고구려를 계승하면서도 당의 문화를 강하게 흡수하려는 자세를 갖고 있었다고 볼 수 있다.

그런데, 719년에 즉위한 무왕 대무예는 독자적인 연호를 사용하여 독립

---

4) 발해의 불교에 관해서는 주로 다음과 같은 선행연구가 있다.

宋基豪, 1992, 「渤海佛敎의 展開過程과 몇 가지 特徵」 『伽山李智冠스님 回甲記念論叢 韓國佛敎文化思想史 上』 伽山李智冠스님 華甲紀念 論叢刊行委員會.

文明大, 1999, 「渤海佛敎彫刻의 流派와 樣式研究」 『講座美術史』14, 韓國美術史研究所.

된 국가임을 명확히 하였고, 당 신라 흑수말갈에 대해서도 군사행동을 일으
켰다. 또한 자신의 그러한 행동에 대한 대비책으로 727년부터 일본에 발해
사신을 파견하기 시작한다. 그해, 일본에 보낸 국서에「復高麗之旧居 有扶
余之遺俗」라고 자신의 의지를 표명하여 국토경영이나 문화 창달에 있어서
고구려를 계승하였다는 것을 강하고 명확하게 내세운 사실을 알 수 있다.

그러나 문왕 대흠무(재위737~793년)은 무왕의 당과 신라 등에 대한 대
립정책을 일변시켜, 빈번히 사절을 파견하고 각종 서적을 가져오는 등 당
과의 친선정책을 강화하여 갔다. 당 문화의 유입 이동을 적극적으로 추진
하여 입당유학생과 입당승도 증가하였다. 749년경에 구국으로부터 중경
현덕부(길림성 화룡시)에, 이어 756년경에 중경에서 상경용천부(상경성)
으로 천도하였다. 774년, 유신을 거행하여 대흥(大興)에서 보력(寶歷)으로
개원한다. 785년에는 상경에서 동경용원부(팔련성)에 천도하고부터는 신
라와도 친선관계를 맺고, 790년 이후 사절의 왕래가 시작된다. 수도를 동
경에서 상경으로 다시 천도한 8세기말 이후(793년), 발해는 당 · 신라 · 일
본 모두와 우호관계를 계속하여 유지하였고 문화교류도 적극적이었다[5].

이상과 같이 발해 건국 초기 역대왕의 문화정책을 눈여겨 볼 때, 신라
와 친선관계를 맺은 8세기말 문왕의 시대를 경계로 그 전과 후의 분위기가
크게 달라진 것을 느낄 수 있다. 즉, 그 차이는 고구려를 계승하려는 의지

---

5) 문왕은 영토 확장에도 적극적으로 힘썼다.『舊唐書』에는 이 시기의 강역이 사방 이천리
에 미치고 있다. 구국에 발해가 건국된 이래, 동으로는 두만강지역, 서로는 압록강 하구
와 길림 · 장춘까지 미치며, 북으로는 철리(중국흑룡강성)과 월희(러시아 연해주)에 인
접하고, 남으로는 신라와 접한 것을 알 수 있다. 또, 동경지역은 발해 건국 후 반세기도
지나지 않아 오경의 하나가 되었고, 8세기 후반에는 수도가 세워졌다. 특히, 동경지역
은 무왕대 초기에 이미 발해의 영역에 편입되었던 것 같다. 727년에 일본에 파견된 발
해의 사절단은 염주(러시아연해주 크라스키노로 추정)로부터 출범하였다고 보여진다.
염주는 동경 사주의 하나로서 무왕대에 이미 연해주 남부의 동해안 지역까지 발해의
세력이 미치고 있었다.
金東宇, 2006,「渤海의 地方統治制의 運營과 그 變化」『韓國史學報』24, 고려사학회.
林相先, 2006.12,「渤海東京地域의 高句麗 文化要素」,『高句麗研究』25, 高句麗研究會.

의 유무였을 것이다. 문왕의 치세 이후 신라와 대륙의 관계가 소홀해 졌기 때문에 신라에 대해 발해왕실의 정통성을 주장하기 위해서 이용하였던 고구려색, 즉 고구려 문화의 계승성을 이제 강하게 주장할 필요가 없어졌다고 생각할 수 있다. 따라서 이러한 점이야 말로 후술하는 고구려 양식을 계승한 이불병좌상의 제작연대를 고찰하는 실마리가 될 수 있다고 생각된다.

2. 발해왕실의 불교

그렇다면, 왕실과 불교와의 관계는 어떠한 것이었을까? 먼저, 『册府元龜(책부원구)』권 제971에 「開元元年十二月 靺鞨王子來朝 奏日 臣請就市交易 入寺禮佛許之」라고 기록되어 있는데, 발해의 건국왕인 대조영이 당의 현종으로부터 발해군왕에 봉해지고 당과의 교류가 본격적으로 시작된 개원 원년(713)에 말갈(즉 발해)의 왕자가 사신으로 당에 파견되었을 때[6], 사원을 방문하여 예불하기를 원했던 사실을 알 수 있다. 이 기록에서 적어도 개원 원년 이전에는 발해에 불교가 수용되어 있었던 것을 알 수 있다, 또 권972에 「元和九年正月 渤海使高禮進等三十七人朝貢 獻金銀佛像各一」이라 되어 있어서 元和(원화)9년(814), 발해의 사신이 당에 금제 · 은제의 불상을 헌상하였던 것을 알 수 있다. 불교가 성하였던 고구려의 흐름을 흡수한 발해왕실에서의 불교의 자리매김, 즉 불교에 대한 특별한 의식을 가지고 있었던 것을 보여주는 기록이라고 할 수 있다.

그리고 발해왕의 불교식 존호에서도 불교가 발해왕실에게 특별한 존재였다는 것을 엿볼 수 있다. 예를 들면 정혜공주와 정효공주(모두 문왕의

---

6) 발해의 건국자인 대조영의 출신에 관해서는 『신당서』발해전에 보이는 「渤海, 粟末靺鞨 附高麗者姓大氏」라고 하는 기술에서 속말말갈인으로 불리는 한편 『구당서』발해말갈 전에 보이는 「渤海靺鞨大祚榮者 本高麗別種也」에서 고구려인으로 보는 견해도 있다. 그러나 양자 모두 말갈이 발해를 의미하고 있다는 것에 관해서는 이견이 없고, 『책부원구』의 권17 편집자도 이와 같은 인식을 하고 있으며, 『책부원구』에 보이는 말갈의 왕자는 발해의 왕자를 의미한다고 이해하는 것이 당연하다.

딸)의 무덤에서 발견된 비문에 의하면 제3대 문왕 대흠무(재위 737~793년)이 만년에 사용한 존호가 「대흥보력효감금륜성법대왕(大興寶歷孝感金輪聖法大王)」이었던 것을 알 수 있다. 이 존호는 「대흥보력」, 「효감」, 「금륜성법」의 3부분으로 나뉘는데, 먼저 「대흥보력」은 문왕대에 이용된 연호이다. 738년에 대흥으로 개원하고 774년에는 보력으로 개원했는데 「정효공주묘지」에 대흥 56년에 서거하였다고 기재되어 있어서 시기는 명확하지 않지만 다시 대흥이 사용되었다고 생각된다. 「대흥」이라고 하면 여기서 유추되는 것은 북주를 멸한 수 문제(재위 581~604년)가 건설한 새로운 수도 대흥성과 불교 부흥의 상징으로서 건립된 국사 대흥선사일 것이다. 문왕의 치세는 건국으로부터 약 40년이 지나 선대 무왕대에 대립하였던 당이나 신라와 우호관계를 맺고 국가로서의 안정기를 맞이하였다고 할 수 있다. 이 시기 문왕은 적극적으로 당의 문화를 수용하고 불교에 기초한 정치를 행할 것을 선언하였기 때문에 의도적으로 대흥이라는 연호를 사용하였다고 추측해 볼 수 있다. 다음으로 「효감」인데, 이것은 유교에서 군자의 도리를 밝힌 『어주효경(御注孝經)』을 찬술하여, 개원의 치라고 불린 당의 전성기를 실현한 현종의 존호 「건원대성광천문무효감황제(乾元大聖光天文武孝感皇帝)」에서 유래한 것이라고 할 수 있다. 게다가 「금륜성법」은 미륵의 화신으로서 불교적인 정치를 실현하였던 측천무후의 존호 「자씨월고금륜성신황제(慈氏越古金輪聖神皇帝)」를 모방했을 가능성도 생각해 볼 수 있다. 문자의 의미로 보면 「효감」은 유교적인 덕행, 「금륜」은 금륜성왕의 약칭이며, 전륜성왕의 설화와 관계있는 불교용어이다. 「성법」은 올바른 진리(正法) 혹은 석가의 가르침을 의미하며, 성법왕이라는 것은 과거불인 세자재왕을 나타내는 것이므로 전륜성왕과 관련된다[7].

이처럼 문왕의 존호에서는 그가 유교와 불교에 기초한 정치를 행하고 국내의 안정을 도모하려했던 강한 의도를 엿볼 수 있다. 문왕은 불교를 단

---

7) 宋基豪, 1992, 앞의 논문, 705쪽.

순히 신앙하려고 했던 것만 아니라 정치 규범으로서 불교를 국가의 근간으로 삼았다고 볼 수 있으므로 발해 왕실의 입장에서 불교는 매우 중요한 것이었다고 할 수 있다.

또 문왕이 불교를 중시한 것은 정효공주묘 위에 세워진 묘탑에서도 엿볼 수 있다[8]. 지상에 탑을 세우고 그 아래에 묘를 설치한, 말하자면 '묘탑장'은 발해의 전통적인 관습이었던 것이 아니고 불교의 융성기에 성행하였던 당대 묘탑장의 영향을 받았던 것이다. 산동성 영암사 혜종탑과 하남성 소림사탑, 섬서성 홍교사 현장사리탑에서도 확인되듯이 당에서는 고승의 묘제로서 묘탑장이 행해져 왔다. 발해는 당의 문화를 수용하는 과정에서 이와 같은 불교식 장례 형식도 채용하였다고 생각된다.

3. 발해의 승려

발해 출신의 승려에 관한 기록도 매우 적다. 찬녕(贊寧)이 선한 『송고승전(宋高僧傳)』의 「낙양동덕사석무명전(洛陽同德寺釋無名傳)」 등에 등장하는 南宗禪僧 神會의 제자 석무명(釋無名)(722-794), 814년에 발해사신의 녹사(錄事)로서 일본에 가 「칠일금중배연시(七日禁中陪宴詩)」를 남긴 석인정(釋仁貞)(?-815), 826년에 용강성 해성사(海城寺)와 금강곡 개심사(改心寺, 함경북도)를 창건한 대원(大圓), 영경사 료센(靈仙)의 손제자인 석정소(釋貞素), 당·고언휴의 『궐사(闕史)』에 858년 입당하여 장안 서명사에 있으면서 새나 짐승들과 소통하였다고 기록된 살다라(薩多羅), 926년에 고려에 망명한 재웅(載雄) 등이 알려져 있을 뿐이다.

석무명은 낙양에서 태어났을 가능성도 있지만, 본가는 서경압록부(길림성 임강시)에서 관료를 지냈기 때문에 발해와의 교류가 있었다고 생각

---

8) 方學鳳, 1993.11,「貞惠公主와 貞孝公主의 墓에 대해서」『渤海史硏究』1, 沿邊大學出版社, 43~76쪽.

된다. 그는 북종선에서 시작하여 남종선의 경지에 달하고, 각지의 명산을 두루 누빈 후 오대산 불광사에서 입적하였다. 화엄의 4대조 징관(澄觀)(737-838)에게도 영향을 주어 화엄과 선을 융통하였다고 생각된다. 게다가 「석무명전」의 문말에 「或云名著疏解彌陀經焉」이라 쓰여 있어 아미타정토신앙과의 관계도 짐작할 수 있다.[9]

석정소는 일본 승려 료센(靈仙)의 손제자인데, 스승 응공(應公)과 더불어 상세한 것은 알 수 없기 때문에 료센을 통해 그의 행적을 추측해 보고자 한다. 료센(759-827?)은 774년경에 나라 고후쿠지(興福寺)에서 출가하여 켄케이(賢憬)에게 법상(유식학)을 배웠는데, 꿈에 대일여래가 나타났다. 그 가르침을 얻기 위해 804년에 유학승으로 입당하여 구카이(空海)와 함께 반야삼장을 범어로 공부한다. 810년 장안 예천사에서 역경승 반야삼장 슬하에서 『대승본생심지관경(大乘本生心地觀經)』을 번역할 때에 필수(筆受)와 역어(譯語)의 소임을 맡아 그 공으로 내공봉(內供奉)이 되어 밀교의 태원수명왕(太元帥明王)을 본존으로 하는 태원수법을 수득한다. 815년 정점보통원 보살당(停点普通院 菩薩堂) 앞에서 화엄일만보살의 출현을 본다. 820년에 오대산에 도착하여 불공(不空)계의 밀교사원인 금각사 견고보살원(堅固菩薩院)과 철륵란야(鐵勒蘭若), 과거칠불신앙에 기초하여 율전의 성립과 관계있는 칠불교계원 등에서 수학하였다. 수행의 일환으로 스스로 손의 피부를 벗겨 불상을 그려 공양하여 부정관 등의 수행을 하다가, 영경사 욕실원에서 살해되었다. 정소는 료센으로부터 불사리와 새로운 경전을 받고 발해사의 배로 일본으로 건너가 사가(嵯峨), 준나(淳和)천황으로부터 받은 백금을 료센에게 전했다. 또 칠불교계원에 「곡료센상인시(哭靈仙上人詩)」를 남기는 등 료센의 영향을 깊게 받은 것 같다. 또 839년에 귀국한 진언종(眞言宗) 엔교우(圓行, 799-852)의 「영암

---

9) 석무명에 대해서는 그의 조부가 낙양에서 출사하였다는 점에서 발해가 아닌 당의 발해 군 출신이라고 하는 견해도 있다. 앞의 주 4)宋基豪 論考, 711쪽.

사화상청래법문도구등목록(靈巖寺和尙請來法門道具等目錄)」에 「佛舍
利二千七百余粒靈仙大德弟子付授」과 「梵夾一具靈仙大德弟子付授」를,
847년에 귀국한 천태종 엔닌(圓仁)의 「입당신구성교목록(入唐新求聖教
目錄)」에 「대당대주오대산대화엄사반약원비구정소소습천태지자대사교적
등목록일권(大唐代州五臺山大華嚴寺般若院比丘貞素所習天台智者大
師教迹等目錄一卷)」이 포함되어 있다. 또 쿠카이의『최승왕경개제(最勝
王經開題)』(9세기전반)의 부록 「최승왕경비밀가타(最勝王經秘密伽陀)」
에 813년에 료센의 제자 응공이 쿠카이의 제자 신엔(眞圓)에게『금강명경
(金光明經)』을 강의해 줄것을 청했던 기록이 있어 정소는 료센과 응공으
로부터 법상(유식학), 본연사상, 천태, 화엄, 불공계밀교 등을 이어받았을
가능성이 있으며, 특히 불사리신앙과 화엄밀교가 성했던 오대산 신앙에
주목했을 것이다.

4. 발해의 사지와 유물

지금까지 발견되었던 발해의 사지(寺址)는 대조영이 발해를 건국했
던 구국(舊國)지역(중국 길림성 돈화시 육정산 영승유적과 성산자산성 일
대) 홍석향의 묘둔사지, 상경지역의 상경성 주변 열 곳의 사원, 중경지역
(중국 길림성 화룡시 서고성)에 있는 팔가자진의 하남촌사지, 동남구사지,
덕화향의 고산사지, 서성향의 군민교사지, 룡영향의 룡해사지, 룡정진의
수칠구사지, 덕신향의 중평사지, 명월진부근의 무학사지, 대동구사지, 신
선동사지, 전가구사지, 함장사지 등 열두 곳, 동경지역(중국 길림성 훈춘
시 팔련성)에 있는 팔련성 안 세 곳의 사지, 마적달향의 마적달사지(룡왕
묘사지), 마천자향의 오 · 일사지, 양포향의 양목림자사지, 밀강하상류의
대황구사지, 러시아 연해주지역의 핫산(Khasan)지방의 크라스키노성 안
의 사지와 슬라비앙카(Slavianka)지방의 코프이토(Kopyto)사지, 아브리코
스(Abrikos)사지, 우수리스크(Ussuriisk)시 부근의 사지 등, 대략 40여 곳에

달한다.[10] 또 러시아에서 1993년 대륙연구소 연해주 발해유적조사단의 불교유적발굴대가 실시한 우수리스크의 코르사코푸카 유적은 그 발굴보고서에서 탑지(塔址)일 가능성이 제시되었다.[11]

이와 같이 발해에는 수많은 불교유적이 남아 있으며 유적에서는 다양한 불상이 출토되고 있다. 그러나 현재 그곳에서 출토된 불상은 중국, 일본, 러시아, 북한, 한국 등에 산재하여 있어서 그 정확한 수량이나 종류를 파악하기 어렵다. 발견된 불상을 재질별로 나누어 보면 석불과 철불, 금동불 혹은 동불, 전불(泥佛, 陶佛), 소조불, 건칠불, 벽화의 단편 등이 있어 다양한 재료를 이용하여 제작하였다는 것을 알 수 있다.

이 중에는 전불의 수가 가장 많고 상경성과 동경성의 사지에서 대량으로 출토되고 있으며 그 외 아브리코스의 사지에서도 확인되고 있다. 전불의 바닥면에는 못 등을 꽂았던 것으로 보이는 구멍이 있어서 본래는 사원의 벽면을 장식하기 위해 부착했던 것으로 생각되며, 천불 또는 화불(化佛)로서 만들어졌을 것으로 생각된다. 상경성의 사지에서 출토된 벽화의 단편 중에도 천불도의 일부가 확인되어 전불(塼佛)의 성격과 관련된 것으로 추측된다. 물론 전불은 중국과 일본에서도 조성되었는데, 대부분 얇은 판불의 형태이다. 그에 반해 발해의 전불은 입체적으로 표현되어 환조에 가깝다고 할 수 있다. 이러한 전불은 고구려의 원오리사지에서 출토된 상들과 상통하는 것으로 발해의 전불이 고구려의 전통을 계승하였다는 것을 엿볼 수 있다.[12]

---

10) 발해의 사지에 대해서는 주로 다음 논문을 참고하였다.
　　宋基豪, 앞의 논문, 713~714쪽; 박룡연, 1994,「고고학 방면으로부터 본 발해의 불교문화」『渤海史硏究』4, 沿邊大學出版社, 238~253쪽; 方學鳳, 1992,「발해의 절간자리에 대하여」『발해 유적과 그에 관한 연구』, 沿邊大學出版社, 233~255쪽; 文明大, 1992,「코르사코푸카 불교사원지 발굴」『러시아연해주 발해유적』, 대륙연구소.
11) 河上洋, 1987,「東北アジア地域の佛敎-渤海を中心として」『大谷大學史學論究』1, 大谷大學文學部歷史學科, 67쪽.
12) 宋基豪, 1992, 앞의 논문, 716쪽.

석불로는 현재 상경성 안의 흥륭사(興隆寺)에 안치되어 있는 불좌상 (총고 3.3m)가 대표적인데 유감스럽게도 청나라 때 수리되어 본래의 형태를 잃어버렸다. 또, 팔련성 사지에서도 이불병좌상을 포함하여 다수의 석불과 그 단편이 출토되고 있다. 단독존으로는 보살상과 불좌상이 있고, 그 외에는 이불병좌상과 삼존불 등의 형식이 보인다. 출토된 불상들은 각각 다른 표현을 보이고 있어서 다양한 형식으로 전개되고 있는 것을 알 수 있다[13].

또한 사지에 있어서도 발해 건국 초기의 수도(舊國일대)에는 불교유적이 극히 적지만, 그 외 왕이 거주한 수도였던 중경현덕부와 상경용천부, 동경용원부 일대에서는 사지와 불상 등 많은 불교유적과 유물이 발견되고 있다. 이러한 점은 발해의 불교가 건국 초기부터 왕실과 귀족을 중심으로 신앙되었고, 특히 제3대 문왕의 시대부터 광범위하게 융성하였기 때문에 발해의 사지 또한 도성을 중심으로 조영되었다는 것을 알 수 있다.

Ⅲ. 동경용원부의 역사적배경

229년간 존속하였던 발해는 4회에 걸친 천도를 단행하였다. 먼저, 천보(天寶)년간(742-756)에는 대조영에 의해 건국된 「구국」으로부터 「현주(顯州)」로 옮겼고, 천보 말기에는 「상경」으로 천도하였다. 또, 정원(貞元)년간(785-793)에는 상경에서 동남쪽의 「동경」으로 도읍을 옮겼으나 제5대 성왕의 즉위와 더불어 다시 상경으로 돌아간다. 그 후 발해는 멸망하기까지 상경을 도읍으로 하였다.

동경용원부는 『신당서(新唐書)』에 의하면 책성부(柵城府)라고도 불렸

---

13) 車玉信, 1991, 「발해의 佛像에 관한 硏究」, 이화여자대학교대학원 미술사학과 석사학위논문, 52~85쪽.

으며, 고구려의 옛 땅으로 경(慶)·염(塩)·목(穆)·하(賀) 등 4개주를 관할하였다고 쓰여 있다. 또 용원부는 동남쪽으로 바다와 접해 있어 일본도라고도 하였다.[14]

발해가 동경으로 천도한 이유는 동경용원부가 일본도였다고 하는 기록에서도 알 수 있는 것처럼 일본과의 관계가 중요한 요소로서 작용하였을 것이다. 또 고구려 이래 동경지역이 중요한 군사, 교통의 요지였다는 것도 천도에 영향을 주었다고 생각된다. 동경지역은 동해와 압록강, 두만강과 인접해 있어 교통의 요지였다. 이러한 교통의 편리성은 일본과의 교류에 있어서도 유리하게 작용하여 새로운 문화요소를 수용하기에 좋은 조건이었다. 결국 발해는 이처럼 고구려 이래 동북지역의 거점으로서 훈춘지역의 중요성을 다시금 인식하고 그곳에 동경을 두어 정치와 문화의 중심을 옮겼다고 할 수 있다[15]. 또, 동경용원부의 위치에 관해서는 많은 논의가 있는데, 사이토 마사루(齊藤優)·도리야마 기이치(鳥山喜一)에 의한 팔련성 발굴 및 선행연구의 성과를 종합한 결과, 훈춘설이 확정되어 더 이상 이론은 없게 되었다[16].

팔련성은 훈춘강과 도문강의 삼각충적평원의 서북부, 즉 현재의 훈춘현 국영우량종농장의 남부 경작지에 위치하고 있다. 1924년에 도리야마 기이치씨가 그 지역의 조사를 실시하고 1937년에 도리야마 기이치·후지다 료사쿠(藤田亮策) 두 사람에 의해 실시된 발굴에서 그 규모와 개요가

---

14) 『新唐書』卷29 「初, 其王數遣諸生詣京師太學, 習識古今制度, 至是遂爲海東盛國, 地有五京十五府六十二州, 以肅愼故地爲上京, 曰龍泉府, 領龍湖渤三州, 其南爲中京, 曰顯德府, 領盧顯鐵湯榮興六州, 濊貊故地爲東京, 曰龍原府, 亦曰柵城府, 領慶塩穆賀四州, 沃沮故地爲南京, 曰南海府, 領沃晴椒三州, 高麗故地爲西京, 曰鴨淥府, 領神桓豊正四州, 曰長嶺府, 領瑕河二州, 扶餘故地爲扶余府, 常屯勁兵扞契丹, 領扶仙二州, (中略)龍原東南瀕海, 日本道也, 南海, 新羅道也, 鴨淥, 朝貢道也, 長嶺, 營州道也, 扶余, 契丹道也」.

15) 林相先, 2006, 앞의 글, 62쪽.

16) 鳥山喜一, 1968, 『渤海史上の諸問題』, 風間書房, 153~159쪽.

밝혀지게 되었다[17]. 그 후, 1942년에 발굴 조사한 사이토 마사루(齊藤優) 씨에 의해 팔련성은 외성과 내성의 이중구조로 되어 있으며, 내성의 규모는 동서 약 700m×남북 약 730m의 토성으로 사방에 문이 설치되어 있다는 사실이 보고되었다(도 2). 그리고 궁성은 내성의 내측 북쪽 편에 동서 약 220m×남북 약 310m의 규모로 위치하고 있다[18].

내성의 외측에서는 3개의 사지가 발견되었고, 사이토씨에 의해 각각 제1, 제2, 제3폐사지로 이름 붙여졌다. 제1폐사지(도 3)는 내성의 동벽에서 동쪽으로 630m, 남벽의 연장선으로부터 남으로 120m 떨어진 지점에 있는데, 발굴조사 결과 사리 장치를 구비한 심초석이 발견되어 탑지인 것이 판명되었다. 이곳에서는 금동불상도 발견되었다.

제2폐사지(도 4)는 남벽의 수직 이등분선상, 남쪽으로 약2km지점에서 서쪽으로 약 200m 떨어진 곳에 위치해 있고, 그곳에서 동쪽으로 약 400m 떨어진 제3폐사지와 마주보도록 배치되었다. 제2폐사지의 전체 규모는 정확하지 않으나 금당지라고 생각되는 부분은 높이 1m의 기단 위에 있고 정면의 기둥 사이가 7칸, 측면이 4칸의 건물지이고, 정면 5칸, 측면 2칸의 내진(內陣)이 설치되어 있다. 외진과 내진의 간격은 4m이다. 여기에서는 다수의 석불과 전불, 고식 기와가 출토되었다.

제3폐사지(도 5)는 지표에 초석이 노출되어 있지 않았지만 땅 속에서 8개의 초석을 발견하였다. 여기서는 소조불상 단편(코와 나발부분), 소조 보살상 단편(영락부분), 전불편 외 방형사수경, 녹유귀면와등도 출토되었다. 내성 출토품 중에는 발해 이전으로 거슬러 올라가는 유물은 없었고, 제2폐사지에서 고구려식의 수막새(도 6) 1점이 출토되었을 뿐이다.

---

17) 鳥山喜一, 1968,「渤海王國の江域」 앞의 註16)『渤海史上の諸問題』 144~159쪽.
18) 八連城(半拉城)의 발굴에 관해서는 앞의 註1) 및 2)의 齊藤優(齊藤甚兵衛)의 論考를 참고하였다.

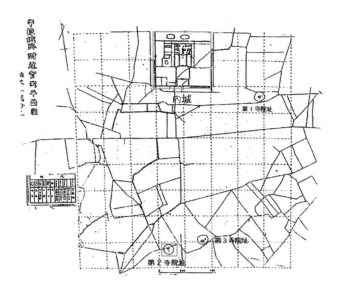

도 2. 팔련성 평면도

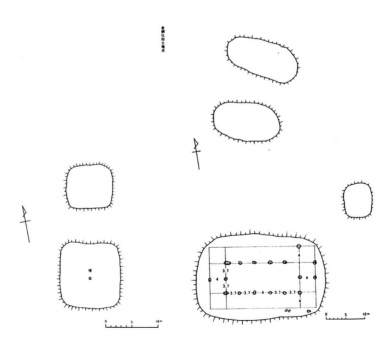

도 3. 팔련성 제1폐사지 평면도　　　　도 4. 팔련성 제2폐사지 평면도

23

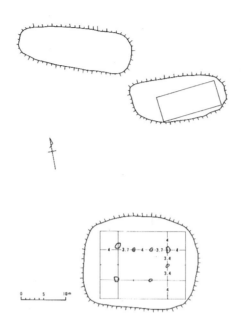

도 5. 팔련성 제3폐사지 평면도

도 6. 팔련성 제2폐사지출토 수막새기와

Ⅳ. 이불병좌상의 현상 및 도상적 특징

불교조각에 있어 새로운 도상의 출현은 새로운 경전의 번역과 전래에 따른 것이라는 점은 잘 알려져 있는 바와 같다. 하나의 대좌를 반으로 나누어 2구의 부처가 나란히 앉아 있는「이불병좌상」은 일반적으로『묘법연화경』(이하『법화경』으로 약칭)「견보탑품」의 내용을 도상화한 것으로 이불병좌상도 그것에 근거하여 제작되었다고 생각할 수 있다. 즉,『법화경』「견보탑품」에

「그때 부처님 앞에 칠보의 탑이 있으되, 높이는 오백 유순이요 넓이는 이백 오십 유순이며, 땅에서 솟아나 공중에 머물러 있음이라. (중략) 이 보탑 가운데 여래의 전신이 계심이라. 저 먼 과거 동방 한량없는 천만억의 아승지 세계를 지나서 나라가 있으되 이름이 보정이요, 그곳에 부처님이 계셨으니 이름이 다보이다. 그 부처님이 본래 보살도를 행할 때 큰 서원을 세웠는데, 만일 내가 성불하여 멸도한 후 시방 국토에 법화경을 설하는 곳이 있으면, 나의 탑묘는 이 경을 듣기 위해서 그 앞에 솟아나서 증명하고 찬탄하되 거룩하다고 말하리라. (중략) 그 때 다보불이 보탑 안에서 자리를 반분하여 석가모니불께 주시고 이 말씀을 하시되, '석가모니불은 가히 이 자리에 앉으소서' 하시니, 즉시 석가모니불께서 그 탑 안으로 들어가시어 그 반분된 자리에 가부좌를 맺고 앉으심이라. (이하 생략)」[19]

라고 하였는데 이것이 이불병좌상의 도상적 근거로 볼 수 있다. 물론 이 구절은『법화경』28품 중에서 극히 일부분에 불과하지만 이것에 근거해서 수많은 불교 미술품이 만들어진 것을 생각하면「견보탑품」이야말로『법화

---

19)『大正新修大藏經』第九卷, 三三頁中〜三四頁中.

경』미술에 있어서 사상적 기반이 되는 것이라고 할 수 있다.

전술한 사이토 마사루에 의하면 팔련성에서 발견된 불상 중에서 전불은 삼존불이 2구, 불상 두부가 수 점, 광배가 2점, 이불병좌상이 4구이며, 석불로서는 이불병좌상이 4구 이상, 불상 두부가 2점 이상 보고되어 있다[20].

사이토씨에 의해 팔련성에서 발굴된 유물은 원래 일본 국내의 사이토씨 자택과 후꾸이현립역사박물관(福井縣立歷史博物館), 동경대학 등 세 곳에 나뉘어 소장되어 있었는데, 2004년 사이토씨 자택의 자료는 일괄 후꾸이현립역사박물관에 기증되었다. 그 외 대북고궁박물원(台北故宮博物院)에도 2구 이상의 이불병좌상이 소장되어 있다.

여기서는 확인된 이불병좌상 중에서 원형이 가장 잘 남아 있는 3구의 작례에 대하여 그 현상과 도상적 특징에 대하여 고찰하고자 한다. 여기서 거론하는 3구의 이불병좌상은 모두 동경대학 문학부 고고학연구실에 소장되어 있는 것으로 필자는 1994년과 2004년에 조사한 바 있다.

1. 이불병좌상의 현상

① 이불병좌상A(도 7~7-2)

이 불상은 현재 남아 있는 발해의 이불병좌상 중에서 그 형태가 가장 완전한 상이다. 이 상의 재료는 안산암질의 응회암이고, 환조상이며, 높이는 총고 29cm이다. 두 구의 불상은 하대를 결실한 좌대 위에 나란히 앉아 있다. 그 좌우에는 각각 협시불상이 서 있는데 좌협시는 보살형, 우협시는

---

20) 앞의 주1) 齊藤優의 논고, 36~41쪽 또, 三上次男씨는 齊藤優씨의 전불과 석불의 구분이 애매하다는 지적을 하였고 보고서에서 전을 이용하여 제작하였다고 하는 불상과 광배 중엔 석조도 포함되어 있다고 한다. 三上次男, 1990.12,「半拉城出土の二佛坐像とその歷史的意義」『高句麗と渤海』吉川弘文館, 142쪽.
또 필자는 1994년 11월에 일본에서 그 불상을 조사하였다. 필자도 미카미(三上)씨의 견해에 동의한다.

승형이다. (이하 본문 중에 사용하고 있는 좌우는 모두 불상의 좌우측을 의미한다.)

2구의 본존은 중판연화문으로 된 각각의 두광을 갖고 있다. 안쪽의 연잎은 8엽으로 되어 있으나 바깥쪽 것은 16엽 이상의 좁고 날카로운 모습이다. 연잎 사이에는 양감있는 능형의 간엽이 표현되어 있다. 이 두 개의 두광은 왼쪽 것이 위로 가게 해서 일부가 겹쳐있고, 우불의 두광에는 바깥 쪽에 2조의 테두리선이 있다. 또 좌불의 두광에는 내측에 1조의 테두리선이 보이기 때문에 두 불상이 다른 존명을 가지고 있을 것이라는 견해도 있다[21]. 또 두 불상 뒤에 있는 연잎형 광배도 중앙에서 겹쳐 표현되어 있다. 광배의 상부에는 연화화생하는 화불이 5구 배치되어 있으며 화불이 태어나고 있는 연잎은 날카로운 조법을 보이고 있지만, 그것과는 대조적으로 전체적인 인상은 천진한 어린이와 같이 평온하다.

두 불상 중에서 보존상태가 좋은 것은 좌측의 상이다. 몸과 얼굴을 정면으로 향하고, 양쪽 발끝은 대의에 숨겨져 표현되지 않았다. 왼손은 무릎 위에 두고 오른손은 우불의 왼손과 겹친 채 무릎 위에 두었다. 후술하겠지만, 이러한 수인은 다른 불상에서는 예가 많지않다. 두발은 소발로서 육계는 크고 둥근 듯하며, 지발부는 정면 중앙에서 좌우로 나누었다. 조금 긴 부푼 달걀형의 얼굴에 눈썹은 초승달형이고, 가는 눈과 긴 코, 입술 끝을 조금 위로 올려 미소를 띤 작은 입이 얼굴의 중앙에 모여 있다. 삼도는 나타내지 않았고, 귀의 형태는 대체적으로 장방형이며 귓구멍과 귓불은 나타내지 않았는데, 귓바퀴는 직선에 가깝다. 착의는 통견식으로 대의를 두르고, 그 아래에 X자형으로 교차한 내의와 그 내의를 작은 끈으로 묶은 매듭이 있다. 대의의 깃은 가슴을 크게 열어 U자형을 그리며 대좌 밑으로 내려와 상현좌를 만들었고, 끝단은 무릎 위에 얹어 놓은 왼쪽 팔뚝 위로 넘기고 있다. 한편 우측의 불상은 머리를 결실하였을 뿐 좌측상과 거의

---

21) 三上次男, 앞의 글, 145쪽.

같은 모습이다. 단 내의가 역y자형으로 표현되어 있고 띠매듭을 나타내지 않는 등 내의의 표현에 차이가 있다. 우측 불상의 수인도 좌측의 불상과 동일하다.

양 손은 무릎 위에 자연스럽게 올려놓았는데 오른손은 우불의 왼손 위에 겹쳐 놓여 있다. 이러한 표현은 다른 지역의 불상에서는 보기 힘든 독특한 것으로 가장 유사한 수인은 후지이유린칸(藤井有隣館) 소장 석조삼존불상의 광배 뒷면에 부조되어 있는 이불병좌상(도 8)에서 확인할 수 있다[22]. 중국에서 제작되었다고 생각되는 이 불상은 출토지가 불확실하고 명문도 없기 때문에 확실하게는 알 수 없지만 수인이나 광배에 새겨진 화불의 배치 등에서 발해 이불병좌상과의 관계를 생각해 볼 필요가 있을 것으로 생각된다.

좌협시인 보살입상은 불상의 대좌 위에서 정면을 향해 직립하고 있으며, 양 손은 가슴 앞에서 정병을 들고 있다. 계발을 높게 묶어 올렸는데, 보관이나 관대 같은 장식은 하지 않았다. 귀는 크게 표현되었고, 눈 · 코 · 입은 정제되어 있으며 면모는 본존과 흡사하다. 옷깃은 상반신에서 가슴부터 배에 걸쳐서 V자형을 이루고 있다. 옷은 두껍게 표현되어 있어서 신체의 윤곽은 명확하게 알 수 없다. 양쪽 팔에 걸친 천의는 무릎 앞에서 X자형으로 교차하고 있어서 古式의 상임을 알 수 있다. 이 협시보살상에 대해서는 정병을 잡고 있는 점, 『법화경』과 관음사상이 밀접한 관계를 갖고 있는 점 등으로 볼 때 관음보살상일 가능성이 높다고 생각한다. 또한 상경성에서 출토된 소조불 중 대다수가 관음보살상인 점에서도 발해에서 관음사상이 성행했다는 것을 알 수 있다.

---

22) 筆者는 이 작품을 실견할 機會가 없었기 때문에 어디까지나 版을 참고하여 판단한 것이지만, 表面과 裏面의 彫刻에는 樣式上 차이가 있는 것 같다. 光背 背面에 부조된 二佛坐像의 造像 年代에 관해서는 금후 調査機會를 얻어 보다 綿密히 考察하고자 한다. 또 本 作品의 所在에 관해서는 武藏野美術大學 朴亨國敎授로부터 가르침을 받았다.

도 7. 이불병좌상A 동경대학소장   도 7-1. 도 7의 뒷면

도 7-2. 도 7의 세부

도 8. **藤井有隣館** 所藏 석조삼존불상의 뒷면 이불병좌상

우협시인 승려형 입상도 대좌 위에서 정면을 향해 직립하고 있으며, 배 앞에서 양 손을 모아 옷의 끝단을 잡고 있다. 삭발하였으며 귀가 길고, 코는 훼손되었지만, 미소를 띤 입 모양과 다소곳한 분위기는 동자승을 연상하게 한다. 대의의 옷깃은 두껍게 U자형으로 양각되었고 그 안에 왼쪽 어깨에서 오른쪽 겨드랑이 쪽으로 경사지게 그어진 선이 보이는데 승기지

라 생각된다. 옷주름은 전신에 걸쳐 간단한 음각선으로 처리되었고, 신체에 비해 머리가 큰 편이다. 아직 이 승려형상의 존명은 확정할 수 없다.[23]

②이불병좌상B(도 9-9-3)

B상(동경대학 문학부 고고학연구실소장, 현재 총고 10.8cm)은 앞의 이불병좌상A와 같이 응회암제의 환조상이다. 이 상은 여러 개의 파편으로 나누어져 있던 것을 후에 복원한 것인데 광배의 대부분과 무릎 이하, 그리고 우협시상이 결실되었다. 하지만 형태는 A상과 같았을 것으로 추측된다. 두 구의 불좌상은 모두 연화문이 표현된 이중의 원형두광을 갖추고 있다. 이불의 두광은 좌측 불상의 두광이 위로 가게 일부가 겹쳐있다. 또한 두광의 아래에는 신광을 표현한 것 같은 2조선이 조각되어 있고, 그 안쪽에 연잎이 표현되어 있다. 광배는 파손이 심해 대부분 결실되었기 때문에 형태를 확인하긴 어렵지만, 현재 남아 있는 부분(신광이라고 생각되는 이불의 사이와 좌측 불상과 좌협시상의 사이)을 보면, A상의 광배보다 화려하게 장식되었던 것 같다.

우불상은 정면을 향해 앉아 있고, 발끝은 표현되지 않았다. 오른 손은 오른쪽 무릎 위에 놓았고, 왼 손은 왼쪽 불상의 오른 손 위에 겹쳐서 무릎 위에 놓았다. A상과는 좌우 불상의 손이 겹치는 방식이 반대이다. 두발은 소발이고 육계도 보다 더 편평해져 있어서 A상 보다는 진전된 양식을 보여주고 있다. 상호는 약간 파손되어 있지만, A상의 상호보다 환미감이 강하다. 이목구비가 뚜렷하며 입가에는 엷은 미소를 띠고 무언가 생각에 잠긴 듯한 얼굴이다. 목에는 삼도가 없다. 귀는 A상에 비해 귓바퀴가 곡선으로 되었고, 귓구멍도 표현되었다. 착의는 통견식으로 대의를 걸쳤으며, 옷깃은 크게 U자형으로 열었다. 그 안에 A의 우측 불상처럼 역y자형의 옷깃

23) 발해의 보살상에 대해서는 아래의 논문을 참고할 수 있다.
崔聖銀, 2006,「渤海(698~926)의 菩薩像樣式에 대한 考察」『講座美術史』26, 韓國美術史研究所, 45~68쪽.

도 9. 이불병좌상 B 동경대학소장

도 9-1. 도 9의 우측불상

을 표현한 내의를 입고 있다. 내의 위에 1조의 선이 보이는데 승기지를 표현한 것이라 생각된다. 또한 배 앞에도 대의의 의문선이라고는 보기 어려운 선이 보이는데 그 위치로 볼 때 열반승(裙)을 묶은 끈으로 보는 것이 자연스러울 것 같다. 무릎 이하는 결실되었지만 상현좌였을 것으로 생각된다. 좌측 불상은 우측 불상과 거의 같은 모습이지만, 내의의 표현이 다르다.

협시상은 좌협시상만 현존한다. 저부조로 표현되었고, 머리와 몸이 정

도 9-2. 도 9의 좌측불상　　　　　　　　도 9-3. 도 9의 좌협시상

면을 향해 불상의 대좌 위에 직립하고 있다. 왼 손은 배 앞에 손바닥을 위로 향하게 놓았다. 오른 손은 가슴 앞에서 손바닥을 내장하고 있다. 지물을 잡고 있는 것이 일반적이지만 이 상에서 지물은 확인되지 않는다. 보주형의 두광을 갖추고 있으며, 두발은 세 갈래로 나누어 묶어 올렸고, 큰 비녀를 꽂았다. 비녀의 양 끝에서 어깨까지 수식을 늘어뜨리고 있다. 눈과 코는 마모가 심해서 확인하기 어렵지만 입가에는 미소가 배어 있다. 상반신에는 가슴 앞에서 V자형으로 옷깃을 표현한 옷을, 하반신에는 군을 착용하였고 천의를 걸쳤다. 천의는 양 어깨부터 발밑까지 늘어져 무릎 앞에서 교차되고 있는데 일반적인 X자형 보다는 진전된 형태를 보이고 있다.

③ 이불병좌상C(도 10 · 10-1)
이 상은 앞의 이불병좌상 A · B와 같이 응회암으로 조각된 환조상이다. 이 상의 현재 높이는 10.5cm인데 광배와 우협시, 본존 하반신 이하와 머리 부분 등의 파손이 심하다. 그러나 두광과 내의의 표현, 옷주름 등에서 이불병좌상 A · B와는 다른 모습을 보여주고 있다.

좌불과 협시상 사이의 공간은 화불(化佛)과 가는 선들로 가득 채워져 있어 본래는 장식이 풍부한 광배였다는 것을 추측할 수 있다. 같은 절터에서 이 상의 광배 편으로 보이는 것들이 출토되어 있다. 두광은 앞의 상들과 전체적인 형태는 같으나 복판의 연화문 주위로 연주문을 돌리고 그 바깥쪽으로 3조의 윤곽선을 표현하고 있어서 세부적으로 차이가 난다. 이렇게 두광에 연주문이 표현된 것은 중국의 경우 북위 때부터 보이고, 우리나라의 경우 간송미술관소장 계미명 금동삼존불(도 11) 이후에 유사한 형태가 확인된다.

좌우의 불상은 모두 통견식으로 대의를 입었다. 대의는 밑부분을 볼 수 없지만 U자형으로 가슴을 크게 열었다고 생각되고 가슴에는 역 y자형의 내의가 보인다. 내의의 깃에도 두광에서와 마찬가지로 연주문이 조각되어 있다. 양 팔과 복부에는 간략한 2조선으로 옷주름을 표현하였는데 마츠바라 사브로(松原三郎)씨에 의하면 이런 식으로 옷주름을 표현하는 것은 북

도 10. 이불병좌상C 동경대학소장

도 10-1. 도 10의 좌협시상

도 11. 계미명금동삼존불상 간송미술관소장

도 12. 석조불상편 러시아 크라스키노사원지출토

제시대 불상의 특징이라고 한다[24]. 이것과 유사한 옷주름은 동경용원부의 염주라고 알려진 크라스키노 성터 내 절터에서 수습된 불상편(도 12)에서도 확인할 수 있다[25].

협시상은 현재 좌협시상만 남아 있다. 머리와 몸 모두 정면을 향하였고, 무릎 이하가 파손되었지만 직립하고 있는 것으로 보인다. 양 손은 배 앞에서 오른 손을 위로 향해 겹쳐 놓고 있으며, 오른 손 위에는 보주를 올려놓았다. 머리 위에는 보계를 결하였고 머리 장식은 하지 않았다. 얼굴은 방형에 가까운데 신체에 비해 큰 편이다. 큰 소매의 도포 같은 대의를 입고 있는데 깃은 가슴에서 V자형으로 벌어졌고 그 안에 내의를 표현하였다. 허리에는 군의를 묶은 듯한 대가 보이고 하의로는 주름 스커트 같은 군의를 입었다.

현재까지 알려진 우리나라 삼국시대의 봉주보살상은 완형과 파편을 합하여 모두 11구가 보고되어 있고, 그 중에서 출토지가 백제지역으로 확인되는 상이 7구이다. 이러한 삼국시대 봉주보살상은 대체로 오른손으로 보주를 쥐고 왼손은 오른손을 바치고 있지만, 정림사지에서 출토된 소조보살상만이 왼손으로 보주를 잡고 있다[26]. C像에서 처럼 보주를 받쳐 든

24) 松原三郎, 1992. 8, 「諸城派石造考-南北朝樣式上の位置に就いて-」『古美術』103, 三彩社, 71쪽.
25) 현재 이 상은 러시아·블라디보스톡의 극동역사고고학연구소에 소장되어 있다.
26) 金理那, 1985, 「三國時代의 捧持寶珠形菩薩立像의 研究-百濟와 日本의 像을 中心

손 모양의 작례는 다른 지역에서는 볼 수 없는 독자적인 특성이라고 생각할 수 있다.

2. 도상적 특징

앞에서도 언급했듯이 이불병좌라는 것은 법화경 견보탑품의 드라마틱한 장면을 상징직으로 도상화한 것으로 석가·다보의 이불병좌를 뜻하는 것이다. 그래서 본래 경전의 교의에 맞게 표현하려면 보탑 속에 두 불상을 안치해야 하지만 중국에서는 북위 때부터 두 불상을 보탑안에 배치한 상과 함께 보탑으로 부터 분리된 이불병좌상도 출현하였다. 발해 이불병좌상도 보탑의 표현이 전혀 없어서 이미 이불병좌상의 도상이 상징화, 단순화된 이후의 모습이라 할 수 있다. 그러나 발해 이불병좌상에서는 중국의 상과 전혀 다른 형식적 요소들이 많이 보이는데 이것은 동경 지역의 지방양식이 농후하게 포함되어 있는 발해만의 독특한 형식이다.

중국의 이불병좌상은 수인에서 산서성 운강석굴 제9굴의 이불병좌상(도 13)과 같이 오른손으로는 시무외인을 결하고 왼손으로는 가사의 끝단을 잡는 경우나, 운강석굴 제5굴과 같이 왼손으로 여원인을 결한 예, 동경 네즈미술관(根津美術館)소장 태화13년명상(도 14)와 같이 한 구는 선정인을 결하고, 한 구는 오른 손을 들고 있는 예도 있지만 통상 선정인을 결한 예가 대다수이다.

우리나라의 이불병좌상으로는 전(傳) 대전사(大典寺)출토 이불병좌상(9~10세기, 도 15)이나 경주 황룡사지출토 이불병좌상(도 16)이 있는데 수인은 모두 오른손을 들어 시무외인을 하고 왼손은 내려 무릎위에 놓고 있다.

이것에 비해 발해의 이불병좌상은 각자의 외측의 손은 저마다의 무릎위에 놓았고, 내측의 손은 겹쳐서 무릎 위에 올려놓고 있다. 이러한 수인

으로-」『美術資料』37, 국립중앙박물관, 2쪽.

도 13. 이불병좌상 운강석굴 제9굴 전실   도 14. 태화13년명이불병좌상 동경네즈미술관소장

은 다른 지역의 이불병좌상에서는 극히 드문 예이지만, 동경지역에서는
일반적인 이불병좌상의 수인이라고 할 수 있다. 발해 이불병좌상의 가장
큰 특징은 그 수인의 독자성이라고 할 수 있다.

발해 이불병좌상의 독자성은 광배의 표현에서도 확인할 수 있다. 현존
하는 발해 이불병좌상의 거신광배에는 두 종류가 있다. 하나는 이불병좌
상 A와 같이 두 개의 연잎형 광배가 겹친 형식을 보여주는 것이다. 또 하
나는 하나의 연잎형 거신광배로 표현된 예이다(도 17). 전자는 오사카(大
阪)시립미술관소장 백대리석제 이불병좌상(북제, 도 18)과 같이 이불이
각각의 광배를 갖추고 있는 작례와 유사하다. 그러나 이불병좌상 A는 화
불의 배치나 두광의 겹쳐진 표현, 두 불상의 손을 겹치게 표현한 것 등에
서 광배를 분리하려는 의도를 엿볼 수 없기 때문에 북제시대의 별도의 광
배를 갖춘 작례와는 다른 계통이라고 생각된다. 또 중국에 있어서 별도의
광배를 갖는 작례는 찾기 어렵다.

도 15. 전대전사출토 이불병좌상

도 16. 경주 황룡사지출토 금동이불병좌상

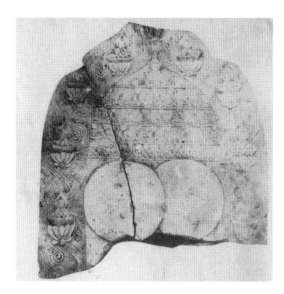

도 17. 광배 팔련성출토(斉藤優, 「半拉城」)

도 18. 백대리석제 이불병좌상 오사카시립미술관소장

이불병좌라고 하는 독특한 도상은 발해가 계승했다고 생각되는 고구려의 불상에서는 아직 확인할 수 없다. 동경지역도 고구려의 영토였다는 것을 생각한다면 이불병좌상을 극히 한정된 지역에서만 유행했던 특수한 것으로 간주하기 보다는 고구려시대에는 아직 이 지역에 전해지지 않았다고 해석하는 편이 좋지 않을까? 이불병좌의 도상은 8세기 이후 발해 지배세력의 새로운 신앙에 의해 조상되어진 것이라 생각하는 것이 타당할 것이다. 즉 후술하겠지만 발해의 동경지역에서 조상된 이불병좌상은 양식면에서는 고구려 불상을 모방하면서도 도상면에서는 새로운 것을 받아들였을 가능성을 생각해 볼 수 있다.

V. 발해 이불병좌상의 양식적 특징

발해 이불병좌상은 명문을 가지고 있는 불상이 현존하지 않고 양식면에서도 일반적으로 당 이전의 고식을 보이고 있기 때문에 명확한 편년을 하는 것은 곤란하다. 이런 까닭에 팔련성 출토 이불병좌상을 고구려에서 제작된 것이라고 단정하는 견해도 있었다[27]. 그러나 이 불상들은 팔련성을 발굴할 때 다른 발해의 유물과 함께 출토된 것이다. 또한 그 층위에서는 고구려의 유물이 발견되지 않았다. 그리고 고구려 시대의 다른 유적에서 이불병좌상이 발견되었던 선례가 없고, 팔련성의 건립 또한 발해 시대에 시작되었을 것이라고 생각되기 때문에 이 불상들은 발해시대에 제작되

---

27) 팔련성출토 이불병좌상을 고구려불로 보는 논고는 다음과 같다.
　　三上次男, 1986, 앞의 논문, 333~348쪽.
　　金春實, 1990, 「三國時代의 施無畏 與願印 如來坐像考」『美術史研究』4, 미술사연구회, 10쪽.
　　또 金春實의 論考에서는 현재 台北 故宮博物院에 소장되어 있는 이불병좌상을 상경용천부의 유적인 동경성 출토로 보고 있다. 齊藤優論考(앞의 주1)는 도판이 수록되어 있기 때문에 팔련성 출토품인 것이 확실하다.

도 19. 연가7년명금동불입상 국립중앙박물관소장

었다고 보는 것이 타당할 것이다. 그러나 고구려의 불상과 혼돈될 만큼 양자가 유사한 양식적 특징을 나타내고 있는 것도 사실이다.

발해의 이불병좌상은 마모가 심하여 세부의 표현을 알기 어려운 작례를 제외하면, 양식적으로 2가지 유형으로 나누어 볼 수 있다.

먼저 첫 번째 유형의 대표작례로서 이불병좌상 A를 예로 들 수 있다. A상에서는 다양한 면에서 고구려적인 요소를 찾을 수 있다. 광배의 상부에 새겨진 연화화생하는 화불에서 보이는 연잎은 본존 두광의 연잎과 함께 날카롭게 모가 나면서도 양감이 넘친다. 국립중앙박물관소장 연가7년명 금동불입상(도 19)에 보이는 좌우로 퍼진 대의 표현과 양감 넘치는 대좌의 연꽃표현 등이 이불병좌상 A와 유사한 표현이라고 할 수 있다. 따라서 A상에 가장 큰 영향을 준 작례는 연가7년명 금동불입상과 같은 고구려 불상이라고 생각되며, 또 좌협시 보살상의 천의가 X字形으로 교차하는 것에서도 이 상이 발해의 이불병좌상 중에서 가장 고식을 나타내고 있는 작례라고 할 수 있다. 그러므로 제작 시기는 발해의 건국 초기 즉 8세기라고 추측된다.

다음, 두 번째 유형으로는 이불병좌상 B를 예로 들 수 있다. 이불병좌상 B는 A와 비교할 때 얼굴이 부푼 듯하고 육계도 보다 편평해져 한층 상호가 원만하다. 이것은 제1 유형보다 진보된 양식이라고 생각되는데 좌협시상의 천의 또한 이불병좌상A에 보이는 고식의 X字형 천의와는 달라서 새로운 변화의 흔적을 확인할 수 있다. 두광의 연화문도 보다 부드러워지고 여유 있는 표현을 하고 있으며, 조금 머리를 숙이고 선정에 들어 있는 듯 한 본존의 모습과 더불어 정숙한 분위기를 연출하고 있다. 이 상과 유사한 작례로는 평남 원오리사지출토 소조여래좌상(도 20)을 들 수 있다. 원오리상은 통견식 대의를 두르고 수인은 선정인을 하였는데 특히 부푼듯한 얼굴과 왜소한 어깨, 조용한 분위기 등은 이불병좌상 B와 매우 유사하다고 할 수 있다. 원오리상의 제작연대를 550년 전후로 보는 견해가 있는데[28], 이불병좌상B는 그러한 원오리상의 양식적인 전통을 그대로 유지하고 있다고 생각된다.

제2유형의 다른 작례로서는 중국 요녕성박물관장 심양출토 금동이불병좌상(상고6cm, 도21)을 예로 들 수 있다[29]. 이 상이 출토된 심양은 고구려·발해 양국이 지배하였던 지역이었던 점, 두 불상이 손을 겹친 수인을 하고 있는 점 등으로 볼 때 발해에서 제작되었다고 생각된다. 이 작례와 유사한 작례로서는 서산 보원사지출토 금동불입상(백제[6세기], 도 22)와 국립중앙박물관 소장 금동불좌상(백제[6세기]도 23)을 예로 들 수 있다. 두 불상 모두 양식적으로 공통적인 요소가 확인되는데 세부표현에 있어서는 시대적인 차이도 보인다. 이것은 고구려와 발해의 영향관계에 의한 것이라고 생각되는데, 이 두 유형의 작품이 동시대의 것인지, 시대차이를 가지고 있는 것인지에 대해서는 명확하지 않다. 다만 두 유형 모두 고구려의 불상과 깊은 관련이 있다는 것은 명백하다.

앞에서 살펴본 바를 정리하면, 발해의 이불병좌상이 가지고 있는 가장 큰 양식적 특징은 그 보수성에 있다고 할 수 있다. 지금까지 고찰한 발해 이불병좌상은 모두 당시의 발해 주변국 이었던 당과 신라의 조각양식과는 다

28) 文明大, 1981,「元五里寺址塑佛像의 研究」『考古美術』150, 한국미술사학회, 63쪽.
29) 경기도박물관, 2002. 5,『同과異-遼寧省·神奈川縣·京畿道文物展-』, 43쪽.

도 20. 평안남도 원오리사지출토 소조여래좌상 국립중앙박물관 소장

도 21. 금동이불병좌상 중국요녕성박물관 소장

른 고식을 나타내고 있고, 그것은 고구려의 불상을 계승한 것이었다. 고구려 시대부터 계승되어져 왔던 이 지역의 불상제작 전통에 새로이 이불사상(二佛思想)이 더해져 제작된 것이 이와 같은 이불병좌상이었다고 생각된다.

한편, 이와 같은 발해 불상의 양식적인 보수성은 불상뿐만 아니라 발해의 기와에서도 엿볼 수 있다. 팔련성에서 출토된 수막새는 발해와 같은 시기인 신라의 8세기 수막새, 즉 경주 안압지출토품(도 24)와는 명확한 차이를 나타내고 있는데 비해 양감과 형태면에서 중국 집안에서 출토된 고구려의 수막새(고구려〔5세기〕, 도 25)와 훨씬 더 유사하다.

발해는 건국의 주체가 고구려인이었기 때문에 다양한 면에서 고구려와 연관성을 가지고 있는데 지방의 통치체계 또한 예외는 아니었다. 발해는 부와 주를 설치하여 영토를 지배했는데 그것은 고구려가 성을 중심으

도 22. 충청남도 서산 보원사지출토 금동불입상   도 23. 금동불좌상 국립중앙박물관 소장

도 24. 수막새기와 안압지출토 국립경주박물관 소장

도 25. 수막새기와 중국길림성집안출토

로 국가를 경영했던 것을 계승한 것이었다. 즉 성은 행정기구인 동시에 군단조직이었다. 그 기반을 다진 것은 고구려 읍성으로 발해의 부와 주는 중국과는 달리 촌락·성읍 바로 그 자체였다. 또 그 지배층은 수령이라고 하는 관직을 갖고 해당 지역을 지배하는 형태로 지배체계 속에 편입시켰다[30] 따라서 이불병좌상이 신앙되었던 동경지역은 발해의 건국 이전부터 지배하였던 권력이 발해에 흡수되었지만 그 지역의 문화와 신앙은 새로운 국가와는 관계없이 이전의 형태 그대로, 말하자면 고구려의 형태를 유지하면서 변용을 꾀하여갔던 것으로 생각해 볼 수 있다.

VI. 맺음말

발해에서는 건국초기부터 불교가 폭넓게 신앙되어 많은 불상이 조성되었다. 신앙의 주체는 주로 왕실과 귀족이었으며, 절터도 왕이 거주한 중경현덕부와 상경용천부, 동경용원부를 중심으로 산재하고 있다. 그 중에서 동경용원부는 발해의 4번째 수도이며, 그 유지는 현재 길림성 훈춘시에 있는 팔련성 유적지이다. 팔련성에는 세 개의 사지가 있는데 그 중 제2사지에서 이불병좌상이 출토되었다. 이 글에서는 팔련성출토 이불병좌상의 도상 및 양식적 특징을 밝혀 발해초기 불교조각의 실태를 이해하기 위한 접근을 시도해 보았다.

발해 이불병좌상의 가장 큰 도상적 특징은 독자성과 다양성이다. 독자적인 면은 주로 수인과 광배에서 보이는데, 양손을 무릎 위에 올려놓고 두 부처가 손을 잡고 있는 수인은 중국과 신라의 작례에서는 물론이거니와 발해의 다른 지역에서도 거의 확인되지 않는다. 또 두 불상의 두광과 광배의 일부가 겹쳐진 형식도 이 지역의 이불병좌상에서만 확인되는 독자적인 특징이다. 한편 다양성은 겹친 손의 모습이나 내의의 표현, 협시불의 모습에서 확인되는데 특히 승형과 보살형의 상을 함께 배치한 작례에 주목해야 할 것이다.

---

30) 河上洋, 1983, 「渤海の地方統治制－一つの試論として－」『東洋史研究』42-2, 東洋史研究會, 193~219쪽 및 林相先 編譯, 1990, 『渤海史의 理解』, 新書院, 95~219쪽.

양식적 특징은 크게 두 가지 유형으로 나눌 수 있었다. 발해의 이불병좌상은 이제까지 보고되었던 발해의 불교 조상 중 고구려의 특징을 가장 잘 유지하고 있기 때문에 그 양식적 근원은 고구려 불상에 있다고 생각되며, 그 양식적 특징 또한 보수성에 있다는 결론에 이르렀다. 이처럼 이불병좌상이 고구려불상의 양식을 계승하고 있는 것이야 말로 동경지역의 최대 특징이라고 할 수 있다. 동경용원부에 수도를 두었던 것은 정원연간(785-793)인데 광개토대왕(재위 375-413)이 이 지역을 고구려에 복속시켰던 4세기말 이래 고구려의 영토였던 곳이다. 또 발해시대에도 8세기부터는 일본과의 교류거점이 되었으며, 교통의 요지로서 역할을 맡고 있었던 것을 생각해 보면 이불병좌상은 이 지역의 전통적인 양식과 새로운 도상이 결합되어 조성되었을 가능성이 충분하다고 생각할 수 있다.

〔도판의 출전에 관해서〕

이 글에서 사용한 도판 중에서 도8은 武藏野美術大學의 朴亨國教授로부터 제공받았다. 또 도 1은 韓圭哲, 『渤海의 대외관계사』(新書院, 2005), 도 2~5 및 17은 齊藤優, 『半拉城と他の史跡』(半拉城址刊行會, 1979), 도 6은 『해동성국발해』(서울대학박물관, 2003), 도 11은 『한국의 국보』(문화재청, 2007), 도 13은 雲岡石窟文物保管所編, 『雲岡石窟』二(平凡社, 1990), 도 14·18는 『六朝の美術』(大阪市立美術館, 1976), 도 21은 『同と異』遼寧省 神奈川縣 京畿道文物展(京畿道博物館, 2002), 도 23은 곽동석, 『금동불』(예경, 2000), 도 24는 『瓦·塼』(한국국립중앙박물관, 2002), 도 25는 『高句麗』(京畿道博物館, 2002)에서 각각 전사한 것이다.

발해 상경성 불교사원지의
건립연대와 금당 복원안

梁銀景 **부산대학교 고고학과**

Ⅰ. 머리말

발해 상경성의 발굴조사는 궁전지에 초점이 맞추어져 불교사원지에
대한 연구는 상대적으로 미비하다(도 1). 더욱이 각 사원지에서 출토된 불
상, 기와 등 불교유물은 정확한 출토지점은 무시된 채 양식에 대한 연구가
대부분을 차지하였다.

상경성 발해 사원지에 대한 정식 발굴조사는 1933·1934년 하라다 요
시토(原田淑人)를 주축으로 한 동아고고학회(東亞考古學會)에서 세 지
점을 조사하였고, 1964년 북한·중국이 조직한 조중합동고고발굴대(朝中
合同考古發掘隊)가 2개소의 사원지를 발굴하였다. 이들이 조사한 내용은
세 권의 발굴보고서로 출판물이 간행되었다.[1] 그러나 1933·1934년 표기

---

1) 東亞考古學會, 1939, 『東京城-渤海國上京龍泉府址の發掘調査』, 東亞考古學會,
   31~90쪽; 조중공동고고학발굴대, 1966, 『중국 동북지방의 유적발굴 보고(1963~1965)』,
   사회과학원출판사, 179~235쪽; 中國社會科學院考古硏究所, 1997, 『六頂山與渤海鎭-
   唐代渤海國的貴族墓地與都城遺址』, 中國大百科全書出版社; 魏存成, 2008, 『渤海考
   古』, 文物出版社, 115~122쪽.

도 1. 발해 상경성 위치도

된 사찰명과 1964년 명명된 사찰명은 차이가 날 뿐만 아니라 각 사찰의 소재지도 명확하게 서술되어 있지 않다. 또한 각 사원지에서 발굴된 건물지의 규모, 불단의 크기도 통일된 단위(m)가 없으며, 출토유물 역시 정확하게 정리된 것이 없다. 그 결과 불교사원지와 불상 연구자로 하여금 오해와 오류를 범하게 하고 있는 실정이다.

　　지금까지 발해 상경성 불교사원지는 1964년 발굴조사된 제1·9사지만이 중요시되어 건물지 평면도의 특징에 대해 연구되어 왔다[2]. 1933·1934

---

2) 이병건 편저, 2003, 『발해 건축의 이해』, 백산자료원, 54~61쪽; 魏存成, 1984, 「渤海的建

년 발굴된 제4·5·6사지는 비록 금당지만이 조사되었지만 평면도와 더불어 유물의 출토지점에 대해서도 구체적으로 언급되어 있다. 이에 제1·4·5·6·9사지에 대한 총체적인 연구가 이루어져야 할 것이다. 상경성 사원지는 금당지가 중심이 되어 조사되었기에 금당과 불단의 평면도, 불상의 배치방식 등은 동시대 중국 당나라의 현존 불교사찰, 불교석굴과의 비교를 통해 건립연대를 추정해 볼 수 있다.

상경성 제1·4·5·6·9사지의 금당은 안칸과 바깥칸으로 2중구조를 이룬다. 안칸과 바깥칸이 모두 벽체로 구성되었을 뿐만 아니라 안칸이 凹형을 이룬 것은 발해사원의 특징으로 간주되고 있다.[3] 그러나 발굴조사의 내용을 구체적으로 재검토하면 안칸을 중심으로 한 벽체의 조성방법, 안칸의 벽면과 불단 사이의 공간 유무, 공간의 크기 등에 대해 파악할 수 있다. 또한 안칸의 불단 위에 현존하는 불대석(佛臺石)의 수량, 불단과 그 주위에서 출토된 유물을 통해 안칸의 불단에 봉안된 주불상의 재질, 봉안수량, 봉안방식에 대해서도 추정할 수 있다. 중요한 사실은 안칸 벽체와 불단 사이의 공간, 안칸과 바깥칸 사이의 공간, 안칸과 바깥칸 주위에서 출토된 유물을 통해 금당에 봉안되었던 불상과 벽화에 대해 일정한 복원안(復原案)을 제시할 수 있다는 점이다.

이에 본문에서는 우선 상경성 발해 사원지의 발굴조사 내용과 출토유물에 대해 발굴성과에 근거해 구체적으로 종합·정리하고자 한다. 또한 금당과 불단의 평면도와 구조를 기준으로 하여 동시대 중국 불교사찰, 불교석굴과의 비교를 통해 발해 상경성 사원지의 건립연대를 살펴볼 것이다. 마지막으로 안칸과 바깥칸의 조사내용과 출토유물을 통해 발해 상경성 금당 내부와 불상 봉안에 대해 그 추정안을 제시하고자 한다.

築」『北方文物』4, 北方文物杂志社, 38~45쪽; 방학봉, 1992, 『발해유적과 그에 관한 연구』, 연변대학 출판사, 234~255쪽; 李康根, 1999, 「渤海 上京 龍泉府의 寺院建築」『講座美術史』14, 韓國美術史研究所. 133~147쪽.
3) 李康根, 1999, 앞의 글, 133~147쪽.

Ⅱ. 발굴조사 내용과 출토유물의 검토

　　하라다 요시토(原田淑人)를 주축으로 한 동아고고학회는 1933년 6월
6일~6월 25일, 1934년 5월 20일~6월 19일까지 두차례에 걸쳐 상경성 제
1·5궁전지(당시 제2~6궁전지), 궁성 남문지(당시 제1궁전지), 삼령둔(三
靈屯)고분, 불교사원지 3개소를 발굴하였다. 이들은 제2사지(당시 제1사
지)의 석등을 실측하고 제4(당시 제3사지), 5(당시 제4사지), 6사지(당시
제2사지)를 정식 발굴조사하였다(도 2). 짧은 발굴기간으로 인해 제한적
으로 발굴이 진행되었기 때문에 제4·5·6사지에서는 금당지만이 조사
되었다.[4]

　　북한과 중국이 조직한 조중합동고고발굴대는 1964년 5월 10일~7월 23
일, 같은 해 8월 20일~10월 20일 제6·7궁전지와 제1·9사지를 발굴하였
다. 이들의 조사 역시 금당지를 중심으로 한 제한적인 발굴이었다. 그러나
당시 상경성 발해 궁전지와 사원지에 대한 이름과 번호를 새로이 매기는
작업을 하였고, 이 번호는 오늘날까지 통용되고 있다.

　　상경성의 발해 사원지는 발굴 이후 성토되어 오늘날에는 경작지로 이
용되고 있다. 또한 보고서와 저서에 따라 사원지의 위치, 정확한 소재지,
조사내용에 대한 오류와 혼동이 심각하게 발견되기 때문에 필자는 제1사
지에서부터 제9사지까지의 소재지, 발굴조사 내용, 출토유물에 대해 간략
하게 정리하고자 한다.[5]

---

4) 早乙女雅博, 2003, 「발해 동경성의 발굴」『해동성국 발해』, 서울대학교박물관·영남대
　학교박물관, 125~130쪽.
5) 1933·1934년 명명된 사찰명과 1964년 사용된 사찰명은 다음과 같다[1933, 1934/1964].
　[제1사지/제2사지], [제2사지/제6사지], [제3사지/제4사지], [제4사지/제5사지], [Ⅹ/제1사
　지], [ⅩⅢ/제3사지], [ⅩⅦ/제7사지], [ⅩⅧ/제9사지], [外城北外東/제8사지]. 본문에서는
　1964년 명명된 사찰표기명을 사용하기로 하겠다.

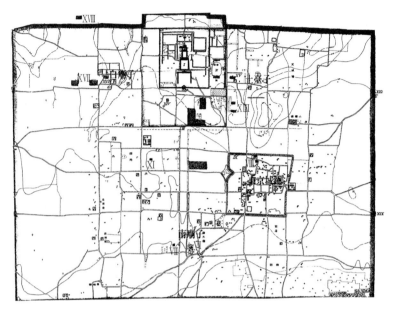

도 2. 1933 · 1934년 조사된 상경성 발해 유적지 분포도(東亞考古學會, 1939, 『東京城—渤海國上京龍泉府址の發掘調査』, 東亞考古學會, 渤海國上京龍泉府址全圖 2)

1. 제1사지

영안시(永安市) 발해진(渤海鎭) 쌍묘자촌(雙廟子村)에 소재하고 있는데(도 3), 발해 상경용천부(上京龍泉府) 외성(外城)의 중심 거리인 주작대로(朱雀大路)의 동쪽에 위치한다(도 4). 1933 · 1934년 이 곳이 사원지로 확인되었고 1964년 정식 발굴조사되었지만, 당시에는 금당지만이 발굴되었다. 남향이며 중앙에 본전(本殿) 건물지와 동 · 서편에 별도의 건물지가 통로로 연결되어 있다(도 5). 본전 건물지 기단(基壇)의 규모는 동서×남북의 길이가 50.66×20.0m이고, 동 · 서편의 건물지 기단은

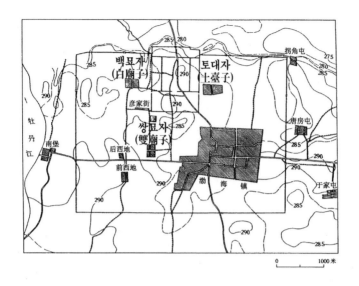

도 3. 상경성의 행정구역명(魏存成, 2008, 『渤海考古』, 文物出版社, 71쪽 도 33)

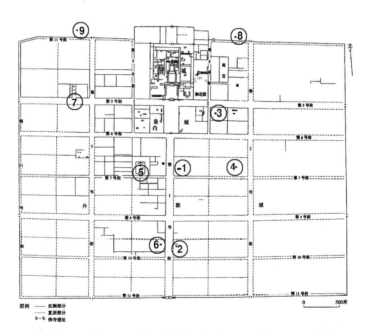

도 4. 상경성 발해 불교사원지 분포도(黑龍江省文物考古研究所, 2009, 『1998~2007年度考古發掘調査報告—渤海上京城』上册, 文物出版社, 도 9)

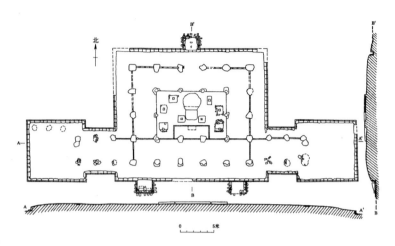

도 5. 상경성 제1사지 금당 평면도와 단면도(中國社會科學院考古研究所, 1997, 『六頂山與渤海鎭-唐
代渤海國的貴族墓地與都城遺址』, 中國大百科全書出版社, 78쪽 도 46)

9.23m, 전체적인 기단의 높이는 1.2m이다.[6] 건물 축기부의 내용에 대해
서는 정확하게 알 수 없지만 기단토는 모래와 진흙을 판축으로 조성한
후 그 둘레를 석축으로 쌓았다.[7] 기단 상부는 회(灰)를 칠하여 바닥을
다졌다.

　본전 건물지는 장방형 평면의 동서×남북 길이가 17.9×14.32m로 정
면 5칸, 측면 4칸 건물이다(도 5). 본전 중앙에는 10.74×7.16m(동서×남
북)의 정면 3칸, 측면 2칸의 불단이 마련되어 있다. 본전 바닥보다 높이가
높은 불단은 冚형을 이루며 불단 위에는 9개의 불대석(佛臺石)이 놓여 있
다. 불단 중앙에는 8각형에 가까운 불대석이 1기 마련되어 있고, 그 주위
에는 1개 혹은 2개의 구멍이 뚫린 방형 혹은 장방형의 불대석이 8개 분포
되어 있다. 불단 앞쪽에는 길이 5.3m, 넓이 1.95m의 冚형으로 공간을 파

6) 조중공동고고학발굴대, 1966, 앞의 책, 194~197쪽.
7) 장상렬, 1971, 「발해 건축의 력사적 위치-[부록] 몇 개의 발해건축에 대한 외관복원」 『고
　　고민속론문집』 3, 사회과학출판사, 178쪽.

서 공양석(供養席)을 마련하였다.[8]

본전은 바깥칸과 안칸으로 구성되어 있다. 바깥칸은 18개의 주춧돌에 기둥이 배치되어 있으며, 안칸(불단)은 10개의 주춧돌로 구성되어 있다. 안칸의 주춧돌과 주춧돌 사이에서는 벽체의 흔적이 발견되었는데,[9] 기둥과 기둥 사이에 중깃(中楔)을 세워 나무심으로 삼고 산자를 엮은 후 그 사이를 진흙으로 바른 다음 그 위를 회로 미장하였다.[10]

본전 건물지의 동·서편에 위치한 동전(東殿), 서전(西殿)의 기단 크기는 9.23×9.23m(동서×남북)이고 건물의 크기는 6.9×6.9m이다. 주춧돌의 배치상태를 통해 동전과 서전은 정면 3칸, 측면 3칸의 건물임을 알 수 있다. 동전과 서전은 불경과 종을 배치한 장경루(藏經樓), 종루(鐘樓)일 것으로 추정되고 있지만,[11] 재고를 요하는 부분이다.

이 사원지에서 출토된 유물은 소조상, 기와, 도자기, 청동기, 철기로 크게 구분된다. 소조상은 금당지, 특히 불단과 그 주변에서 많이 출토되었지만 파손이 심각하다. 소조상의 종류는 육계, 손, 발, 다리, 옷주름편, 꽃술, 연화, 수목, 장식문양 등 다양하다(도 6). 기와는 암키와, 수키와, 유약을 바른 수키와, 유약을 바른 치미, 귀면와가 출토되었다. 청동기는 못, 장식편 이외에 청동불상의 손이 1점 출토되었다.[12] 또한 장식문양이 그려진 벽화 벽체편도 수습되었다(도 7).[13]

---

8) 조중공동고고학발굴대, 1966, 앞의 책, 195~196쪽.

9) 주영헌, 1971, 『발해문화』, 사회과학출판사, 53쪽.

10) 장상렬, 1971, 앞의 글, 179쪽.

11) 장상렬, 1971, 앞의 글, 196~197쪽; 사회과학원 고고학연구소, 1977, 『조선고고학개요』, 과학·백과사전출판사, 272쪽.

12) 조중공동고고학발굴대, 1966, 앞의 책, 197~198쪽.

13) 조선유적유물도감편찬위원회, 1991, 『조선유적유물도감』 8-발해, 조선유적유물도감편찬위원회, 100쪽 도면.

도 6. 제1사지 출토 소조상편(조선유적유물도감편찬위원회, 1991, 『조선유적유
물도감-8』발해, 101쪽 도 157)

도 7. 제1사지 출토 벽화벽체편(조선유적유물도감편찬위원회, 1991, 앞의 책,
100쪽 도 155)

2. 제2사지

발해진(渤海鎭) 남묘자촌(南廟子村)에 위치하며 제1사지에서 남쪽으로 떨어진 곳에 소재한다(도 4). 흥륭사(興隆寺)가 현존하고 있으며, 이 사찰은 발해시대 건물터의 기초 위에 청대에 중건되었지만 현존하는 대다수의 건물들은 1980년 이후에 건립되었다.[14]

1933 · 1934년 발해 석등, 석연화좌가 조사되어 실측도면이 작성되었다. 당시 사찰의 한 지점에서 발해시대 기와, 화문전(花紋塼)이 수습되기도 하였다.[15] 현재 삼성전(三聖殿) 내부에 발해시대 석불상이 봉안되어 있지만 현무암의 심각한 풍화작용과 더불어 후대의 잦은 보수로 인해 연화대좌를 제외한 나머지는 현대의 보수물이다(도 8).[16] 연화대좌는 상 · 하대석으로 구성되어 있으며 직경은 1.8m, 높이는 0.55m이다.

3. 제3사지

발해진(渤海鎭) 토대자촌(土臺子村)에 소재하며 발해 황성(皇城)의 동쪽, 이궁(離宮)의 남쪽에 위치한다(도 4). 1933 · 1934년에는 사원지라는 사실만을 확인하였으며 1964년에도 정식 발굴조사가 진행되지 않아 사찰의 범위와 배치를 정확하게 밝히지 못하였다. 그러나 20×15m(동서×남북)의 주 건물지가 확인되었고 기와, 소조상 2점이 수습되었다.[17]

---

14) 陶剛 · 王祥濱, 1999,「寧安興隆寺大雄寶殿基址發掘」『北方文物』2, 北方文物杂志社, 40~43쪽 (『渤海上京地區考古重要收穫-朝, 韓, 日, 俄渤海考古動向』, 122~123 쪽에 재수록); 中共寧安市委宣傳部 · 寧安市文學藝術界聯合會, 2000, 『鏡泊湖畔歷史文化名城-寧安』, 哈爾濱地圖出版社, 77~78쪽.

15) 東亞考古學會, 1939, 앞의 책, 31~33쪽.

16) 張國慶 · 李濟瑩, 2001,「渤海上京寺廟遺址調査」『渤海上京文集』第一集, 渤海上京遺址博物館, 63~64쪽.

17) 조중공동고고학발굴대, 1966, 앞의 책, 180쪽.

도 8. 제2사지(흥룡사) 현존 석불상(필자 사진)

4. 제4사지

동경성진(東京城鎭)에 위치하는데 발해 상경성 외성 내부의 동쪽편 제2호가(第2號街) 서편에 소재한다(도 4). 1933·1934년에 정식발굴이 진행되었지만 주불전으로 추정되는 건물지 1동만이 조사되었다. 토단의 동쪽편에는 자갈돌이 돌무더기를 이루고 있어 구체적인 발굴이 진행되지 못하였다(도 9).

토단 위에는 바깥칸과 안칸의 2열을 이룬 주춧돌이 배열되어 있었는데, 바깥칸은 4×5개(동서×남북), 안칸에는 2개(동서)가 잔존한다. 안칸의 남·서쪽 주춧돌 사이에서는 벽체 일부가 남아 있었다. 안칸의 내부에 마련된 불단에는 회칠의 흔적이 확인되었고 단의 앞쪽에서 크기가 작은 소조불좌상과 소조보살입상이 발견되었다(도 10). 단의 뒤쪽에서는 나발, 천부상의 얼굴편, 장식편들이 수습되었을 뿐만 아니라(도 11), 벽화벽체편도 출토되었다.[18] 1964년 조사를 통해 이 건물지의 규모가 25×10m(동서×남북)임이 확인되었고 기와편이 발견되기도 하였다.[19]

5. 제5사지

현재 발해진(渤海鎭) 쌍묘자촌(雙廟子村)에 위치하며 발해 상경성 외성 내부에서 주작대로의 서편에 위치하는데, 제1사지와 대칭을 이루며 분포하고 있다(도 4). 1933·1934년의 발굴에서는 금당으로 추정되는 건물지 1동만이 집중적으로 발굴조사되었다(도 12).

금당지는 사원지의 중심부에서 북쪽으로 약간 치우쳐 있으며 규모는 28×18m(동서×남북)이다. 토단 위에는 바깥칸과 안칸의 2열을 이룬 주춧돌이 배열되어 있었는데, 바깥칸은 5×4칸(동서×남북), 안칸은 3×2칸(동서×남북)을 이루었다. 안칸의 내부에는 불단이 마련되어 있고 불단 위쪽에 불대석(佛臺石) 5개가 잔존하였다. 안칸의 북쪽·동쪽 주춧돌 사이

18) 東亞考古學會, 1939, 앞의 책, 36~37쪽.
19) 조중공동고고학발굴대, 1966, 앞의 책, 180쪽.

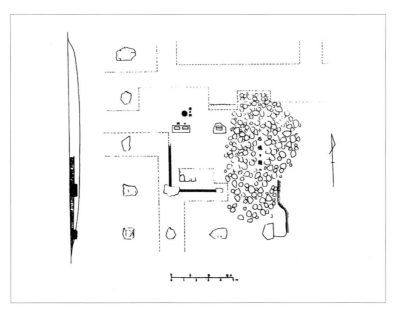

도 9. 제4사지 금당 평면도와 단면도(東亞考古學會, 1939, 앞의 책, 삽도 41)

도 10. 제4사지 출토 소형 소조상(서울대학교박물관, 2003, 『해동성국 발해』, 서울대학교박물관, 45쪽)

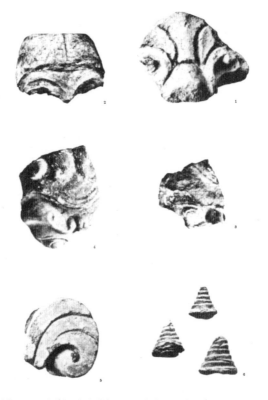

도 11. 제4사지 출토 소조상편(東亞考古學會, 1939, 앞의 책, 도판 112)

에는 회칠을 한 벽체편이 확인되었다. 불단 뒤쪽에서는 소조불상의 나발, 소형 소조불좌상 10여 점이 출토되었고(도 13), 앞쪽에서는 금동불 두부 (頭部)가 수습되었다.[20]

　　1964년 금당지의 동북쪽·서북쪽·동남쪽에서 건물지가 확인되었지 만 파손이 심각하여 구체적인 상황을 파악하기는 힘들었다.[21] 당시 현존한 토단의 높이는 1m 이상이며 연화문 석조물, 청동향로 등의 불교유물이 출

---

20) 東亞考古學會, 1939, 앞의 책, 37~38쪽.
21) 조중공동고고학발굴대, 1966, 앞의 책, 180쪽.

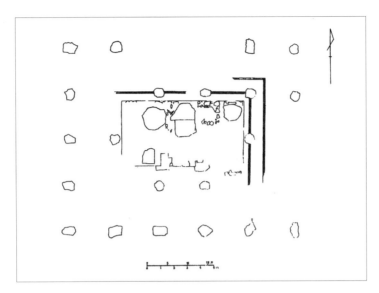

도 12. 제5사지 금당 평면도(東亞考古學會, 1939, 앞의 책, 삽도 41)

도 13. 제5사지 출토 소형 소조상(서울대학교박물관, 2003, 앞의 책, 41쪽)

토되기도 하였다.[22]

6. 제6사지

발해진(渤海鎮) 남묘자촌(南廟子村)에 소재하며 상경성 내부의 주작대로를 사이에 두고 제 2사지(흥륭사)와 대칭되게 분포되어 있다(도 4).

1933 · 1934년 건물지 1동만이 발굴되었고 이후 정식 조사는 진행되지 못했다(도 14). 잔존 높이가 1m 이상인 토단 위에는 주춧돌과 회칠된 바닥면이 드러났다(도 15). 주춧돌은 2열로 배치되어 바깥칸과 안칸을 구성하고 있는데, 바깥칸은 7×4칸(동서×남북), 안칸은 5×2칸(동서×남북)이었을 것으로 추정된다. 안칸의 내부에 마련된 불단에는 방형 혹은 원형 불대석(佛臺石) 15개가 확인되었다. 본존 불대석 아래에서 유리병 파편이 수습되었고 부근에서는 소조상편, 벽화벽체편(도 16), 건칠불편(乾漆佛片)이 출토되었다.[23]

사원지에는 남쪽에서부터 문지(門址), 기와 산포지, 토단 건물지의 공간이 확인되어 1탑3금당식의 가람배치,[24] 혹은 문 - 탑 - 금당의 배치형식으로 추정되었다.[25] 그러나 전체적인 건물지가 조사되지 않았기 때문에 가람배치를 언급하기에는 무리가 있다. 1990년대 이곳에서 동불(銅佛), 소조불이 출토되기도 하였다.[26]

22) 朱國忱 · 金太順 · 李硯鐵, 1996, 『渤海故都』, 黑龍江人民出版社, 337쪽.

23) 東亞考古學會, 1939, 앞의 책, 34~36, 74쪽.

24) 장상렬, 1992, 「발해의 건축」 『발해사연구론문집』 1, 255쪽.

25) 사회과학원 고고학연구소, 1977, 앞의 책, 273쪽.

26) 장경국 저 · 방학봉 역, 1996, 「발해상경절터현황에 대한 조사」 『발해사연구』 7, 188쪽.

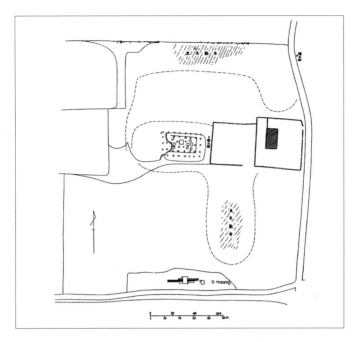

도 14. 제6사지 전체 배치도(東亞考古學會, 1939, 앞의 책, 삽도 37)

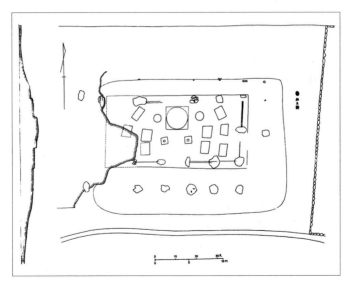

도 15. 제6사지 금당 평면도와 단면도(東亞考古學會, 1939, 앞의 책, 삽도 38)

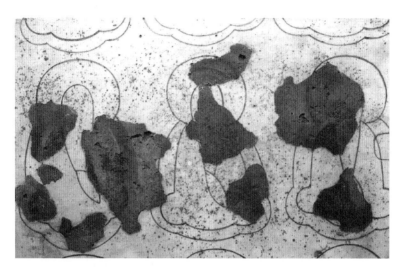

도 16. 제6사지 출토 벽화벽체편(서울대학교박물관, 2003, 앞의 책, 31쪽 사진 29)

7. 제7사지

발해진(渤海鎭) 백묘자촌(白廟子村)에 위치하며 상경성의 서쪽 제5호
가(第5號街)와 연접해 있다(도 4). 1933 · 1934년 이 곳이 절터임이 확인되
었고 1964년 시굴이 이루어졌다. 사원지의 중심부에서 남북으로 3동의 건
물지를 확인했는데 남쪽 건물지의 규모는 20×15m(동서×남북), 중간의
건물지는 21×11m, 북쪽 건물지는 15×6.5m이다.[27]

8. 제8사지

상경성 외성 외부의 동북쪽에 위치하며 이 사원지와 외성 북벽과의

27) 조중공동고고학발굴대, 1966, 앞의 책, 180쪽; 사회과학원 고고학연구소, 2009,『조선고
   고학전집 41(중세편 18)-발해의 성곽과 건축』, 진인진, 174쪽.

거리는 약 50m 정도이다(도 4). 또한 상경성 내부의 제2호가(第2號街)의 북쪽 문을 나서면 바로 왼쪽에 소재하고 있다. 1933 · 1934년 절터임이 확인되었고 1964년에는 건물지 1동만이 발견되었다. 건물지의 규모는 14×10m(동서×남북)이고 지표면에서 기와편, 불에 탄 흙덩이, 소조상편 2점이 수습되었다.[28]

9. 제9사지

상경성 외성 외부의 서북쪽에 소재하며 북쪽 성벽과는 68m 떨어져 있다(도 4). 1933 · 1934년 절터임이 확인되었고, 1964년 5월 22일부터 7월 15일까지 본전 건물지로 추정되는 유적지가 발굴되었다(도 17).

본전 건물지의 기단은 장방형이고 규모는 16.6×13.2×1.25m(동서×남북×높이)이다. 기단토는 자갈과 흙을 5~6층 번갈아 다져 쌓아 올린 후 판축하였으며 그 주위 둘레에는 돌을 쌓았다. 기단 주위에는 정면 7칸, 측면 6칸을 이루는 주춧돌이 배열되어 있으나 이 주춧돌의 성격은 모호하다.[29]

토단 위에는 주춧돌과 회칠된 바닥면이 남아 있다. 주춧돌은 2열로 배열되어 있어 바깥칸과 안칸을 구성하는데, 바깥칸은 5×4칸(동서×남북), 안칸은 3×2칸이다. 바깥칸의 규모는 13.5×10.1m(동서×남북)이고 안칸은 9.0×5.4m이다. 안칸의 주춧돌과 주춧돌 사이에 2개의 보조기둥을 세우고 이 기둥에 의지하여 외(椳)를 엮은 다음 진흙을 바르고 표면을 회로 미장하였다(도 18).[30]

---

28) 조중공동고고학발굴대, 1966, 앞의 책, 180쪽; 사회과학원 고고학연구소, 2009, 앞의 책, 174쪽.

29) 조중공동고고학발굴대, 1966, 앞의 책, 201쪽.

30) 조선유적유물도감편찬위원회, 1991, 앞의 책, 116쪽; 方學鳳 著 · 朴相佾 編譯, 1998, 『渤海의 佛敎遺蹟과 遺物』 書景文化社, 52~53쪽; 주영헌, 1971, 앞의 책, 56~58쪽.

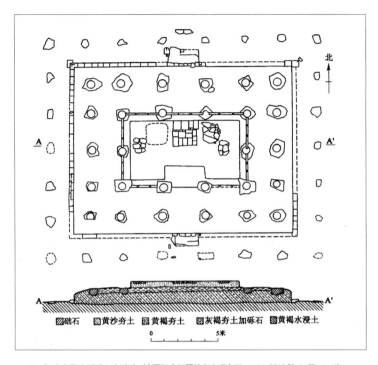

도 17. 제9사지 금당 평면도와 단면도(中國社會科學院考古硏究所, 1997, 앞의 책, 84쪽 도 48)

도 18. 제9사지 금당 내부 불단과 벽체 사진(조선유적유물도감편찬위원회, 1991, 앞의 책, 124쪽
사진 199)

안칸 내부에는 불단이 마련되어 있는데 규모는 8.0×4.4×0.43m(동서
×남북×높이)로 사립이 함유된 점토를 쌓고 네 벽을 회로 미장하였다.
불단 앞쪽에는 2.9×1.0m(동서×남북)의 冖형의 예배공간이 마련되어 있
다. 불단 위에는 5개의 불대석이 마련되어 있는데 정연하지 않다. 이 건물
지에서는 소조상, 기와, 토기, 청동기, 철기, 구슬, 장식편, 치미, 귀면와 등
이 출토되었다. 소조상은 육계편, 목, 목걸이 장식이 불단 부근에서 출토
되었고 치미는 2점 수습되었다. 청동거울편과 구슬 2점이 본전 서북쪽에
서 출토되었다.[31]

상경성 내외에 분포된 불교사원지의 조사현황과 출토유물에 대해서
간략하게 표로 작성하면【표 1】,【표 2】와 같다.

31) 조중공동고고학발굴대, 1966, 앞의 책, 201쪽; 조선유적유물도감 편찬위원회, 1991, 앞
　　의 책, 84~118쪽; 方學鳳 著·朴相佾 編譯, 1998, 앞의 책, 47~57쪽; 張慶國·李濟瑩,
　　2001, 앞의 글, 63~65쪽; 朱國忱·朱威, 2002,『渤海遺迹』, 文物出版社, 118~122쪽.

【표 1】 발해 상경성 불교사원지 발굴조사 내용[32]

사원지명	과거명 (1933, 1934)	현재 행정명 (위치)	건축물의 종류	기단 규모 (동서×남북×높이:m)	금당 규모 (동서×남북: m)	금당 칸수 (정면×측면)	불단 규모 (동서×남북×높이: m)	불단 칸수	불상 배치 방식	발굴 기관 [조사 기관]	발굴 연대
第1寺址	X	渤海鎮 雙廟子村	金堂	50.66×20.0 (중간), 9.23 (측면) ×1.2	17.9×14.32	5×4	10.74×7.16	3×2	9존상	[東亞考古學會] 朝中共同考古學發掘隊	1933, 1934 1964
第2寺址	VI(第1寺址)	渤海鎮 南廟子村; 興隆寺	金堂, 石燈			3×2				東亞考古學會 [朝中共同考古學發掘隊]	1933, 1934 1964
第3寺址	X Ⅲ	渤海鎮 土臺子村	金堂		20.0×15.0					[東亞考古學會] [鳥山喜一] [朝中共同考古學發掘隊]	1933, 1934 1942 1964
第4寺址	Ⅷ(第3寺址)	東京城鎮	金堂		25.0×10.0					東亞考古學會 [朝中共同考古學發掘隊]	1933, 1934 1964
第5寺址	Ⅺ(第4寺址)	渤海鎮 雙廟子村	金堂		28.0×18.0 (25×20) 높이: 1.2	5×4		3×2	7존상 (?)	東亞考古學會 [朝中共同考古學發掘隊]	1933, 1934 1964
第6寺址	Ⅶ(第2寺址)	渤海鎮 南廟子村	金堂 +門			7×4		5×2	15존상 (?)	東亞考古學會 [朝中共同考古學發掘隊]	1933, 1934 1964
第7寺址	X Ⅶ	渤海鎮 白廟子村	建物址		남쪽건물지 : 20×15 중간건물지 : 21×11 북쪽건물지 : 15×6.5					[東亞考古學會] [朝中共同考古學發掘隊]	1933, 1934 1964
第8寺址	外城北外東	外城 北壁 東門 밖	建物址		14×10					[東亞考古學會] [朝中共同考古學發掘隊]	1933, 1934 1964
第9寺址	X Ⅷ	外城 北壁 西門 밖	金堂	16.6× 13.2× 1.25	13.5×10.1	5×4	8.0× 4.4× 0.43	3×2	5존상	[東亞考古學會] 朝中共同考古學發掘隊	1933, 1934 1964

【표 2】상경성 발해 사원지 출토품

출토유물			제1사지	제2사지	제3사지	제4사지	제5사지	제6사지	제8사지	제9사지
기와			◎	◎	◎	◎	◎	◎	◎	◎
치미			◎							◎
불교조각상	소조상	대, 중형	◎			◎	◎	◎	◎	◎
		소형			◎	◎	◎			
	금(청)동상		◎				◎	◎		
	석상			◎						
	건칠상							◎		
벽화벽체편			◎		◎	◎				
장식편			◎							◎
도자기			◎							
유리제품								◎		
기타			◎							◎

1964년 이후부터 지금까지 상경성 내에서는 사리함, 석불상의 발견과 더불어 불교사원지의 흔적이 확인되기도 하였으나 정식적인 발굴이 이루어지지 않았다.[33] 토대자사지 부근과 백묘자촌에서 3~4곳의 불교사찰지가 확인되기도 하였고, 특히 1975년 토대자사지 부근에서 사리함이 출토되기도 하였다. 이 사리함은 石函-石函-鐵函-銅匣-漆匣-銀盒-銀盒의 7중으로 구성되었고, 사리함에서는 진주, 호박 등 다양한 유물이 출토되었다.[34]

1997년 백묘자촌 건설공사현장의 도로 부근에서 6개의 현무암으로 구성된 혈실(穴室) 내부에서 장방형 사리함과 채색칠함이 발견되었는데, 사

32)【표 1】을 작성하는 데 다음의 자료를 참고하였음. 東亞考古學會, 1939, 『東京城-渤海國上京龍泉府址の發掘調査』, 東京·京都, 30~64쪽; 조중공동고고학발굴대, 1966, 『중국 동북지방의 유적발굴 보고(1963~1965)』, 사회과학원출판사, 165~236쪽; 조선유적유물도감편찬위원회, 1991, 『조선유적유물도감』 8-발해편, 84~118쪽; 方學鳳 著·朴相佾 編譯, 1998, 『渤海의 佛敎遺蹟과 遺物』, 書景文化社, 47~57쪽; 張慶國·李濟瑩, 「渤海上京寺廟遺址調査」, 2001, 『渤海上京文集』 第1集, 渤海上京遺址博物館, 63~65쪽; 朱國忱·朱威, 2002, 『渤海遺迹』, 文物出版社, 118~122쪽.

33) 朱國忱·金太順·李硯鐵, 1996, 앞의 책, 333~338쪽.

34) 寧安縣文物管理所·渤海鎭公社土臺子大隊, 1978, 「黑龍江省寧安縣出土的舍利函」, 『文物資料叢刊』 2, 文物出版社, 198~201쪽.

리함은 銅函-金銅函-銀函-金函으로 구성되었다.[35] 또한 1970년대 중반 발해진소학교(渤海鎭小學校)에서 발해시대 석귀부(石龜趺)가 출토되었는데, 흥룡사의 유물로 보는 견해[36]와 청대(清代)에 존재했던 계고사(稽古寺)로 보는 의견이 있다.[37]

흑룡강성문물고고연구소(黑龍江省文物考古研究所)는 1998~2007년 발해 상경성 궁전유적을 발굴하였는데, 제3호 궁전지와 제4호 궁전지 사이의 건물터에서 높이 7.0cm의 소조보살입상이 1구 발견되었다.[38] 머리부분은 소실되었으며 틀에서 찍은 제작기법, 보살상의 양식 등은 제4사지에서 출토된 보살상과 동일하다. 이 보살상이 출토된 곳은 불교사찰이 소재한 곳은 아니며 후대에 옮겨졌을 가능성이 높다.

Ⅲ. 불교사원지의 건립연대

발해의 탑은 정효공주묘탑(貞孝公主墓塔) · 영광탑(靈光塔) · 마적달탑(馬滴達塔)의 벽돌탑,[39] 함경남도 오매리사지(梧梅里寺址)의 방형 탑지,[40] 상경성 토대자사지와 백묘자촌에서의 사리함 출토로 인한 탑의 존재 가능성이 확

35) 왕림안 · 고민 저 · 윤현철 역, 1999, 「발해의 상경유지에서 두번째 사리함이 출토」『발해사연구』8, 327~329쪽.
36) 丹化沙, 1988, 「渤海上京近年發現的重要文物和遺迹」『遼海文物學刊』2, 遼海文物學刊編輯部, 29~35쪽.
37) 朱國忱 · 金太順 · 李硯鐵, 1996, 앞의 책, 335쪽.
38) 黑龍江省文物考古研究所, 2009, 『1998~2007年度考古發掘調查報告-渤海上京城』上册, 文物出版社, 375~376쪽.
39) 方學鳳, 2000, 『中國境內 渤海遺蹟研究』, 백산자료원, 288~325쪽.
40) 김종혁 · 김지철, 1989, 「신포시 오매리 금산발해건축지 발굴중간보고」『조선고고연구』2, 사회과학출판사, 11~16쪽; 김종혁 · 김지철, 1990, 「신포시 오매리 절골1호 발해건축지 발굴보고」『조선고고연구』2, 사회과학출판사, 12~17쪽; 한용걸, 1992, 「발해건축의 고구려적성격에 대하여」『조선고고연구』2, 사회과학출판사, 28~32쪽; 한인호, 1997, 「금호지구 오매리절터에 대하여」『조선고고연구』1, 사회과학출판사, 13~15쪽.

인된다. 이러한 탑은 고구려 계통의 방형 탑 혹은 중국 계통의 벽돌 탑이지만 전체적인 불교사원지의 조사수량에 비해 적은 수를 차지한다고 볼 수 있다.

지금까지 조사된 발해 사원지는 【표 3】을 통해 상경성 이외에 구국(舊國)에 1개소, 중경성(中京城)은 15지점, 동경성(東京城) 7개소, 남경(南京) 3개소, 연해주(沿海州) 6개소가 확인되었다.

【표 3】 발해 불교사원지와 출토유물[41]

	사원지명	소재지	건물지	출토유물	비고
구국	廟屯寺址	吉林省 敦化市 紅石鄕 一心村	건물지(2개소)	기와, 벽돌	주위에 六頂山古墳群, 城山子山城 소재
중경	高産村寺址	和龍縣 德化鄕 高産村	8각형 건물지	소조불의 불두·발가락·손가락, 토기편, 철제방울, 연화문 막새기와, 명문와, 건축부재	1979년 吉林省 考古訓練班·和龍縣文物調査隊가 발굴
	軍民橋寺址	和龍縣 西城鄕	담장, 건물지 문지	철정(鐵鼎) 2점, 명문와 1점, 연화문 막새기와 등	1981년 延邊博物館에서 조사
	龍海村寺址	和龍縣 龍水鄕 龍海村	건물지(묘탑, 사원지 세트)	指壓文 암키와, 孔雀文 암키와, 연화문 막새기와, 벽돌, 토기편	서북 150m에 貞孝公主墓 소재 정효공주묘의 아래쪽에 건립된 사원지
	東南溝寺址	和龍縣 八家子鎭 河南村	건물지	指壓文 암키와, 처마기와, 미구기와, 수키와, 연화문막새	
	仲坪村寺址	龍井市 德新鄕	건물지	연화문 막새, 지압문 암키와, 토기 구연부편, 석조삼존불상	
	神仙洞寺址	安圖縣 福興鄕 神仙洞村	건물지	기와편, 미구기와	
	大東溝寺址	安圖縣 石門鄕 北山1隊	건물지, 우물지	벽돌, 기와, 토기편, 각종 석재	

41) 【표 3】은 다음의 자료를 참고하여 작성하였음. 東亞考古學會, 1939, 『東京城-渤海國上京龍泉府址の發掘調査』, 東京·京都, 30~64쪽; 조중공동고고학발굴대, 1966, 『중국동북지방의 유적발굴 보고(1963~1965)』, 사회과학원출판사, 165~236쪽; 車玉信, 1990, 『渤海 佛像에 관한 연구』, 이화여자대학교대학원 석사학위논문, 11~16쪽; 조선유적유물도감편찬위원회, 1991, 『조선유적유물도감』8-발해편, 84~118쪽; 方學鳳 著·朴相佾 編譯, 1998, 『渤海의 佛敎遺蹟과 遺物』, 書景文化社, 14~89쪽; 사회과학원 고고학연구소, 2009, 『조선고고학전집 41(중세편 18)-발해의 성곽과 건축』, 진인진, 153~193쪽.

중경	舞鶴洞寺址	吉林省	安圖縣 舞鶴村 舞鶴洞		기와, 토기, 자기	
	礆場村寺址		安圖縣 亮兵台 鄕 礆場村	건물지	벽돌, 기와편, 석함 2개	
	東淸洞寺址		安圖縣 永慶鄕 東淸村	건물지	연화문 막새기와, 암키와, 미구기와, 장방형 청색 벽돌, 건물장식품	
	傳家溝寺址		安圖縣 石門鄕 茶條溝		기와, 벽돌, 토기	
	崇實村寺址		安圖縣 石門鄕 仲坪村	건물지	미구기와, 지압문 암키와, 繩文 암키와, 건축부재	
	新田村寺址		汪淸縣 百草溝 鄕 新田村		암키와, 수키와, 막새기와, 벽돌	
	駝山屯寺址		汪淸縣 春陽鄕	건물지	지압문 암키와, 미구기와, 연화문 막새기와, 처마 기와	
	英城古城寺址		龍井市 東盛涌 鄕 英城村	건물지	지압문 암키와, 토기편	英城古城 내부에 소재, 사리장엄구가 발견되었다고 전함
동경	五一村寺址	吉林省	琿春市 馬川子 鄕 五一村	건물지	기와, 토기편, 사암제 석불 1구, 동불(현 소장처 불명)	
	楊木林子村寺址		琿春市 楊泡鄕 楊木林子村	건물지	연화문 막새기와, 미구기와, 지압문 기와, 토기편, 석불상(현 소장처 불명)	
	木荒溝村寺址		琿春市 밀강하 상류	초석	막새기와, 암키와, 수키와, 사암제 불상편	
	八連城東南寺址		琿春市	금당지, 회랑, 문지	기와, 불상편, 석조불상 대좌, 치미	
	馬滴達村寺址		琿春市 馬滴達 鄕	건물지	벽돌편, 기와, 토기편	馬滴達村廟塔 옆에 소재
	新生村寺址		琿春市 三家子 鄕 新生村	건물지, 회랑	기와, 토기편, 석불상	
	良種農場寺址		琿春市 三家子 鄕			
상경	第1寺址	黑龍江省	雙廟子村	회랑, 건물지	塑造像片, 土裝飾片: 불단 위 청동불상 손, 청동장식, 못, 찰갑, 자물쇠, 고리, 쇠못, 기와, 치미, 소조상편, 도자기, 벽화편, 녹유기와	1964년 朝中共同考古學發掘隊 발굴
	第2寺址		南廟子村:興隆寺		석등, 석불상 현존 사찰 내: 기와	1933, 1934년 東亞考古學會/ 1964년 朝中共同考古學發掘隊 조사

76

지역	寺址	省/지역	위치	종류	출토유물	조사
상경	第3寺址	黑龍江省	土臺子村	건물지	소조불상 2점, 기와편	1942년 鳥山喜一 조사/ 1964년 朝中共同考古學發掘隊 조사
	第4寺址		東京城鎭	건물지	불단 앞쪽: 소조상(입상, 좌상) 불단 뒤쪽: 소조불의 나발, 天部像 頭部片, 기와편	1933, 1934년 東亞考古學會 발굴/ 1964년 朝中共同考古學發掘隊 조사
	第5寺址		雙廟子村	건물지	주춧돌: 2개, 기와편 불단 뒷쪽: 소조불의 나발, 소조상(좌상). 불단 앞쪽: 小銅佛 頭部	1933, 1934년 東亞考古學會 발굴/ 1964년 朝中共同考古學發掘隊 조사
	第6寺址		南廟子村	건물지	기와편, 주춧돌 본존 대좌 아래: 유리제 小瓶片. 대좌 부근: 소조상편, 벽화벽체편, 건칠불파편	1933, 1934년 東亞考古學會 발굴/ 1964년 朝中共同考古學發掘隊 조사
	第7寺址		白廟子村	건물지		1964년 朝中共同考古學發掘隊 조사
	第8寺址		外城 外部 북쪽	미발굴	주춧돌, 소조상편: 2점, 기와편, 불에 탄 흙덩이	1964년 朝中共同考古學發掘隊 조사
	第9寺址		外城 外部 북쪽	건물지, 불단	주춧돌, 소조상편: 불단 위 토기, 청동거울편, 철칼, 철화살촉, 철문고리, 철못, 구슬, 기와편, 치미, 소조상편, 장식편	1964년 朝中共同考古學發掘隊 발굴
남경	梧梅里寺址	北韓	함경남도 신포시 오매리	방형목탑지, 3금당지, 승방 (1탑3금당)	석불상, 청동보살상, 금동불상편, 금동판, 금동연화문, 토기편	1988년 북한사회과학원고고학연구소, 함경남도력사박물관에서 발굴
	靑海土城 內 寺址		함경남도 북청리 하호리	건물지	기와, 금동광배	1967,1972,1985년 북한사회과학원 고고학연구소에서 발굴
	改心寺址		함경북도 명천군	건물지	목함	
연해주	코프이토산사지		우스리스크시 크로우노프카촌 남서 3-4km 지점	금당지, 반지하주거지	기와편, 토기편, 철제 수레조각, 청동팔찌, 구슬	1956,1958,1959,최근 소련과학원 시베리아분소 고고민족학연구소에서 발굴. 근처에 코프이토고분 1기
	아브리코스산사지		우스리스크시 크로우노프카촌 남서 3-4km 지점	금당지, 벽체 일부, 불단일부	쇠못, 토기, 소조불상, 소조보살상, 각종 기와, 치미	1960년 소련과학원 시베리아분소 고고민족학연구소에서 발굴. 근처에 아브리코스고분 4기
	보리소프카사지		우스리스크시 크로우노프카촌 남서 3-4km 지점	건물지	기와, 토기, 소조불두, 청동소상 2점, 소조상	1972년 소련과학원 시베리아분소 고고민족학연구소, 대륙연구소 발해학술조사단에서 발굴. 남동쪽 200mm에 성터가 있음

지역	사지명	위치	건물지	유물	비고
연해주	코르사코프카 사지	우스리스크시 서북 32km	건물지, 가마터	기와, 철제풍탁, 철제 못, 봉황연화문기와	1993년 대륙연구소 발해학술조사단, 러시아 극동역사연구소에서 발굴함. 코르사코프고분이 소재.
	크라스키노 古城 內 사지	하싼 크라스키노 古城	금당지, 서건물지, 서회랑지, 기기와가마터, 중문지, 석등지, 배수구, 우물	금동불좌상, 석불좌상, 금동보살상, 석천왕상, 사암계석불좌상, 기와, 방추차, 토기, 발해삼채, 철제 풍탁, 금동반지	1983: 러시아극동연구소 1994: 대륙연구소 러시아극동연구소 1998: 한국미술사연구소 러시아극동연구소에서 발굴. 근처에 크라스키노고분군이 있음
	우스리스크市 부근의 사지	우스리스크 市 부근	주춧돌	청동불	
기타	七道河子村 寺址	吉林省 蛟河縣 天崗鎭 七道河子村		기와, 벽돌, 건축재료	1940년 발견, 1985년 조사
	伯都古城寺址	吉林省 扶餘縣 伯都鄉		소조불상, 銅佛, 불상장식편, 기와, 자기, 토기	1980, 1982년 문물조사단에서 발굴. 伯都古城 내부에 소재

상경성의 예를 제외한 나머지 불교사원지 중 중경성의 고산촌사지(高産村寺址), 동경성 팔련성 동남사지(八連城東南寺址), 남경의 오매리사지(梧梅里寺址)·청해토성 내 사지(靑海土城 內 寺址), 길림성 백도고성사지(伯都古城寺址), 연해주의 발해사원지 5개소 이외의 나머지 사원지들은 정식발굴이 이루어지지 않았다. 이러한 상황에서 위의 사찰 모두를 발해시대로 비정하기에는 무리가 있을 뿐만 아니라, 위에서 언급한 건물지들의 성격 역시 정확하게 파악하기는 힘들다. 다만 중경 고산촌사지·낙타산둔사지(駱駝山屯寺址), 동경 신생촌사지(新生村寺址)·팔련성 동남사지, 연해주 코프이토산사지·아브리코스산사지·크라스키노 고성(古城) 내부 사지에서 발굴조사된 건물지는 금당지로 확인되었다.

상경성 발해 사원지 역시 제 7·8사지를 제외한 나머지 7개소의 토단(土壇) 위에 설치된 건물지는 불전(佛殿), 즉 금당지로 추정되고 있다. 부분적인 조사에 의한 한정된 건물지 성격 추정으로 판단해 볼 수도 있겠지만 삼국시대와는 달리 사찰 내에 탑이 반드시 설치되어야 한다는 이론이 성립되지 않았을 가능성도 존재한다.

발해와 동시대 통일신라 사찰에서는 쌍탑이 건립되고 있지만 중국의 경우 당대(唐代)에는 자은사(慈恩寺), 추복사(荐福寺)와 같이 탑이 금당 뒤쪽 혹은 좌우쪽 혹은 별원(別院)에 배치되는 경우가 많아지거나[42], 서명사지(西明寺址)에서처럼 탑이 확인되지 않는 예도 있다.[43] 특히 돈황 막고굴의 당대 벽화 속의 사원 건축물 중 탑은 불전 뒤쪽 혹은 별도의 원(院)에

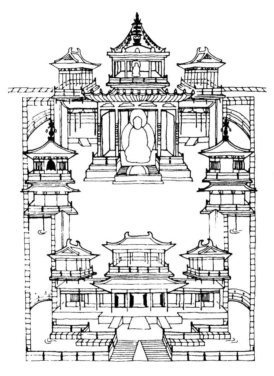

도 19. 막고굴 제361굴 남벽 경변도 속의 불교사찰도(蕭默, 1993, 「莫高窟壁畵にみえゐ寺院建築」『中國石窟·敦煌莫高窟(四)』, 平凡社, 201쪽 도 14)

42) 中國科學院考古硏究所西安唐城發掘隊, 1964, 「唐靑龍寺遺址踏察記略」『考古』7, 中國社会科學院考古硏究所, 346~348쪽; 中國科學院考古硏究所西安工作隊, 1974, 「唐靑龍寺遺址發掘簡報」『考古』5, 中國社会科學院考古硏究所, 322~327쪽; 楊鴻勛, 1984, 「唐長安靑龍寺密宗殿堂(遺址4)復原硏究」『考古學報』3, 383~400쪽; 中國社會科學院考古所西安唐城隊, 1989, 「唐長安靑龍寺遺址」『考古學報』2, 231~261쪽.
43) 中國社會科學院考古硏究所西安唐城工作隊, 1990, 「唐長安西明寺遺址發掘簡報」『考古』1, 中國社会科學院考古硏究所, 45~55쪽.

위치하거나 탑이 없는 경우도 많다(도 19).[44] 이처럼 당대에 접어들면, 금
당이 탑보다 더욱 중요시 되었으며 남북조시대 사원불사지(思遠佛寺址),
영녕사지(永寧寺址)에서 확인되는 것처럼 탑이 가장 큰 규모로 사찰의 중
앙에 배치된 사실과는 다른 예배대상의 변화를 읽을 수 있다.[45]

정식발굴이 진행되었던 상경성 제 1·4·5·6·9사지의 건물지에서는 1
동의 건물지만이 조사되었는데, 이 건물지는 불상을 봉안한 금당으로 추정
되고 있다. 1933·1934년 조사된 제 4·5·6사지 건물지는 1964년 발굴된 제
1·9사지 금당지와 비교하여 짧은 발굴기간과 유물수습성 조사로 인해 금당
지와 불단의 정확한 모습, 평면도의 정확성이 미비한 편이다. 하지만 건물지
의 전체적인 양상을 파악하여 제 1·9사지와 비교하는데에는 무리가 없다.

제 1·4·5·6·9사지의 건물지는 장방형의 토단 위에 5×4칸(동서×
남북:제 1·5·9사지) 혹은 7×4칸(제6사지)의 장방형 금당을 배치하였다.
또한 금당 안쪽에는 3×2칸(제 1·5·9사지)과 5×2칸(제 6사지)의 장방
형의 불단이 주위보다 높게 설치되었다. 여기서 주목해야 할 사실은 장방
형 금당 속에 안치된 불단의 위치와 평면 형태이다.

제 1·5·6·9사지의 불단은 금당 내부에서 중앙에 위치하고 있다. 더
욱이 발굴조사가 구체적이고 자세하게 이루어진 제 1·9사지의 불단 평면
형태는 ⊓형을 이룬다. 금당지와 불단이 장방형을 이루면서 금당의 중앙
에 위치한 불단의 예로는 훈춘시 신생촌사지(新生村寺址)를 비롯하여 782
년 건립된 중국 오대산(五臺山) 남선사(南禪寺) 대전(大殿)(도 20),[46] 서안

44) 蕭默, 1993a, 「莫高窟壁畵にみえる寺院建築」 『中國石窟·敦煌莫高窟(四)』, 平凡社,
   192~215쪽.

45) 梁銀景, 2009a, 「中國 佛敎寺刹의 검토를 통해 본 百濟 泗沘期 佛敎寺刹의 諸問題」
   『百濟研究』50, 충남대학교 백제연구소, 160~163쪽.

46) 남선사의 창건시기는 불명확하지만 남선사 내의 大殿은 건물 서측 서까래 아래측의
   墨書題記의 내용에 근거하여 당 德宗 建中 3年, 즉 782년에 중수되었다는 사실을 확
   인할 수 있다(負安志, 1989, 「中國古代建築的瑰寶-南禪寺與佛光寺彩塑藝術分析」
   『文博』5, 陝西省文物局, 31~32쪽).

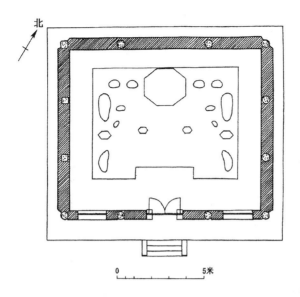

도 20. 남선사 대전 평면도(劉敦楨主編, 1986, 『中國建築史』, 中國建築工業出版社, 123쪽 도 85-2)

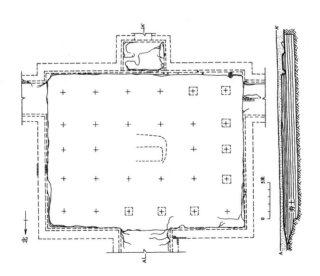

도 21. 청룡사 동원 4호 불전(금당) 만기 유적지 평면도와 단면도(中國社會科學院考 古所西安唐城隊, 1989, 「唐長安靑龍寺遺址」, 『考古學報』 2, 245쪽 도 10)

시 청룡사(靑龍寺) 동원(東院) 4호 불전 만기(晚期) 유적지가 대표적이다(도 21).[47] 857년에 중건된 오대산 불광사(佛光寺) 동대전(東大殿)의 불단의 위치는 금당의 정중앙은 아닌 조금 더 뒤쪽으로 배치되었지만 거의 중간지점이라고 말할 수 있다(도 22).[48] 남선사 대전, 불광사 동대전, 청룡사 동원 4호 만기 금당지의 규모는 각각 1.62×9.9m(넓이×폭), 40.3×23.57m, 28.75×21.75m이고 남선사, 불광사 불단의 규모는 8.4×6.3×0.7m(넓이×깊이×높이), 34.08×18.12×0.74m이다.[49] 이들은 상경성 제 1사지 금당지, 불단의 규모와 비교하면 더욱 작으며 상경성 제 9사지보다는 크다.

지금까지 발굴된 남북조시대 중국 불교사찰은 목탑이 중심이 되어 조사가 진행되었기 때문에 금당의 정확한 양상을 확인하기는 힘들다.[50] 사원불사, 영녕사를 대표로 하는 남북조시대 불교사찰 금당지의 평면은 장방형이지만 금당지 내부 불단의 유무는 전혀 확인되지 않는다(도 23).[51]

여기서 주목해야 할 사실은 훈춘시 신생촌사지 건물지, 청룡사 동원 4호

---

47) 中國科學院考古研究所西安唐城發掘隊, 1964, 앞의 글, 346~348쪽; 中國科學院考古研究所西安工作隊, 1974, 앞의 글, 322~327쪽; 中國社會科學院考古所西安唐城隊, 1989, 앞의 글, 231~261쪽.

48) 불광사의 창건연대는 北魏 孝文帝 478년이며 수당대에 번성하였으나 武宗 845년 廢佛을 거치면서 대부분의 건축물이 소실되었다. 東大殿의 重建연대에 대해서는 856년설(肖雨, 1986, 「佛光寺의 歷史」『五臺山研究』3, 五臺山研究会, 8쪽; 孫志虹, 2006, 「二唐寺, 瑰寶世間無-記山西南禪寺和佛光寺」『中華文化畫報』8, 中國藝術研究院, 17쪽), 857년설(劉敦楨 主編, 1986, 『中國建築史』, 中國建築工業出版社, 91쪽; 山西省古建築保護研究所 編, 1984, 『佛光寺』, 文物出版社, 1쪽; 梁思成, 1999, 『中國建築史』, 百花文藝出版社, 105~106쪽)이 있다.

49) 남선사 대전의 규모와 불단의 크기에 대해서는 著書에 따라 각각 다르게 표기되어 있다. 이에 필자는 伊銘, 2007, 「大唐雙妹-南禪寺及佛光寺」『科學之友』5, 山西省科學技術協會, 34쪽의 규모내용에 의거하여 기술하였다. 柴澤俊, 1986, 「唐建佛光寺東大殿建築形制初析」『五臺山研究』1, 五臺山研究会, 17쪽; 楊鴻勛, 1984, 앞의 글, 383~400쪽.

50) 梁銀景, 2009a, 앞의 글, 151~153쪽.

51) 大同市博物館, 2007, 「大同北魏方山寺院佛寺遺址發掘報告」『文物』4, 文物出版社, 5~16쪽; 中國社會科學院考古研究所, 1996, 『北魏洛陽永寧寺-1979~1994年考古發掘報告』, 中國大百科全書出版社, 1~136쪽.

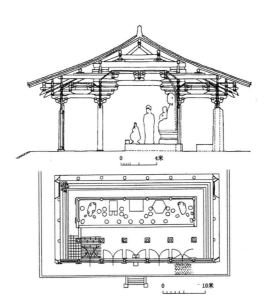

도 22. 불광사 대전 측면, 평면도(劉敦楨主編, 1986, 앞의 책, 124쪽 도 85-4, 127
쪽 도 86-3)

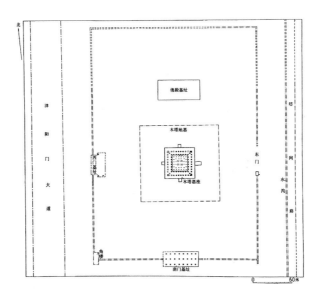

도 23. 영녕사 배치도(中國社會科學院考古硏究所, 1996, 『北魏洛陽永寧寺-1979~
1994年考古發掘報告』, 中國大百科全書出版社, 7쪽 도 4)

만기 금당지, 불광사 동대전의 불단은 금당 중앙부에 위치하지만 평면이 장방형이거나 혹은 불명확하지만 남선사 대전 불단의 평면형태는 상경성 제1·9사지의 불단과 동일하게 凸형이며 금당 중앙에 위치한다는 점이다.

중국 내에 현존하는 남북조시대·당대의 불교사찰은 희소하고 불교사원지에 대한 발굴도 적어서 발해 금당지의 비교자료로 활용하기 힘들다. 그러나 다행스럽게 불교석굴의 수량은 풍부하므로 발해 금당지와의 비교작업이 가능하다.

석굴 내부의 중앙에 불단이 설치되는 것은 당대부터이며, 용문석굴 뇌고대 남동(雷鼓臺 南洞)이 대표적이다(도 24). 그런데 뇌고대 남동은 690~692년에 개착된 것으로 추정되고 있지만 불단 위에 현존하는 대일여래상은 원래 이곳에 봉안된 것인지 의문이 제기되고 있다.[52] 돈황 막고굴 중 수대 581~588년에 개착된 것으로 비정되는 제 305호굴 내부에 불단이 설치되기도 하였지만 당시 성행한 석굴 구조는 아니었다.[53] 한편, 오대(五代) 제 98(도 25)·100·108·146호굴과 북송 초기의 제 55·61호굴 등 923~1052년에 개착된 동굴에서 불단 시설이 많이 확인된다.[54]

용문석굴 뇌고대 남동, 막고굴 제 305호굴의 중앙에 설치된 불단의 평면형태는 방형이고 오대~북송 초기 막고굴의 불단은 凸형을 이룬다. 상경성 제 1·9사지 금당유적지의 불단은 막고굴 오대~북송대의 예와 유사하다고 말할 수 있다. 그러나 막고굴의 경우 불단 뒤쪽에 병풍식 장막이 설치된 예가 일반적인데, 이는 상경성의 불단과 다르다.

중국 석굴 내부에 마련된 불단의 위치가 중앙이 아닌 좌, 우, 뒤쪽 벽면 아래에 설치된 것은 북제 남향당산(南響堂山) 제 4·6굴에서부터 확

52) 溫玉成, 1992,「龍門唐窟排年」『中國石窟·龍門石窟(二)』, 文物出版社, 31~32쪽.
53) 막고굴 수대 동굴에 대한 편년은 樊錦詩·關友惠·劉玉權, 1989,「莫高窟隋代石窟分期」『中國石窟·敦煌莫高窟(二)』, 文物出版社, 171~186쪽; 梁銀景, 2004,『隋代佛教窟龕研究』, 文物出版社, 85~100쪽을 참고함.
54) 蕭默, 1989,「敦煌莫高窟的洞窟形制」『中國石窟·敦煌莫高窟(二)』, 文物出版社, 187~199쪽.

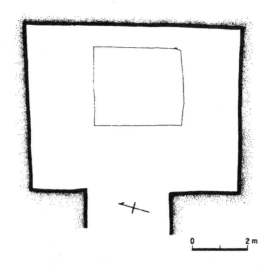

도 24. 용문석굴 뇌고대 남동 평면도(龍門石窟保管所・北京大學考古系, 1992,
『中國石窟・龍門石窟(二)』, 文物出版社, 283쪽)

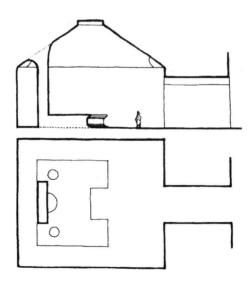

도 25. 막고굴 제98호굴(오대) 단면도와 평면도(蕭黙, 1989, 「敦煌莫高窟的洞窟形
制」『中國石窟・敦煌莫高窟(二)』, 文物出版社, 221쪽 도 18a)

인되기 시작하여,[55] 수대 타산 제 2굴, 용동를 비롯하여 당대에는 용문석굴 잠계사동(潛溪寺洞)과 막고굴 제 371 · 103 · 29 · 156굴 등에서도 보여 아주 유행한 석굴구조였던 것으로 생각된다.[56]

이처럼 상경성 제 1 · 9사지의 금당, 불단의 위치와 평면형태는 중국 당대 690~692년의 용문석굴 뇌고대 남동, 782년 오대산 남선사 대전과 유사하며 막고굴 10세기 중반~11세기 중반 석굴과도 계승관계가 확인된다. 다시 말해 상경성 발해 사원지의 건축물은 중국 7세기 후반~8세기 후반의 석굴, 불교건축물과 직접적인 연관관계를 보이고 있다.

사실 상경성 제 1 · 9사지의 冂형 불단의 형태는 당대 장안성(長安城)의 대명궁(大明宮) 함원전(含元殿)의 기단 평면구조와도 유사성을 보이고 있다. 662~663년 건립된 함원전은 본전과 좌우에 배치된 서봉각(棲鳳閣), 상난각(翔鸞閣)이 비랑(飛廊)으로 불리는 회랑으로 연결되어 당시 장안성에서 가장 웅장한 건물이었다(도 26).[57] 당대 장안성의 건축물들은 돈황 막고굴 벽화 속의 건축물과도 유사성이 지적되어 궁전 건축물이 사찰 건축물의 모델이 되기도 하였다.[58] 규모가 큰 사찰 건축물의 경우 당시 궁전 건축물과 비교하여 구조, 외관, 내부모습에서 동일하였다. 이러한 사실은『洛陽伽藍記』권 1에서 영녕사의 금당이 궁전의 태극전(太極殿)과 동일하였다는 기록에서 이미 확인된다.[59]

---

55) 閻文儒, 1951,「莫高窟的石窟構造及其塑像」『文物參考資料』4, 文物出版社, 156~176쪽.

56) 梁銀景, 2003,「中國 山東지역 隋代 佛敎石窟과 摩崖造像」『講座美術史』20, 한국미술사연구소, 200~204쪽.

57) 郭義孚, 1963,「含元殿外觀復原」『考古』10, 中國社会科學院考古研究所, 567~572쪽; 傅熹年, 1973,「唐長安大明宮含元殿原狀的探討」『文物』7, 30~48쪽(이 논문은 1998,『傅熹年建築史論文集』, 184~206쪽에 재수록됨); 雷從雲 · 陳紹棣 · 林秀貞, 2008,『中國宮殿史』, 百花文藝出版社, 153~159쪽.

58) 梁思成, 1993,「我們所知道的唐代佛寺與宮殿」『敦煌吐魯番藝術叢書-敦煌建築』, 新疆美術攝影出版社, 3~8쪽; 金惠瑗, 2008,「此岸과 彼岸의 만남: 敦煌 莫高窟의 <西方淨土變>에 보이는 건축 표현에 대한 一考」『미술사연구』22, 37~41쪽.

59) "浮圖北有佛殿一所, 形如太極殿"(范祥雍 校注, 1999,『洛陽伽藍記-校注』, 上海古籍

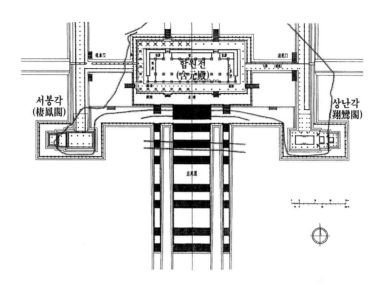

도 26. 대명궁 함원전 평면 복원도(傅熹年, 1998, 「唐長安大明宮含元殿原狀的探討」『傅熹年建築史論文集』, 188쪽 도 1)

　　더욱이 상경성 제1사지 금당의 본전(本殿)과 좌우에 배치된 동전(東殿), 서전(西殿)의 전체적인 평면구조는 대명궁의 인덕전(麟德殿)과도 비교된다. 인덕연간(664~665)에 건립된 인덕전은 남북 중심축을 중심으로 3동의 건축물이 연결되어 있을 뿐만 아니라 좌우측에도 전각이 배치되었다(도 27). 이처럼 본전 좌우측에 배치된 배전(配殿)은 수대 막고굴 제 433굴 벽화에서 보이기 시작한 이후,[60] 당대 제 338 · 205 · 45 · 226굴 벽화 등 당대에 많이 확인된다. 상경성 제 1사지 본전과 좌우 배전은 동일한 가로선상에 배치되어 있지만 중국의 배전은 본전 앞쪽, 뒤쪽, 동일한 선상 등 다양한 배치를 보인다.[61]

　　　出版社, 2쪽).
60) 宿白, 1997, 「隋代佛寺布局」『考古與文物』 2, 31~32쪽.
61) 蕭默, 1993b, 「莫高窟壁畵にみえる寺院建築」『中國石窟 · 敦煌莫高窟(三)』, 平凡社, 196~198쪽.

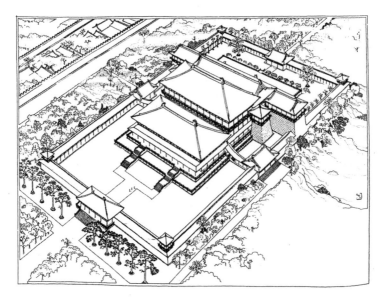

도 27. 대명궁 인덕전 복원도(劉敦楨主編, 1986, 앞의 책, 111쪽 도 79-2)

상경성 제 5·6사지에서처럼 방형의 불단이 금당 중앙에 설치된 것은 중국의 7세기 말~8세기대 사찰 건축물, 석굴과 관련성이 지적된다. 제 1·9사지의 凵형 불단이 설치된 예는 당나라 7세기대 궁전 건축물과 유사성이 확인되지만 8세기 후반~11세기 사찰 건축물, 석굴과는 직접적인 연관성을 나타낸다.

상경성 제 4·5사지에서 출토된 소형 소조상의 양식이 신라 하대 혹은 당나라 말~오대시기로 편년될 뿐만 아니라,[62] 기타 상경성 사원지에서 발견된 금동불, 석불상의 조각양식 역시 나말여초나 당말오대로 비정되고 있다.[63] 이러한 사실을 종합해 보면 상경성 발해 사원지는 상경성이 발해

62) 강희정, 2003, 「발해 후기의 불교조각과 신앙」『東岳美術史學』4, 동악미술사학회, 23~37쪽; 林碩奎, 2004, 「東京大 所藏 渤海佛像의 現狀과 性格」『高句麗研究』6, 학연문화사, 386~398쪽.
63) 文明大, 1999, 「渤海 佛敎彫刻의 流派와 樣式 硏究」『講座美術史』14, 한국미술사연구소, 11~40쪽; 崔聖銀, 1999, 「渤海(698~926)의 菩薩像 樣式에 대한 考察」『講座美術史』14, 한국미술사연구소, 55~66쪽.

의 수도로 사용된 755~785년, 794~926년의 기간 중 마지막 수도로서 사용된 794~926년에 건립되었을 가능성이 높다.

Ⅳ. 금당 내부와 불상 봉안 복원안

상경성의 9개소 사원지 중 제 1·4·5·6·9사지의 금당 건축물은 발굴조사가 이루어졌기 때문에 금당 내부의 불단의 모습, 불단 위쪽에 봉안된 불교조각상의 재질·종류, 불단 주위의 원 상태에 대한 복원안을 추정해 볼 수 있다.

북한 학자 장상렬은 제 1사지에 대해 유적 평면도와 출토 유물을 통해 외관의 복원안을 제시하였다(도 28). 기단, 계단, 기둥과 두공, 지붕의 복원도는 신빙성이 있지만 벽에 소형의 소조상을 붙였다는 내용은 재고(再考)를 요한다.[64] 우선 상경성 발해 사원지 중 발굴이 진행된 5개소 사원지의 불단, 불단 위의 초석, 불교조각상의 출토 여부, 벽화의 출토 여부에 대한 내용을 표로 작성하면【표 4】와 같다.

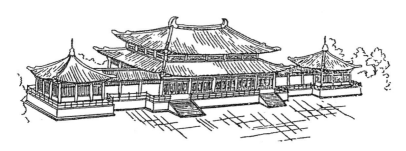

도 28. 상경성 제1사지 금당 외관 복원도(장상렬, 1971, 「발해 건축의 력사적 위치-[부록] 몇 개의 발해 건축에 대한 외관복원」『고고민속론문집』3, 사회과학출판사, 179쪽 그림 30)

---

64) 장상렬, 1971, 앞의 글, 178~179쪽.

【표 4】 상경성 발해 사원지의 불단, 초석, 출토 불상, 벽화

	불단(안칸)			주불상				소형소조상			벽화		
	벽재유무	벽체와 불단사이 공간 유무	벽체 구성	재질	종류	출토지점	배치방식	출토유무	종류	출토지점	출토유무	내용	출토지점
第1寺址	有	無	보조기둥+외+진흙+회칠	塑造	나발, 머리카락, 손, 발, 옷주름, 연화, 식물문	불단주위	9존	無			有	裝飾文	불명확
第4寺址	有	有	불명확	塑造	나발, 옷주름, 연화, 천왕, 수목, 장식물	불단뒤쪽	불명확	有	불상, 보살상	불단앞쪽	有	裝飾文	佛壇뒤쪽
第5寺址	有	有	불명확	塑造	나발	불단뒤쪽	7존(?)	有	불상, 보살상	불단뒤쪽	有	불명확	
第6寺址	有(?)	無	불명확	塑造	나발, 옷주름, 연꽃, 장식물	본존상주위	15존(?)	無			有	裝飾文, 千佛	主尊佛臺石附近
第9寺址	有	有	보조기둥+외+진흙+회칠	塑造	육계, 목, 목걸이장식	불단주위	5존	無			無		

　【표 4】의 내용을 통해 제6사지의 불단(안칸)의 벽체가 불명확한 것 이외에 나머지 제 1 · 4 · 5 · 9사지의 사원지는 불단에 벽체가 조성되었음이 발견된다. 더욱이 제 1 · 9사지의 불단(안칸)의 주춧돌과 주춧돌 사이에는 보조기둥과 외를 견고하게 엮은 후 진흙을 바르고 이후 회칠로 미장하여 벽체가 설치되었다.

　중국의 경우 안칸은 아니지만 건축물의 기둥과 기둥 사이의 벽체를 횡방(橫防)과 단주(短柱), 진흙으로 조성한 기법은 한대, 남북조시대를 거쳐 당대에도 계속해서 확인되고 있다.[65] 백제 부소산사지, 임강사지 벽체편을 비롯하여 제석사 폐기장 출토 벽체편에서는 가장 안쪽에 대나무나 짚을 골조로 사용하여 조잡한 흙, 미세사립이 섞인 점토, 고운 점토를 바른 후 회칠을 한 제작기법이 확인되었다(도 29).[66] 또한 759년 건립된 일본 토쇼다

65) 蕭默, 1976, 「敦煌莫高窟北朝壁畵中的建築」 『考古』 2, 中國社会科學院考古硏究所, 117쪽.
66) 金善基 · 趙相美, 2006, 『益山王宮里傳瓦窯址(帝釋寺廢棄場)-試掘調査報告書』, 圓

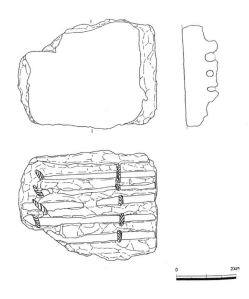

도 29. 제석사폐기장 출토 벽화벽체편(金善基・趙相美, 2006, 『益山王宮里傳瓦窯址(帝釋寺廢棄場)-試掘調査報告書』, 圓光大學校 博物館・益山市, 222쪽 도면 158)

이지(唐招堤寺) 금당 역시 바깥칸의 벽체가 나무와 점토로 조성되었다.[67]

결국 발해 상경성 사원지의 안칸(불단)에 조성된 벽체의 제작기법은 삼국시대 백제에서 그 예가 확인되고 있을 뿐만 아니라 중국의 한대・당대 및 동시기 일본 사찰 건축물의 벽체에서도 보인다. 백제의 벽체편은 안칸, 바깥칸의 여부를 확인하기 힘들지만 일본・중국은 일반적으로 바깥칸의 벽체 조성기법을 의미하고 있다. 불광사 동대전의 경우 불단(안칸)에도 벽체가 조성되지만 발해와는 달리 사립문(扉)으로 조성되었다(도 30).[68]

光大學校 博物館・益山市, 202~226쪽; 국립부여박물관, 2009, 『扶餘 臨江寺址-1차 발굴조사 지도위원회의 자료』, 국립부여박물관, 1~27쪽; 梁銀景, 2010, 「百濟 扶蘇山寺址 出土品의 再檢討와 寺刹의 性格」『百濟研究』52, 충남대학교 백제연구소, 78~80쪽.

67) 丁鳳平, 1992, 「略談我國佛光寺東大殿與日本招提寺金堂之異同」『文物季刊』4, 山西省文物局, 35쪽.

68) 柴澤俊, 1986, 앞의 글, 17쪽. 이강근은 상경성 제1・9사지의 안칸(불단)이 안칸, 바깥

도 30. 불광사 동대전 안칸 사립문 벽체(中國美術全集編輯委員會編,
1988,『中國美術全集 · 彫塑編 4』隋唐彫塑, 75쪽 사진 75)

　이처럼 상경성 제 1 · 4 · 5 · 6 · 9사지 불전은 안칸, 바깥칸으로 구별되
고 바깥칸을 비롯한 안칸에도 벽체가 설치된 것은 중국 당나라 불교사찰
에서 유사한 예를 찾을 수 있다. 그러나 제 1 · 9사지에서처럼 보조기둥 ·
외 · 진흙으로 조성된 안칸 벽체는 동시기 다른 예에서 쉽게 찾기 힘들다.
더욱이 제 4 · 5 · 9사지에서처럼 불단과 벽체 사이에 일정한 공간이 마련
된다거나, 혹은 제9사지와 같이 보조기둥 · 외 · 진흙의 벽체가 안칸의 네
면을 모두 둘러싼 예는 비교할만한 적절한 예를 찾아보기 어렵다.

칸으로 구분된 2중 형식은 한국의 황룡사 중앙 금당을 필두로 하여 영암사지 금당, 화
엄사 각황전 등 6세기 말부터 10세기까지 유행했다고 하였고, 상경성 제1 · 9사지의
불단 앞을 凹자형으로 파서 공양석을 마련한 것은 특징이라고 하였다. 발해 사원지의
2중 금당 형식은 불교의례 · 신앙과 관련이 있는 것으로 고구려와 중국 당에서 발견되
고 있지 않은 발해만의 특징으로 간주하고 있다(李康根, 1999, 앞의 글, 133~147쪽).

이처럼 불단의 주위를 벽체로 둘러싼 형태는 병풍식 불감의 효과를 보여주었을 것으로 추정된다. 형태에서 다소 차이는 있지만 돈황 막고굴 제113·361(도 31)·46·156굴의 성당(盛唐)·중당(中唐)·만당(晩唐)시기 동굴의 가장 안쪽에 冂형 불단에 불감을 안치한 후 벽체로 둘러싼 병풍식 형태는 전체적으로 발해 사원지의 예와 유사해 보이지만 동일하지는 않다.

상경성 제 1·4·5·6·9사지 불단 주위에서 대형·중형의 소조상편들이 출토되었는데 나발, 보살상의 머리카락, 손, 발, 옷자락, 천왕 등 종류가 다양하다. 이러한 대형·중형의 소조상편들은 불단 위에 놓인 대좌석에 봉안되었을 것이다. 다시 말해 제 1·4·5·6·9사지 불전의 주불상으로 봉안된 불교조각상들의 재질은 소조상임을 알 수 있다. 불단 위에 설치된 대좌석의 수량에 의거해 제 1사지에는 구존상, 제 9사지에는 오존상이 안치되었을 것으로 추정된다.

제 1사지에는 중앙에 불상 1구, 좌우에 제자상 2구, 그 바깥쪽에 보살상 2구, 가장 외부에 천왕상 2구, 불상 앞쪽에 공양보살상 2구의 구존상이 배치되었을 가능성이 높다. 제 9사지에는 중앙에 불상 1구, 그 좌우에 제자상 2구, 더욱 바깥쪽에 보살상 2구의 오존상이 봉안되었을 것이다.

여기서 문제가 되는 것이 바로 소형 소조상이다. 소형의 소조상은 전불(塼佛)로 명명되기도 한다. 제 4·5사지에서 집중적으로 출토되었고 토대사지(제3사지)에서도 수습되었다(도 32). 소형 소조상의 종류는 불좌상과 보살입상이 주를 차지한다. 불좌상과 보살입상은 주조틀에서 찍어 내었기 때문에 양식은 동일하고 높이는 10cm 이하가 많다.

제 4·5사지에서 출토된 소형 소조상의 제작기법이 주조틀에 찍어낸 것이라는 사실과 불좌상과 보살입상이 절대다수를 차지한다는 것은 고구려의 평양 원오리사지 출토 소형 불좌상, 보살입상과 유사하다. 그러나 원오리 소형 소조상은 원래 목탑 내부 중앙에 설치된 불감 주위에 안치되었

도 31. 막고굴 제361굴 정면 불단(敦煌文物硏究所編, 1993, 『中國石窟·敦煌莫高窟(四)』, 平
凡社, 사진 117)

도 32. 상경성 토대자사지(제3사지) 출토 소형 소조상(서울대학교박물관, 2003, 앞의 책, 38쪽
사진 5)

을 가능성이 높다는 복원안이 제시되기도 하였음으로,[69] 발해 상경성 제 4·5사지 불전에서 출토된 소형 소조상과는 봉안장소에서 차이가 난다.

제 4·5사지에서 출토된 소형 소조상은 과연 어디에 봉안되었을까? 소형 소조상들의 밑부분에 구멍이 뚫려 있거나 철못이 꽂혀 있기 때문에 흔히 벽의 감실에 꽂아 봉안되었다고 추정되고 있다.[70] 그러나 여기서 말하는 벽의 감실은 불전 바깥칸의 벽면을 의미하는 것인지 안칸의 병풍식 벽체를 의미하는 것인지 알 수 없다. 비록 제 4·5사지보다 시기가 조금 떨어지지만 중국 당대 불광사의 2중 벽체, 요대(遼代) 화엄사(華嚴寺) 2중 벽체 등의 불전에서 불교조각상이 바깥칸에 부착된 예는 없기 때문에 바깥칸은 조심스럽게 배제시킬 수 있다. 그렇다면 안칸의 병풍식 벽체의 불감에 소형 소조상이 꽂혀 봉안되었을까?

소형 소조상의 봉안처는 다음의 세 가지로 추정해 볼 수 있다. 첫째, 안칸 벽면에 부착되었을 가능성(도 33), 둘째는 주불상의 광배에 부착된 화불이었을 가능성(도 34), 셋째 별도의 공간에 마련된 단 위에 안치되었을 가능성(도 35)이다. 제 4사지에서는 불좌상 이외에 보살입상도 많은 수량으로 출토되었기 때문에 두번째 추정안의 화불이었을 가능성은 희박하다. 그러나 통일신라시대 안압지 2~4건물지에서 출토된 금동화불 중에는 보살상이 포함된 예도 존재하기 때문에 두번째 추정안을 완전히 배제하기는 힘들다.

다음으로는 첫 번째 추정안의 안칸 벽면에 부착되었을 가능성이다. 제 1·4·6사지에서 출토된 벽화벽체편의 내용은 장식문 혹은 천불이고, 출토지점은 불단 뒤쪽 혹은 주존불상 대좌 부근이다. 바깥칸에도 벽화가 그려진 경우가 있겠지만 상경성 제 4·6사지에서 출토된 벽화편은 안칸에

69) 梁銀景, 2009b, 「고구려 소조불상과 중국 소조불상의 관계」『東北亞歷史論叢』 24, 동북아역사재단, 339~384쪽.
70) 東亞考古學會, 1939, 앞의 책, 72~73쪽; 장상렬, 1976, 앞의 글, 179쪽; 車玉信, 1990, 앞의 글, 57~58쪽.

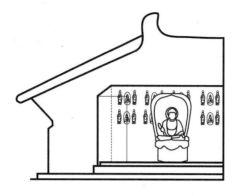

도 33. 상경성 발해 사원지 출토 소형 소조상의 봉안처 추정안 1(필자 작성)

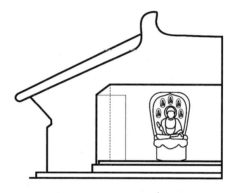

도 34. 상경성 발해 사원지 출토 소형 소조상의 봉안처 추정안 2(필자 작성)

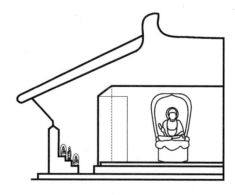

도 35. 상경성 발해 사원지 출토 소형 소조상의 봉안처 추정안 3(필자 작성)

그려진 벽화일 가능성이 높다.

당대 돈황 막고굴의 불단굴의 경우 초당(初唐)시기(618~712)에는 주불상 주위의 불감 벽면에 본생담(本生談), 불전도(佛傳圖)가 그려지지만 성당(盛唐)시기(712~781)에는 본생담, 불전도가 사라지고 보살상, 장식문양, 불좌상이 주로 등장하며 병풍화(屛風畵)로서 구획이 나뉘어지기도 한다. 중당(中唐 781~848)과 만당(晚唐)시기(848~907)에는 보살, 천불도, 장식문양이 주요하게 그려진다.[71]

막고굴 당대 석굴의 주불상 주위에 설치된 안칸의 벽면에 장식문양, 천불도 등이 그려진 내용은 상경성 제 1·4·5사지에서 출토된 벽화편에 장식문양, 천불도가 그려진 것과 동일하다. 만일 안칸 벽면에 천불도가 그려졌다면 소형 불좌상, 보살상의 소조상이 다시 이곳에 부착되기에는 다소 부적합해 보인다. 그러나 막고굴 만당 석굴에서처럼 천불도가 안칸의 벽면과 천장 사이의 공간에 마련되었다고 가정하면 첫 번째 추정안도 가능하다. 다시 말해 소형 불상, 보살상이 안칸의 벽면 하부와 천장 사이의 공간에 안치되었다는 내용이다(도 33). 결론적으로 안칸의 벽면에 소형 불좌상, 보살상이 배치된 추정안은 가능하다.

마지막으로 소형 소조상이 세 번째 추정안처럼 별도의 공간에 안치되었을 가능성이다(도 35). 제 4·5·9사지의 불단과 불단벽면 사이에는 공간이 마련되어 있으며 넓이는 각각 0.8, 0.5, 0.5m이다. 또한 안칸과 바깥칸 사이 공간의 넓이는 각각 3.0, 3.5, 2.5m이다.

중국 불광사 동대전 내부의 안칸과 바깥칸 사이의 공간에는 3층의 전단(磚壇)을 설치한 후 불단 위쪽에 오백나한 소조상을 안치하였다.[72] 불광사의 예를 상경성 제 4·5사지 불전에 그대로 대입해 보면 제 4·5사지에서 출토된 소형 불좌상, 보살입상은 안칸과 바깥칸 사이의 공간에 마련된

71) 敦煌文物研究所, 1987, 『中國石窟·敦煌莫高窟(三)』, 文物出版社, 222~237쪽; 敦煌文物研究所, 1993, 『中國石窟·敦煌莫高窟(四)』, 平凡社, 222~237쪽.

72) 柴澤俊, 1986, 앞의 글, 17쪽.

단 위쪽에 안치되게 된다. 더욱이 소형 불좌상과 보살입상의 밑면에는 구멍이 뚫려 있으므로 나무, 철제 등의 골조가 있었음을 알 수 있는데 이 골조를 이용하여 흙단에 부착하였을 것이다. 제 4 · 5사지에는 불광사와는 달리 안칸 내부에서도 불단과 벽면 사이에 공간이 있으므로 이곳에 단이 마련되었을 가능성도 제기해 볼 수 있다.

Ⅴ. 맺음말

지금까지 발해 상경성 불교사원지의 발굴조사 내용과 금당 내부에 대해 살펴 보았다. 우선 Ⅱ장에서는 상경성 사원지에 대해 소재지, 발굴과 시굴연대, 조사기관, 조사대상, 조사내용, 출토유물에 대해 종합정리하였다. 특히 1933 · 1934년 발굴된 제 4 · 5 · 6사지와 1964년 발굴조사된 제 1 · 9사지에 대한 조사내용을 살펴보면서 기존 학계에서 혼란스럽게 사용하고 있는 사원지명, 소재지, 건물지 크기, 출토유물의 출토지점, 내용에 대해 구체적으로 정리해 보았다.

Ⅲ장에서는 금당, 불단을 통한 상경성 불교사원의 건립연대에 대해 살펴보았다. 상경성 제 5 · 6사지에서처럼 방형의 불단이 금당 중앙에 설치된 것은 중국의 7세기 말~8세기대 사찰 건축물, 석굴과 관련을 보이며 제 1 · 9사지의 凹형 불단이 설치된 예는 당나라 7세기대 궁전 건축물과도 유사성이 확인된다. 더욱이 8세기 후반~11세기 사찰 건축물, 석굴과 직접적인 연관성을 보였다.

그리고 상경성 제 4 · 5사지에서 출토된 소형 소조상(전불)은 하대 신라 혹은 당말오대시기로 편년될 뿐만 아니라, 기타 상경성 사원지에서 발견된 금동불, 석불상 역시 나말여초 혹은 당말오대로 비정되고 있다. 이러한 사실을 종합해 보면 상경성 발해 사원지는 상경성이 발해의 수도로 사용된 755~785년, 794~926년의 기간 중 마지막 수도로서 사용된 794~926

년에 건립되었을 가능성이 클 것으로 생각된다.

Ⅳ장에서는 상경성 사원지의 금당 내부의 복원과 불상의 봉안에 대해 추정안을 제시하였다. 상경성 불전(금당) 내부에서 불상의 봉안원형과 공간조성에 대해 동시기 중국과의 비교를 통해 복원안을 추정해 보았다. 제 1·9사지의 불단(안칸)에 마련된 벽면은 보조기둥과 외, 진흙을 바르고 회칠로 미장하여 벽체를 완성하였다. 이러한 안칸(불단) 벽체의 제작기법은 삼국시대 백제에서 그 예가 확인되고 있을 뿐만 아니라 중국에서도 한대·당대, 동시기 일본 사찰 건축물의 벽체에서도 보인다.

상경성 제 1·4·5·6·9사지 금당은 안칸, 바깥칸으로 구별되고 바깥칸을 비롯한 안칸에도 벽체가 설치된 것은 중국 당나라 불교사찰에서 유사한 예를 찾을 수 있었다. 그러나 제 1·9사지에서처럼 보조기둥·외·진흙으로 조성된 안칸 벽체는 동시기 기타 예에서 쉽게 찾기 힘들었고 더욱이 제 4·5·9사지에서처럼 불단과 벽체 사이에 일정한 공간이 마련된 점 혹은 제 9사지와 같이 보조기둥·외·진흙의 벽체가 안칸의 네 면을 모두 둘러싼 예는 지금까지 현존하는 비교대상을 확인하기 어려웠다.

제 1·4·5·6·9사지 불단 주위에서 출토된 대형·중형의 소조상편들을 통해 불대석에 봉안된 주불상과 협시상은 소조상이라고 추정하였다. 또한 제 4·5사지에서 출토된 소형의 소조상들의 원래 봉안처에 대해서는 주불상 광배에 부착된 화불, 안칸 벽면에 꽂혀졌을 가능성, 안칸과 바깥칸 사이 혹은 안칸의 벽면과 불단 사이의 공간에 안치되었을 가능성의 세 가지 추정안을 제시하였다.

발해 상경성의 불상

- 동아시아 불교조각과의 비교연구 -

崔聖銀 **덕성여자대학교 미술사학과**

Ⅰ. 머리말

발해 역사상 최후의 수도였던 상경(上京) 용천부(龍泉府)는 성왕 (794-795)이 즉위한 794년에 천도하여 발해가 멸망하는 926년까지 도읍 하였던 곳으로 지금의 흑룡강성(黑龍江省) 영안시(寧安市) 남쪽의 발해 진(渤海鎮)에 위치한다.[1] 이곳 상경성 일대에서 1930년대부터 최근까지의 발굴을 통하여 다양한 불교 유물이 출토되었다.[2] 여기서 출토한 불상들은

1) 王承禮 著·宋基豪 譯, 1987,『발해의 역사』, 한림대학 아시아문화연구소, 116쪽; 林相 先, 1988,「渤海의 遷都에 대한 考察」『淸溪史學』5, 9-11쪽 참조.
2) 상경성은 東亞考古學會에 의해 1933년과 1934년에 2차례에 걸쳐 대규모 발굴이 이루 어졌다. 당시 동경제국대학 문학부 고고학과의 原田과 駒井, 경도제국대학의 水野淸 一이 참여했고 2회 조사때는 동경대의 三上次男도 참여 하였다. 이 때 발견된 절터는 9 개소로 보고되었는데, 이후 중국측의 지속적인 조사를 통하여 절터의 수는 더 추가되 었고 새로 조사된 彫像들도 여러 점에 달한다. 東亞考古學會, 1939,『東京城-渤海國上 京龍泉府址の發掘調査-』, 東京: 東方考古學叢刊; 陳顯昌, 1980. 9,「唐代渤海上京龍 泉府遺址」『文物』, 文物出版社, 87쪽; 부경만, 관금천, 왕림안, 황림계 著·方學鳳 譯, 1992,「발해국의 서울 상경성의 문화유산에 대하여」『발해사연구』3, 연변대학교출판사 서울대학교출판부, 23쪽; 張慶國·李濟瑩, 2001,「渤海上京寺廟遺址調査」『渤海上京

재료가 다양할 뿐 아니라 양식과 도상에 있어서도 중만당기(中 晚唐期)의 불상양식과의 연관성이 발견된다. 상경출토 불교조각에 대해서는 지금까지 동아고고학회에서 발굴하고 취득한 불상들을 중심으로 연구가 진행되어 왔으나[3] 1960년대 이래 다시 조사가 시작되면서 여러 점의 불상이 새로 알려지게 되었다.[4] 이 가운데는 과거의 출토품에서는 찾아볼 수 없는 전혀 새로운 유형의 상도 있고 이미 조사된 상들과 동일한 형태의 불상들도 포함되어 있다. 본고에서는 이들 상경출토의 불상을 통해서 발해후기 불교조각의 전체적인 윤곽을 파악하고 당(唐)과 신라, 일본의 동아시아 불교조각과의 상호 연관성에 대해서 살펴보면서 발해 불교조각이 지닌 국제성과 독자성에 대해서 논의해 보고자 한다.

II. 상경성 불교조각의 현상과 형식 분류

발해 상경성의 절터에서 출토한 불상들은 현재 서울대학교 박물관과 동경대학교, 흑룡강성박물관, 발해상경유지박물관에 나뉘어 소장되어 있는데, 앞의 두 곳의 소장품들은 1933-34년 동아고고학회의 조사 때 출토한 유물들

文集(第一集)』, 渤海上京遺址博物館, 63~65쪽 참조.
3) 상경출토 불교조각에 대한 최근의 논고로는, 林碩奎, 1998, 「東京大 博物館소장 渤海 佛像」, 『高句麗渤海研究』 6, 고구려발해학회, 386~393쪽; 文明大, 1999, 「渤海 佛像彫刻의 流派와 樣式研究」 『講座美術史』 14, 한국미술사연구소, 11~25쪽; 崔聖銀, 1999, 「渤海(698-926)의 菩薩像 樣式에 대한 考察」 『講座美術史』 14, 한국미술사연구소, 55~65쪽; 姜熺靜, 2003. 12, 「발해후기의 불교조각과 신앙」 『東岳美術史學』 4, 동악미술사학회, 23~38쪽; 崔聖銀, 「渤海 佛教彫刻의 새로운 考察-中國, 日本 고대조각과의 비교를 중심으로-」 『高句麗渤海研究』 26, 고구려발해학회, 136~142쪽 참조.
4) 1963-4년에는 북한과 중국의 공동조사팀인 朝中공동고고학발굴대가 上京遺址를 조사하고, 1970-80년대 흑룡강성 고고학연구소가, 1989-90년에는 발해상경유지박물관에서 상경유지 일대의 발굴정리 사업을 시행하였다. 부경만, 관금천, 왕림안, 황림계, 앞의 논문, 204쪽.

이고 중국에 있는 유물들은 그 이후에 발굴 수습된 상들이다. 이 가운데 가장 수량이 많은 불상은 단연 소조불상인데, 소조불상은 크기가 작은 소형상들이지만 수량이 많아서 상경 불상을 대표한다고 해도 지나치지 않다. 다음으로는 금동상들로서, 이 상들은 출토품과 조사단이 현지에서 구입한 것이 섞여 있다. 이 중에 금불상은 1구로 출토품이고, 철불은 개인소장품인데 현재 소장처를 알 수 없다. 마지막으로 건칠불은 불에 탄 파편의 일부만 조사되었으나[5] 동아시아에서 8, 9세기에 선호하던 건칠불상이 발해지역에서도 조성되었던 것을 말해준다. 석조, 소조, 금동, 금, 철조, 건칠 여러 종류의 재료로 제작된 상경성의 불상들은 재료에 따라 사찰에서의 봉안용도와 위치가 달랐을 것이므로 우선 재료별로 분류하여 그 현상과 형식에 대해 살펴보도록 하겠다.

1. 소조불상

30년대에 일본학자들이 조사한 상경성 주작대호의 서쪽의 제 4, 5호 절터에서는 많은 소조불상을 비롯하여 불전의 내벽을 장식했던 벽화편들이 수습되었다.[6] 여기서 발견된 다량의 소조불상들은 지금까지 발해 상경 불교조각을 대표하는 유물로 알려지게 되었다. 상경성 출토품 이외에도 동경으로 비정되는 팔련성(八連城, 吉林省 琿春市)에서 사실적인 조각기법이 보이는 코나 손가락 등의 파편 등이 출토된 바 있고[7], 길림성(吉林省)박물관 소장의 도제 불두편 등, 사실적인 조각기법을 보여주는 소조불상들을 통해서 발해 지역에 발달된 소조상 제작기법이 전해오고 있었음을 알 수 있다.[8]

5) 『東京城』, 74쪽.
6) 상경성출토 소조불상에 대해서는 文明大, 1999, 앞의 논문 18~21쪽; 林碩奎, 1998, 앞의 논문, 388~393쪽 참조.
7) 서울대학교박물관·동경대학문학부, 2003, 『해동성국 발해』, 47쪽 도 16, 도 17 참조.
8) 이것은 평양 元五里사지 소조불보살상들에서 보이는 것처럼 고구려의 소조불상의 전통을 계승한 것으로 이해되고 있다. 梁銀景, 2008, 「北韓의 불교사원지출토 高句麗, 渤海 佛像의 출토지문제와 계승관계」『高句麗渤海研究』31, 고구려발해학회, 179~210쪽 참조.

또한 상경성 토대자 사지에서 출토한 귀부분과 불상의 일부로 생각되는 파편 등의 크기로 미루어 볼 때 등신대(等身大)나 그보다 큰 소조상들이 제작되었던 것으로 짐작된다. 이 파편들은 불상의 나발, 옷주름, 보살상의 보계와 영락장식, 신장상의 갑옷장식의 일부로 생각되며 아래에서 살펴볼 소형불상들처럼 소성하지 않은 것들이었다.[9] 상경 제 1사지의 금당에도 규모가 큰 소조상이 봉안되어 있었을 것으로 추정되는데, 금당지 내진(內陣)의 불단(佛壇)에 놓여있는 9개의 석조대좌는 중앙의 팔각대좌와 그 좌우와 앞쪽에 대칭으로 배열된 방형과 장방형의 대좌가 8개 있는데, 이 대좌위에 봉안되었던 조각들 역시 소조상이었을 것으로 여겨진다.[10] 또한 제 9사지의 금당지 내진에서 발견된 5개의 석조대좌도 소조상의 대좌였을 것으로 짐작되고 있다.[11]

현존하는 상경성출토 소조불상들은 몸통이 두껍고 표면에 채색을 하거나 유약이 발려 있기도 하고 어떤 상은 금분을 입혔던 흔적이 있다.[12] 소조상의 대좌 바닥에는 깊은 구멍이 뚫려있거나 철심이 꽂혔던 흔적이 있어 벽에 감실을 만들어 안치했던 것으로 추정되고 있다.[13] 동일한 상을 천불, 삼천불로서 대량 제작하기 위해 거푸집으로 눌러 틀빼기 기법[14]으로 성형하고 소성하여 만들었던 것으로 생각되므로 테라코타 조각들인 셈인데, 이 때문에 이 소조상들을 전불(塼佛) 또는 도불(陶佛)이라고도 부른다.[15] 이

9) 『東京城』, 75쪽 및 도 111, 112; 朱榮憲, 1979, 『渤海文化』, 東京: 雄山閣, 133쪽 도 112 참조.
10) 方學鳳, 1998, 앞의 책, 50~51쪽.
11) 方學鳳, 1998, 앞의 책, 52~53쪽.
12) 『東京城』, 37~38쪽; 駒井和愛, 1977, 「渤海國の二佛并座石像」『中國都城·渤海研究』, 東京: 雄山閣, 169~174쪽; 車玉信, 1991, 「渤海 佛像에 관한 연구」, 이화여자대학교 석사학위논문, 45~46쪽.
13) 『東京城』, 72~73쪽.
14) 발해 소조상들의 제작기법에 대해서는 林碩奎, 2005, 「발해 소조불상의 성격과 제작기법에 관한 연구」『北方史論叢』7, 고구려연구재단, 273~305쪽 참조.
15) 틀에 찍어서 구웠다고 하여 塼佛 또는 陶佛이라는 용어를 사용하여 굽지않은 塑造佛

불상들로 장엄된 불당의 내부는 벽화와 소조불상으로 장식되고 화려한 보상화문전이 깔린 장려한 모습이었을 것으로 생각된다. 소조불상들 가운데는 같은 틀(范)에서 찍어낸 동일 형식의 상들이 많다. 지금부터 이 상들을 형식에 따라 분류하여 살펴보도록 하겠다.

1) 불상

① 소조불좌상 I, II형식

상경성에서 출토한 소조 불상들은 크기가 조금씩 다른데, 대의 착의형태를 기준으로 분류하여 볼 때, 먼저 대의 좌우 깃이 수직으로 내려와 앞가슴이 넓게 드러나는 불상이 있다. 이 형식의 소조불상들은 상경성 내성(內城)의 동남쪽에 위치한 토대자촌(土臺子村)에서 출토한 상들로 서울대학교 박물관과 발해상경유지박물관에 소장되어있다. 토대자촌은 사찰유지가 넓게 분포되어 있어 사찰이 여럿 있었을 것으로 추정되는 곳으로 이곳에서 보존상태가 비교적 양호한 서북 모퉁이의 불전지에서 소형의 소조불상들이 출토되었고, 토대자촌에서 서남으로 200미터 되는 곳에 위치한 한 절터의 불전지에서도 일찍이 적지 않은 소형의 소조불상이 출토한바 있다. 또한 토대자촌 남쪽 약 100미터 가량 떨어진 경작지에서는 뒤에서 살펴볼 사리함이 출토되기도 하였다.[16]

토대자촌에서 출토한 이 첫 번째 형식의 소조불상들은 온전하게 남아있는 상이 없고 대부분 깨지고 손상을 입은 상들이지만 높은 조각수준을 보인다(도 1). 이 상들은 채색의 흔적이 남아있는 거신 광배에, 머리에서 이어지는 육계가 높으며, 자비한 미소를 머금은 원만한 상호(相好)를 보여준다. 대의를 입은 가슴이 넓게 파이고 내의가 수평으로 보이며 두 손은 마주 포개어 배위에 올려놓았는데, 측면에서 보면 입체적인 고부조의 조

과 구분하기도 한다. 朱榮憲, 앞의 책, 133쪽. 전불이나 도불이 모두 흙을 재료로 한 것으로 소조불상에 포함되는 것이므로 본고에서는 소조불로 부르도록 하겠다.

16) 朱國忱·朱威, 2002, 『渤海遺迹』, 文物出版社, 118쪽.

도 1-1. 소조불좌상(Ⅰ형식), 상경 토대자촌
　　사지출토, 서울대학교박물관

도 1-2. 소조불좌상(Ⅰ형식), 상경 토대자촌 사지출토,
　　서울대학교박물관

도 1-3. 소조불좌상(Ⅰ형식), 상경 토대자촌 사지
　　출토, 서울대학교박물관

도 1-4. 소조불좌상(Ⅰ형식), 상경 토대자촌 사지
　　출토, 서울대학교박물관

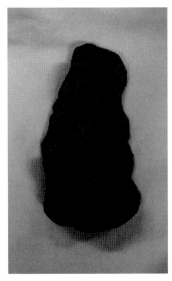

도 1-5. 소조불좌상(ⅠⅠ형식), 발해상경유지박물관　　도 2. 소조불좌상(Ⅱ형식), 상경 토대자촌 사
　　　　　　　　　　　　　　　　　　　　　　　지출토, 서울대학교박물관

형감이 느껴진다. 양 어깨에서 내려오는 옷주름은 일정한 간격으로 층단
을 이루고 다리를 덮은 두꺼운 옷자락에는 넓은 호형(弧形)의 주름이 새
겨져 있으며 2단으로 이루어진 단판(單瓣) 연화대좌 위에 앉아있다.

　앞의 불상과 매우 유사한 형식이면서 크기가 조금 작은 제 2형식의 불
좌상이 서울대학교 박물관에 소장되어 있다(도 2). 이 상은 광배 부분이
많이 손상되었는데 얼굴은 양감이 풍부하고 대의를 입은 앞가슴이 넓게
열려있으며 가슴에 수평으로 내의가 보인다. 두 손은 마주 포개 잡았고 양
어깨에서 내려오는 대의가 소매처럼 늘어져 있다. 측면에서 보면 앞으로
기운 자세로 몸통의 두께가 두꺼운 고부조(高浮彫)를 보인다.

　이 상들처럼 두 손을 맞대어 포갠 선정인 불좌상은 삼국시대에 유행했
던 고식(古式) 선정인 불좌상과 유사한 형식으로 연해주 크라스키노 사원
지에서 출토한 금동불좌상과 석불좌상에서도 보인다.[17] 이 고식의 선정인

---

17) 林碩奎, 1999, 「크라스키노 사원지의 불상」『講座美術史』14, 한국미술사연구소, 74쪽

불좌상 형식이 발해초기부터 상경 도읍기까지 꾸준히 이어져 내려오고 있었음을 알 수 있다.[18]

② 소조불좌상 Ⅲ

위의 불상들처럼 얼굴표현이 사실적이나 대의 표현이 약간 다른 소조불좌상이 토태자촌의 절터와 제 4사지에서 출토하였다. 이 상들은 서울대와 동경대, 흑룡강성 박물관에 각각 소장되어 있는데,[19] 머리의 중앙에 가리마가 있는 것처럼 안으로 들어가 머리의 좌우가 볼록하게 튀어나온 점이 특징적이다(도 3). 두 눈은 반개하였으며, 양 뺨이 통통한 사실적인 표정의 얼굴, 통견식으로 입은 대의 안에 사선으로 표현된 내의와 옷 밖으로 나온 대의자락, 다리를 덮은 대의의 U자형 옷주름, "표주박형" 광배, 삼엽으로 이루어진 단판 대좌 등에서 단순하지만 세련된 모습을 보이며 대의 위에는 붉은 채색이 남아있다.[20] 이 불상에서처럼 가리마로 앞머리가 두 부분으로 나뉘어 양쪽으로 머리가 볼록하고 동그랗게 튀어나온 표현은 상해박물관의 당 태화(太和) 2년(828) 석조삼존불상의 본존상(도 6)에서도 나타나고 있어 당 조각양식과 발해 조각 사이의 상호 연관성을 엿볼 수 있다. 흑룡강성박물관에 소장된 상(도 3-4)에는 광배의 테두리와 머리연화대좌의 가장자리에 검은 먹선이 둘려져 있는데, 서울대와 동경대학에 있는 상과 비교해 볼 때, 이 채색이 처음부터 칠해져있지 않았을 가능성도 있다. 이 불상들의 형식은 앞의 토대자촌 사지출토 불상들과 다른 부분이 보이지만 제작 시기는 크게 다르지 않을 것으로 생각된다.

도 3, 도 6 참조.

18) 같은 형식의 고구려 불상의 예로는 평양 元五里사지출토 소조불좌상과 국립중앙박물관의 남궁련씨 舊藏의 금동불좌상을 들 수 있다. 국립중앙박물관, 『三國時代佛教彫刻』, 1990, 11~12쪽 참조.

19) 林碩奎, 1998, 앞의 논문, 389~392쪽 참조.

20) 『東京城』, 72쪽; 林碩奎, 1998, 앞의 논문, 389~392쪽 참조.

도 3-1. 소조불좌상(Ⅲ형식), 상경 토대자촌 사지
　　　 출토, 동경대학박물관

도 3-2. 소조불좌상(Ⅲ형식)의 부분(바닥면)

도 3-3. 소조불좌상(Ⅲ형식)의 뒷면

도 3-4. 소조불좌상(Ⅲ형식), 흑룡강성박물관

③ 소조불좌상 Ⅵ

상경성 제 4사지에서 출토한 불상의 형식(제 4형식)은 뒤에서 살펴볼 소조관음보살입상들과 함께 출토한 상들으로 불상의 하부에 뚫린 구멍에 철정이 붙어있던 흔적이 있다(도 4).[21] 이 불상은 2개의 틀로 제작된 것으로 생각되는데, 그 하나는 앞의 제 3형식 불상처럼 옷자락이 안쪽에서 밖으로 나뭇잎 모양으로 늘어진 상으로, 내의를 묶은 띠매듭까지 표현되어 있다. 다른 하나는 옷자락이 늘어지지 않고 왼쪽 팔위에 얹어져 있으며 내의가 수평이고 띠매듭이 없다. 두 유형 모두 정상이 뾰죽한 거신광배(擧身光背)에 두 손을 마주 포개고 앉은 불좌상으로 머리 중앙에 가리마가 수직으로 홈처럼 파여 있고 육계는 높으며 얼굴이 둥글고 이목구비는 큼직한 편이나 턱 부분이 짧다. 통견식으로 입은 대의에 새겨진 세로 주름과 다리 위를 덮은 호형 옷주름은 가늘고 촘촘하며, 상의 크기로 보아 같이 출토한 소조관음보살입상의 본존상으로는 생각되지 않는다. 이 형식의 불상은 동경대학에만 소장되어 있는데, 1930년대 조사에서 거의 대부분을 수습해서 가져간 것으로 생각된다.

④ 소조불좌상 Ⅴ

다음으로 대의(大衣)가 목 가까이 올라오는 통견식(通肩式) 착의법을 보이는 형식은 상경성 제 4사지에서 출토되었다고 전하는 크기 6.7cm 정도의 소형 불상(제 5형식)으로 서울대와 동경대, 흑룡강성 박물관에 소장되어 있다(도 5).[22] 불상의 모습은 거신광의 광배를 뒤로 하고 두 손을 옷속에 가린 채 2단으로 올려진 단순한 형태의 단판 연화대좌위에 앉아있는데, 불신의 전체비례가 삼등신 정도 되는 아담한 단구형(短軀形)의 비례를 보인다. 세부를 살펴보면, 육계가 뾰죽하게 높고 머리가 크며 얼굴에는

---

21) 林碩奎, 1998, 앞의 논문, 392~393쪽 참조.
22) 林碩奎, 1998, 앞의 논문, 388~389쪽 참조.

도 4. 소조불좌상(Ⅳ형식), 상경 제 4사지출토, 동
　　경대학교

도 5-1. 소조불좌상(Ⅴ형식), 서울대학교박물관

도 5-2. 소조불좌상(Ⅴ형식), 서울대학교박물관

도 5-3. 소조불좌상(Ⅴ형식), 흑룡강성박물관

살이 많고 통통하다. 이목구비는 사실적으로 표현되었고 목부분과 대의 앞자락의 옷주름이 가늘고 섬세하다. 이 불상들의 특징은 육계가 높고, 체구비례가 단구형이라는 점인데, 일견(一見) 전체적으로 고식(古式)을 따르고 있으나 높고 뾰죽하게 올린 육계의 표현은 당말오대(唐末五代)의 양식이 반영된 것으로 생각된다. 특히, 측면에서 볼 때, 입체감이 환조(丸彫)를 방불케하여 조각의 우수성을 보여준다.

⑤ 소조아미타불좌상

서울대박물관 소장의 소조불상 가운데는 아미타불좌상이 한 구 있다 (도 7).[23] 이 상은 현재 크기가 7.7센티미터의 소형의 상으로 상경에서 출토했다고 전하는데, 광배가 깨지고 불상의 얼굴부분이 훼손되어 상호를 알아보기 어렵다. 그러나 앞에서 살펴본 상경성출토 소조상들처럼 단판의 연화좌위에 앉아있고 부드러운 호형의 주름을 이루는 옷자락이 무릎 위를 덮고 있다. 육계가 높고 갸름한 얼굴에 대의 깃이 양 어깨에서 내려오며 가슴에는 내의가 비스듬히 사선으로 보인다. 다른 어느 부분보다 손은 사실적으로 표현되었는데, 양 손을 포개어 배꼽 앞에 놓고 양쪽 검지손가락을 구부려 그 끝을 엄지손가락의 끝과 맞댄 수인, 즉 아미타정인[妙觀察智印]을 결하고 있다.[24] 상경 출토의 다른 소조상들이 대체로 갈색을 띠고 있는 것에 비해서 이 아미타불상은 주황색을 띠고 있다. 또한 양쪽 팔에 새

---

23) 상경성출토 소조아미타불좌상에 대해서는 姜熺靜, 2003. 8, 「발해 불교미술의 신 해석」 - 발해 고고학의 최신성과「해동성국-발해」 특별전 기념 국제학술대회 발표요지, 서울대학교박물관, 67~71쪽; 同著, 2003, 앞의 논문, 24~30쪽; 林碩奎, 2005, 앞의 논문, 277~278쪽 참조.

24) 아미타정인(묘관찰지인)에 대해서는 不空이 譯한 [금강정경관자재왕여래수행법][『新修大藏經』, 19卷 73頁]에 "次結三摩地印. 二羽仰叉. 進力相背而堅. 禪指捻推力頭. 置於跏上, 訟密言日"라고 說해져 있다. 관자재왕여래는 아미타불을 가리키므로 이 경전은 아미타불의 本軌을 설한 것인데, "禪定印(三摩地印)을 結하고 양 손(二羽)을 교차시켜 손바닥을 위로 올리고, 검지손가락(進力)의 등을 맞대어 그 위에 양 손의 엄지손가락(禪指)을 올려 결가부좌한 무릎 위에 올리는" 수인을 설명하고 있다.

도 6. 석조아미타불좌상, 당 태화 2년(828), 상해
박물관

도 7-1. 소조아미타불좌상, 서울대학교박물관

도 7-2. 소조아미타불좌상 반측면

도 7-3. 소조아미타불좌상의 수인부분

겨진 옷주름의 일부가 선각되어 입체감이 떨어지고, 어깨와 몸통의 폭이 좁아졌으며 상체가 약간 길어졌다. 이와 같은 표현은 다른 소조상들에 비해 조성시기가 다소 내려오는 것을 말해주는 것이 아닐까 생각된다.

2)보살상

① 소조관음보살입상

19030년대에 상경성의 제 4호 절터에서 다량 출토한 소조보살입상들은 크기가 11.2cm 가량되는 소형의 상들로 현재 동경대학 문학부에 대다수의 상이 소장되어 있고, 약간은 서울대학교박물관에 소장되어 있다. 이 보살상들(도 8)은 같은 기법으로 제작된 불좌상들(제 4형식)과 함께 출토하였는데, 상들의 대좌 밑에는 구멍이 뚫려있거나 철못이 꽂혀있어 벽에 설치된 감실에 안치했던 상들로 추정되고 있다.[25] 대부분은 황갈색을 띠고 있으며 어떤 상은 채색을 하거나 유약을 발랐고 어떤 상은 금분을 입혔던 흔적도 있다.[26]

보살상들은 비교적 단구형의 신체비례를 보여주고 보주형 광배에 높은 삼화보관(三花寶冠)을 쓰고 있으며 보관의 중앙에 화불(化佛)이 뚜렷하게 남아있는 상도 있어 관음보살임을 알 수 있는데 하나의 틀로 찍은 듯이 거의 똑같은 모습이다 얼굴은 동그랗고 살이 많아 양 뺨이 통통하며 부드러운 표정이다. 목에는 구슬목걸이를 하고 오른손은 들어서 가슴부근까지 올리고 왼손은 내려서 천의를 잡은 자세인데, 천의는 U자형으로 2가닥이 늘어지는 이른바 '2단천의 형식'이다. 치마[裙]는 다리를 중심으로 좌우로 갈라져 U자형의 옷주름이 양 다리위에 새겨졌고 중앙에는 허리띠 자락이 아래로 길게 내려오고 있다. 두발은 단판연화대좌위에 가지런히 올려져 있는데 약간 배를 앞으로 내민듯한 동적인 자세를 엿볼 수 있다.

---

25) 관음보살입상에 대해서는 林碩奎, 1998, 앞의 논문 386쪽; 文明大, 1999, 앞의 논문, 21~22쪽; 崔聖銀, 1999, 앞의 논문, 56~58쪽 참조.
26) 『東京城』, 37-38쪽; 駒井和愛, 1977, 「渤海國の二佛并座石像」 『中國都城·渤海研究』, 雄山閣, 169~174쪽; 車玉信, 앞의 논문, 45~46쪽.

도 8-1. 소조관음보살입상, 상경 제 4지출토, 동
　　　경대학교 문학부

도 8-2. 소조관음보살입상들

도 8-3. 소조관음보살입상의 뒷면

도 8-4. 소조관음보살입상, 상경 제 4지출토, 서
　　　울대학교

이 보살상들에서 볼 수 있는 특징으로 보주형 광배나 2단 천의(天衣) 형식의 표현, 신체의 비례감 등은 고식의 양식을 많이 간직하고 있다. 2단천의 형식의 보살상은 중국에서는 제주(齊周)부터 수대(隋代) 조각에서 특히 유행했고 당대 조각에 까지 이어졌던 보살상 유형이다.[27] 우리나라에서는 신라지역에서 7세기 전반부터 삼국통일기까지 특히 유행하였던 표현으로 경주 선도산(仙桃山) 삼존불상의 좌우협시 보살입상, 서울 삼양동출토 금동보살

도 8-5. 소조관음보살입상의 반측면

입상, 영월출토 금동보살입상 등 여러 예가 전하며 통일신라 조각에까지 이어졌다. 천의형식에서는 고식을 띠고 있으나 양식 면에서는 세속적인 자태와 비만한 신체에서 중만당기 조각의 요소가 강하게 나타난다.

② 소조사유보살입상

앞의 소조보살입상들과 함께 출토한 소조보살입상은 허리 아래의 하체를 잃은 상으로 머리를 한쪽으로 기울고 오른손을 뺨에 대고 무언가 생각하는 자세를 취하고 있어 사유보살상이라고 불리고 있다(도 9-1).[28] 이 상과 함께 사유보살상으로 생각되는 또 한구의 상이 출토하였으나, 머리와 광배 부분을 잃은 상태이다(도 9-2). 두 구의 상을 조합해 보면 원래의 모습을 찾아볼 수 있는데, 보주형의 광배에 보계를 높이 올리고, 동그랗고 통통한 얼

---

27) 2단천의 보살상 형식에 대해서는 金理那, 1992, 「三國時代의 佛像」『韓國美術史의 現況』, 한림대학교 한림과학원 참조.

28) 이 상에 대해서는 崔聖銀, 1999, 앞의 논문, 58~59쪽 참조.

도 9-1. 소조사유보살입상, 상경 제 4지출토, 동경대   도 9-2. 소조사유보살입상 하체부분
학교 문학부

굴의 이목구비, 천의를 2단 늘어뜨린 형식, 신체의 비례감 등 기본적인 도상
과 양식이 앞의 소조보살입상과 같다. 다만 사유보살상들은 허리를 틀어 무
게중심이 한쪽으로 쏠린 자세를 표현하고 있으며, 정면향의 자세인 앞의 관
음보살입상이 다량으로 출토한 것에 비해서 사유보살상은 2구만 발견되어,
이 상들이 불전 벽면의 장식에서 어떻게 사용되었는지가 매우 흥미롭다.

　③ 소조공양보살좌상

　서울대학교 박물관에 소장된 소조공양보살상(도 10-1, 2)은 높은 보
계 위에 삼각형 보관을 쓰고 양감이 느껴지는 동그랗고 예쁜 얼굴에 어깨
에는 천의를 걸치고 두 손으로 화반을 받쳐 들고 있다.[29] 현재 남아있는 상
반신의 높이가 7.3센티미터 정도이므로 전체크기를 짐작할 수 있다. 또 다

---

29) 『해동성국 발해』, 45쪽, 도 13.

119

도 10-1. 소조공양보살상 I, 서울대학교박물관 　　도 10-2. 소조공양보살상의 뒷면

도 10-4. 소조합장보살상, 서울대학교박물관

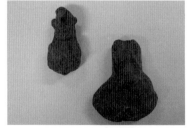

도 10-3. 소조공양보살상 I, II, 서울대학교박물관 　　도 10-5. 소조합장보살상의 하체부분

른 공양보살상(도 10-3)은 앞의 상에 비해 크기가 작고 얼굴도 갸름하며 반측면향으로 앉은 모습이다. 합장한 보살상(도 10-4)은 상체부분만 남은 상과 머리를 잃은 상의 2구가 전하는데, 얼굴이 둥글고 입체감이 나타나며 정면향으로 앉아 두 손을 모으고 있다. 하체부분이 남은 상을 보면 결가부좌가 아니라 무릎을 꿇고 앉은 듯한 자세(도 10-5)이며 그 바닥에는 커다란 구멍이 뚫려있다. 경전의 내용을 바탕으로 불전의 벽을 장엄하기 위해서는 불보살상 뿐 아니라 이와 같은 공양보살상과 합장보살상도 필요했을 것이다. 여러 종류의 경변상도(經變相圖)에서 흔히 보이는 화반을 들거나 합장을 한 공양상들이 불전의 벽면에 부조형태로 붙여졌을 것으로 추정된다.

3) 인물상

토대자촌 사지에서 출토한 소조상들 가운데 머리 부분만 남아있는 인물상이 서울대학교박물관에 소장되어 있다.[30] 이 상(도 11)은 신장상으로 소개되었는데, 머리에 띠를 두른 넓적한 얼굴에, 튀어나온 눈과 광대뼈, 커다란 입, 짧은 턱의 표현에서 볼 때, 문수보살의 사자를 이끄는 곤륜노(崑崙奴)[31]를 나타낸 것으로 생각된다. 이 곤륜노의 얼굴생김과 표정은 돈황 막고굴 제 156굴 서벽북측의「문수변상도」에 묘사된 곤륜노상[32]과 흡사하다(도 12). 그러므로 이곳의 사찰에는 문수보살과 이에 대응하는 보현보살의 소조상이 봉안되어 있었을 것으로 추측해 볼 수 있다. 발해 승려들의 빈번한 오대산 왕래를 통하여 오대산의 문수신앙이 발해로 전래되었을 가능성을 시사하는 작품이라고 하겠다.

---

30)『해동성국 발해』, 47쪽, 도 19.
31) 곤륜노에 대해서는 허형욱, 2006,「崑崙奴 도상에 관한 연구-법주사 석조인물상을 중심으로-」『佛敎美術史學』4, 불교미술사학회, 69~106쪽 참조.
32)『敦煌莫高窟』4, 文物出版社, 1987, 도 141 참조.

도 11. 소조인물상, 상경 토대자사지출토, 서울대학교박물관   도 12. 곤륜노, 만당, 돈황 제156굴 서
벽북측 문수변상도

2. 석불상

상경성에서 출토한 불상들 가운데는 석불이 드물다. 동경용원부가 있
던 팔련성, 중경 덕신향(德新鄕)의 중평사지(仲坪寺址), 연해주 크라스키
노 사원지에서 출토한 석불들은[33] 크고 작은 조각이 용이한 사암이나 석
회암 계통의 석재로 만들어진 것에 비해서, 상경성 일대의 석재는 입자가
크고 표면이 거친 현무암과 같은 화산암이다. 이는 상경성 일대에서 조사
된 절터와 고분의 초석(礎石), 불단의 대좌는 모두 현무암으로 제작되어
그 표면의 입자가 거친 것에서도 잘 드러난다.[34]

그럼에도 불구하고 상경성 일대에는 흥륭사에 석불좌상을 비롯하여 거
대한 석등과 석조연화 대석이 전해오고, 상경성 내원에서 서쪽으로 약 200
미터 지점인 오늘날의 백묘자촌(白廟子村) 일대의 절터에 거대한 석불이

33) 方學鳳, 1998,『渤海의 佛敎遺蹟과 遺物』, 서경문화사, 24~25쪽; 文明大, 1990, 앞의
논문, 27쪽 도 19, 20, 29쪽 도 22, 32쪽 도 25 참조.
34)『東京城』, 도 58, 도 60의 1, 도 61의 2, 도 72의 2 참조.

발견된 적이 있었다고 하며, 성 남쪽의 발해진 소학교가 있는 자리에서 발해 귀부(龜趺)가 발견된 점 등에서 볼 때,[35] 상경도읍기에 석조미술이 위축되었던 것은 아니었던 것 같다. 그 예로서 1930년대에 상경성 제 1 궁전지에서 출토한 석사자상은[36] 부릅뜬 눈과 이빨을 드러내고 포효하는 입, 휘날리는 눈썹 등의 표현에서 당시 석조미술의 우수함을 느낄 수 있다.

1) 상경 제 10사지 석불좌상

이 지역에서 유일하게 전해오는 대형의 석불은 상경성의 제 10사지, 오늘날의 흥륭사(興隆寺)에 봉안된 석불좌상(도 13)이다. 흥륭사는 청대에 와서 발해 사원지 위에 세운 사찰로 상경 내성의 남쪽 1.5킬로, 주작대로의 동쪽에 위치하는데, 원래 발해시대의 사찰 규모는 지금보다 훨씬 컸을 것으로 생각된다.[37] 이곳에 봉안되어 있는 석불좌상은 상 높이가 2.35미터이고, 대좌를 포함하면 크기가 3.5미터에 달하며, 없어진 중대석의 높이를 계산하면 장육상에 가까울 것으로 추정된다.[38] 이미 완전히 보수되어 봉안 당시의 모습을 보이지 않으나 이 불상의 규모를 통하여 봉안되었던 불당의 크기와 사찰의 규모 등을 엿볼 수 있다.

이 불상에 대한 문헌기록 가운데, 청대에 양빈(楊賓)이 찬술한『유변기략(柳邊紀略)』에 의하면 석불의 머리는 이미 강희연간에 떨어져 훼손되었으며 코끝도 약간 손상을 입었다고 한다.[39] 그 후 여러 차례에 걸친 보수로 인해 현재는 원래의 모습을 찾아보기 어렵다. 다만, 현재의 모습으로 보수되기 이전의 사진(도 13-2)을 보면 성당 조각의 영향이 반영된 체구가 장대한 불

35) 朱國忱 · 朱威, 앞의 책, 118~119쪽.
36)『東京城』, 62~64쪽 및 도 98~100;『해동성국 발해』, 56~57쪽 도 32, 33 참조.
37) 朱國忱 · 朱威, 앞의 책, 119~120쪽.
38) 이 불상에 대해서는 朱榮憲, 1978,『渤海文化』, 雄山閣, 131쪽 도 53; 方學鳳, 1998, 앞의 책, 169~171쪽; 文明大, 1999, 앞의 논문, 23쪽; 趙哲夫, 2001,「興隆寺渤海石佛損毁考」『渤海上京文集』, 渤海上京遺址博物館, 59~62쪽 참조.
39) 朱國忱 · 朱威, 앞의 책, 211쪽.

도 13-1. 흥륭사 석불좌상, 흑룡강성 영
안현 발해진

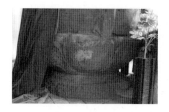

도 13-3. 흥륭사 석불좌상의 대좌부분

도 13-2 흥륭사 석불좌상(보수이전)

상이었음을 알 수 있다.[40] 석불상의 대좌부분(도 13-3)은 원래의 모습을 가
지고 있는 것으로 알려져 있는데, 단판의 앙련좌로서 뒤에서 살펴볼 소조불
상(塑佛)들의 연화대좌와 매우 유사하다. 이 석불의 존명은 과거 사진에 보
이는 양 팔의 형태로 보아서 항마촉지인(降魔觸地印)을 결한 석가불로 이곳
사찰 금당의 본존이었을 것으로 추정된 바 있다.[41] 상의 표면이 거친 현무암
계통의 돌이어서 예배상으로 봉안하기 위해서는 아마도 불상의 표면을 다듬
고 그 위에 채색을 하거나 금을 입혀 장엄하였을 것으로 짐작된다.

40) 朱榮憲, 앞의 책, 131쪽 및 도 52 참조.
41) 朱榮憲, 앞의 책, 131쪽 및 도 52 참조.

2) 함화 4년명 석조아미타불비상

발해 석불상과 관련하여 간과할 수 없는 작품이 일본 오오하라(大原) 미술관소장의 함화(咸和) 4년명 비상(碑像)이다.[42] 이 비상(도 14)은 1959년 상아당(尙雅堂)이라는 골동상에서 구입한 것으로 전하는 높이 64센티미터의 아미타불비상이다.[43] 함화 4년(833) 윤5월에 제작된 이 상에 대해서는 지금까지의 연구에서, 함화 4년에 윤달이 없다는 점,[44] 양식 및 도상의 측면에서 9세기 불교조각의 특징을 보이지 않고 1세기 반 이전의 초당양식을 보이는 점, 명문 내용에 정토사상에 대한 내용이 없다는 점, '지장보살'이라고 명문이 새겨진 측면에 지장보살의 도상이 아닌 일반적인 모습의 정병을 든 보살상이 새겨진 점 등이 지적되었다.[45]

여기에서 몇가지 문제점을 추가로 논의해 보고자 한다. 먼저, 이 불비상의 상부(上部)인 이수(螭首)부분의 중앙에 생긴 오각형의 공간은 중국 남북조와 수·당대의 불비상에서와는 달리 비어있다. 그러나 대부분의 이수가 있는 불비상에서 이수의 중앙부분의 공간은 결코 비어있는 경우가 없으며 불·보살상이나 단층탑 등이 새겨져 있는 것이 보통이다.[46]

다음으로 본존 아미타불좌상과 좌우 협시상들의 주요 존상이 새겨진 방형 감의 공간구성을 보면, 본존 아미타불좌상의 좌우에 2제자입상, 그 좌우에 2보살입상이 일정한 간격을 두고 서 있다. 그러나 불비상에서 불

---

42) 이 비상의 명문은 黃壽永, 1976, 『韓國金石遺文』, 一志社, 276~277쪽; 宋基豪, 1992, 「咸和四年銘 佛像 銘文」『역주 韓國古代金石文』, 가락국사전개발연구원, 467~470쪽 참조. 이 비상에 대해서는 宋基豪·全虎兒, , 1992, 「咸和四年銘 渤海碑像 檢討」『西巖趙恒來教授華甲紀念韓國史學論叢』, 亞細亞文化社, 377~396쪽; 文明大, 1992, 앞의 논문, 31~34쪽 참조.

43) 구입처가 尙雅堂이라는 것은 미술관의 유물카드에 기재되어 있는 내용이다. 調査의 便宜를 봐주고, 資料제공에 협조해준 大原美術館의 孝岡睦子 學藝員께 감사드린다.

44) 宋基豪, 앞의 책, 467쪽 참조.

45) 文明大, 1999, 앞의 논문, 33쪽 참조.

46) 松原三郎, 1995, 『中國佛教彫刻史論』圖版編 Ⅲ, 吉川弘文館, 605쪽, 614쪽 b, 626쪽 b, 710쪽 참조.

상을 본존으로 2제자, 2보살의 5존상을 배치할 경우, 본존상의 좌우에 가까이, 또는 제자상들보다 더 비중있게 협시보살상을 배치하고, 제자상 2구는 약간 뒤로 물러난 위치에 서있는 것이 일반적이다. 이 점을 강조하기 위해 어떤 경우는 제자상의 크기를 보살상보다 작게 표현하기도 한다.[47] 보살상이 입고 있는 치마는 밖으로 접어내려 커다란 V자의 곡선을 이루며 늘어져 있는데, 그 아래로 내려오는 치마가 다리에 달라붙어서 다리사이의 선이 드러나는 것이 원래 의도된 모습이라면, 이 불비상의 협시보살입상의 다리에는 마치 바지를 입은 듯이 양다리 사이가 깊이 패여있다. 이밖에도 이수부분의 용의 발톱과 같은 세부표현이 미숙하고 인왕상의 조각수법이 떨어져 생동감이 없는 점 또한 납득하기 어려운 부분이다.

도 14. 함화 4년명 석불비상, 발해 833년추정, 倉
敷 大原美術館

도 15. 금동불좌상, 金代, 발해진 顔家街 출토

47) 金申, 1995, 『中國歷代紀年佛像圖典』, 文物出版社, 350쪽 도 265 참조.

한편, 재료면에서 볼 때, 이 상은 고대부터 중국 불비상 제작에 흔히 사용되는 석회암이다. 명문에 쓰여 있는 '허왕부(許王府)'가 어디에 위치했는지 알 수 없으나 현존하는 발해의 석조상 가운데 석회암제가 없다는 점을 생각할 때, 이 비상의 제작을 위해 당에서 발해지역까지 석재를 운반해 왔다는 것으로 해석될 수 밖에 없다. 그러므로 이 불비상에 대한 분석에는 명문의 내용이나 불상의 양식, 도상과 함께 석재의 문제도 차후에 함께 고려되어야 할 것이다.

3. 금속제 불상

1) 불상

상경성 제 4사지 불단 앞에서 1930년대에 금동불두가 발견되었는데,[48] 앞서 살펴본 소조상들과 크게 다르지 않은 얼굴표현이 나타나고 있다. 금동불상은 뒤에서 살펴볼 보살상의 경우, 우수한 몇 예가 전해오고 있어 정교하고 완성도 높은 발해 금속제 조각의 일면이 찾아볼 수 있다. 그밖에 상경성 일대에서 60년대에 발견된 금동불좌상들이 있다. 그 가운데 상경성 외성의 서쪽, 오늘날의 안가가(顔家街)부근의 한 절터에서 소형의 소조불상과 동제향로 등의 유물과 함께 출토한 금동불좌상(도 15)은 동반 출토품의 편년에 따라 지금까지 발해 불상으로 소개되어 왔다.[49] 그런데 이 불상의 세부를 살펴보면, 얼굴의 상호는 앞에서 살펴본 소조불상들과도 일견 상통하는 부분이 있으나, 나발의 표현기법과 착의형식, 결가부좌한 다리의 좌고(坐高)가 낮은 빈약한 하체, 양감이 부족한 발의 표현, 도식화된 옷주름 등, 여러 면에서 송대(宋代) 조각의 영향을 받은 요 금대의 불상으로 판단된다. 발해상경유지박물관에 전시중인 양 손을 잃고 두껍게

---

48) 『東京城』 74쪽 및 도판 109의 11 참조.
49) 朱國忱 · 朱威, 앞의 책, 120쪽 참조.

도금된 금동불좌상과 승려입상들 역시 이 금동불좌상과 같은 시기로 편년되는 조각이라고 생각된다. 또한 흑룡강성 박물관에 전시중인 오른손을 잃고 왼손을 무릎위에 올려놓은 금동불좌상과 두 손을 마주 포갠 동불좌상도 발해 조각의 전통을 부분적으로 따르고 있으나 넓은 띠 형태로 도식화된 옷주름과 위축된 하체표현 등, 조형적인 면에서 볼 때, 앞의 금동불좌상과 같은 범주에 속하는 불상들로 생각된다.

① 철불좌상

철불은 당대에서 8세기부터 많이 조성되기 시작하였고 신라에서는 하대인 9세기부터 활발하게 불상의 재료로 많이 사용되었는데, 상경성의 절터에서도 철불이 출토되었다고 한다. 이 불상(도 16)은 조사단이 발굴한 것이 아니고 1930년대에 조사단이 갔을 때, 그곳에 거주하던 어느 일본인이 소장하고 있던 불상이다.[50] 불상은 12.1센티미터로 그 모습은 앞에서 살펴본 소조불좌상 가운데 머리 중앙에 가리마가 있고 대의 자락이 밖으로 늘어진 제 3형식의 소조불좌상(도 3-1)과 매우 유사하다. 이 불상들의 형식은 머리의 중앙

도 16. 철불좌상, 和久井吉之助씨 舊藏(『東京城』, 도판 110의 2)

에 가리마가 있는 것처럼 안으로 들어가 좌우가 볼록하게 보이는 두부와 반개한 두 눈, 사실적인 얼굴, U자형 옷주름을 이루며 다리를 덮은 대의자

---

50) 당시 하얼빈에 거주하고 있던 일본인 和久井吉之助의 소장품이었다. 『東京城』, 74쪽, 도 110의 2; 朱榮憲, 앞의 책, 140쪽; 文明大, 1999, 앞의 논문, 16쪽 참조.

락, "표주박형" 광배의 형태 등, 여러 면에서 유사함이 발견되어 앞의 소조
불상을 범본으로 제작한 철불이라고 생각된다. 또한 이와 같은 철불이 소
조불상처럼 천불상을 나타내기 위해 다량 제작되었을 가능성이 있다.[51]

  ② 금제보살입상
  1988년 발해진 서지촌(西地村)에서 높이 5센티미터 크기의 금제보살
상(도 17)이 발견되었다.[52] 출토지는 상경 용천부 내성의 서남쪽 약 1킬로
미터 떨어진 곳으로 얼굴은 코와 입 등 얼굴의 이목구비가 큼직하고 옷주
름은 촘촘하다. 두 발은 2센티미터 정도의 가늘고 긴 꼭지가 달린 둥근 대
좌촉 위를 딛고 있다. 이처럼 꼭지가 긴 대좌촉은 1994년 연해주 크라스
키노 사원지에서 한국·러시아 합동발굴조사단이 발굴한 금동보살입상
[53](도 18)에서도 보이는 형식이어서 주목된다.
  이 금제보살상의 조사자는 이 상이 머리에 보계가 있고 보병을 들고
있어 관음보살상으로 이해하였다. 그러나 착의형식을 보면 대의를 왼쪽
어깨에 걸쳐 편단우견식으로 입고 오른쪽 어깨에는 안으로 울타라승(혹
은 편삼)을 입었으며 대의 아래로 길게 치마[裙]가 발까지 늘어져 있어 보
살상의 일반적인 착의형식과는 다르며 불상의 착의형식을 보인다. 또한
보병을 들었다는 점 외에는 보살로서 단정할 만한 특징이 없다.
  이 상을 불상이라고 생각할 때, 논란이 될 수 있는 부분은 지물인데, 오
른손은 올려서 수인을 결하고 왼손은 아래로 내려서 정병의 목을 잡고 있
다. 그런데 솔빈부에 속했던 우스리스크에서 발견된 보병을 지물로 들고
있는 불상이 발견되었다고 한다.[54] 불상의 지물은 시대에 따라 다르기 때

51) 『東京城』, 74쪽 도 110의 2 참조.
52) 孫元吉·樊万象, 1991, 「渤海故都上京龍泉府發現金佛」 『北方文物』, 黑龍江省文物
    管理委員會, 17쪽; 黑龍江區城考古學(中國社會科學出版社, 1991), 93쪽.
53) 崔聖銀, 1999, 앞의 논문, 61쪽 참조.
54) 메드베제프, 고대문화의 그림과 조각품 - 우스리스크 섬에서 발견된 조각유품 -(노보
    시뵈리스크, 1983), 도 3; 孫永文, 2002, 「高麗時代 彌勒圖像의 研究-契印形 佛·菩薩

도 17. 금불입상, 발해진 西地村 출토

도 18. 금동보살입상, 연해주 크라스키노 사원지 출토

문에 일률적으로 설명하기 어렵지만 대체로 조형화되어 예배대상으로 봉안되는 고대 불상들의 지물은 흔히 보주(석가, 약사), 약합(약사), 법륜(치성광불) 정도를 생각할 수 있으며 보병을 들고 있는 경우는 보살상이므로 이 상의 존명은 단정하기 어렵다.

2) 보살상

① 금동보살입상 I

상경성에서 전해오는 불상들이 대부분 출토품인데 반해서 동경대학교 소장의 금동보살입상(도 19)은 1930년대에 동아고고학회 조사단이 현지

像을 中心으로-」, 동국대학교 대학원 미술사학과 석사학위논문, 81쪽 참조. 이러한 추측은 근래 요대의 불궁사 석가탑에서 발견된 전적 가운데 10세기 후반의 법상계 전적류가 발견되어 회창폐불이후 이미 쇠퇴한 것으로 알려졌던 법상종이 북중국에서 여전히 맥을 이어오고 있었던 것을 알게 되었는데, 이와 같은 법상계열의 전통도 발해 불교와 관련이 있을 것으로 생각된다.

도 19-1. 금동보살입상 I (高冠 　도 19-2. 금동보살입상(高冠形) 　도 19-3. 금동보살입상(高冠形),
　　　形), 동경대학교 문학부 　　　의 측면 　　　　　　　　　　동경대학교 문학부

에서 구입한 것으로[55] 앞에서 살펴본 소조관음보살입상들과 같은 제 5사
지에서 출토했다고 전한다. 삼면보관의 각 면 정상에 다이아몬드형의 장
식이 달린 높은 보관을 쓰고 왼손으로는 정병의 목을 쥐고 오른손은 올려
서 검지와 중지를 편 보살입상은 정면관의 자세이다. 보관의 관대(冠帶)
에는 수식(垂飾)이 길고 무겁게 어깨 아래로 내려오고, 살이 많은 방형의
얼굴은 세속적인 면이 느껴진다. 조백은 가슴을 가로지르고 군의는 밖으
로 접어 입어 마치 요포(腰布)와 같은 모습으로 표현되었으며, 발등까지
내려오는 긴 치마裙]의 옷주름은 양 다리위에 U자형으로 새겨져 있는데
그 위로 영락이 X자형으로 걸쳐져 있고 그 교차점에서 다시 한가닥의 영
락이 수직으로 대좌 위까지 늘어져 있는 모습이다.

　　이 보살상에서는 북제에서 수말당초 무렵의 고식적인 요소와 중만당기
의 새로운 요소가 함께 보이고 있다. 보관 형태는 북제의 보살상에서 더러

---

55)『東京城』, 74쪽 및 도 110의 1 ; 朱榮憲, 1979,『발해문화』, 일본조선인과학협회 역사부
　　회 역, 132~133쪽.

보이는 형식이고, X자형 영락표현과 착의형식 등은 수대와 당초(唐初)에 유행하던 것으로 산동성 타산(陀山)석굴 2호굴의 보살상이나 하남성 용문석굴 잠계사동(潛溪寺洞)의 보살상에서 그 예를 찾을 수 있다. 한편, 얼굴과 가슴에 양감이 나타나고, 현실화된 상호와 천의 대신 조백을 걸치고 있는 점, 팔이 굵고, 오른손을 올려 '변설(辨說)'을 의미하는 듯 검지와 중지를 곧게 뻗은 수인을 결한 점 등은 새로운 중만당적 요소라고 할 수 있다.

② 금동보살입상 Ⅱ (X자 영락)

앞에서 살펴본 금동보살입상 못지않게 고식의 요소를 많이 보이고 있는 상경성 출토한 금동보살상(도 20)이 전하고 있다. 이 보살상은 한쪽 다리를 약간 구부린 자세로 움직임을 표현하고 오른손으로 옷자락을 잡고 왼손을 올려서 엄지와 검지를 가까이 맞댄 수인을 결하고 있는데, 혹 보주를 잡고 있었는지도 모를 일이다. 머리에는 항아리 같이 동그란 형태의 역

도 20-1. 금동보살입상Ⅱ(X자영락形), 동경대학교 문학부

도 20-2. 금동보살입상(X자영락形)의 그림

도 21. 금동보살입상, 신라 7세기 중엽, 경북 선산출토, 대구국립박물관

삼각형 보계(寶髻)를 올리고 얼굴 이목구비의 표현이 매우 사실적이며, 목에는 삼국말에서 통일기사이에 유행했던 길게 구슬이 매달린 목걸이를 하고 영락이 배위에서 X자로 교차되고 있으며 천의가 2단으로 늘어지는 2단 천의형식을 이루며 군의 윗자락은 밖으로 접혀져 있으며 다리에 붙어 각 다리 위에서 U자형의 주름을 이루고 있다.

이 보살상은 영월출토 동조보살입상이나 선산출토 금동보살입상(도 21)과 같은 삼국통일기의 보살상이나 이와 비교될 수 있는 수대 보살상 형식의 전통을 보이고 있으나 얼굴에서 나타나는 세속화되고 인간적인 면모와 자연스럽게 늘어진 옷자락과 옷주름은 중만당기 조각의 요소를 뚜렷하게 보이고 있어 시대의 흐름이 드러난다.

③ 금동보살입상 Ⅲ(2단 천의형)

흑룡강성 박물관에 전시중인 상경성출토 금동보살입상(도 22)은 앞의 X자형 영락이 늘어진 보살상에서 영락을 제외한 형식이다. 머리위에는 작은 왕관 형태의 보관을 쓰고 중앙에 구슬이 늘어진 목걸이를 했으며 천의가 배와 다리에 2단으로 늘어져 있는 이른바 '2단 천의 형식'의 보살상이다. 왼손으로는 옷자락을 쥐고 있다. 살이 많은 얼굴과 굵은 팔뚝, 가슴과 아랫배가 볼록 나온 신체에서 양감이 느껴진다. 오른쪽 무릎을 살짝 구부려 운동감을 표현하였고 천의자락이 바닥까지 대칭적으로 늘어졌으며, 둥근 대좌촉 위에 서있는데, 원 대좌에 끼워 넣기 위한 연결선이 붙어있다. 필시 삼존불

도 22. 금동보살입상 Ⅲ (2단천의形), 흑룡강성박물관

의 협시상으로 제작되었을 것으로 성당양식의 이상화된 신체의 표현이 과

장되고 세속화된 단계로 넘어간 이후인 중 만당기 불상의 양식이 반영되어 있음을 알 수 있다.

④ 금동보살입상 Ⅳ(持寶瓶)

앞의 금동보살입상과 여러 면에서 유사하면서도 왼손으로 보병의 구연부를 잡고 왼손은 올려서 수인을 결한 표현은 3번의 고관 금동보살입상과 같다. 머리에는 마치 작은 왕관처럼 보이는 동그란 구형(球形)에 가까운 보계를 올리고 얼굴은 온화하고 여성적이며 가슴에는 조백(條帛)을 대각선으로 가로질러 걸치고 있다. 목걸이 팔찌 등의 장신구를 하였고 치마[裙]의 윗자락을 밖으로 접어내려 허리띠를 리본형으로 묶어 늘어뜨린 모습은 앞, 뒤의 다른 금동보살상들에서도 동일하게 보이는 표현이다. 무릎을 살짝 구부려 움직임을 나타내려한 점도 흥미롭다. 이 보

도 23. 금동보살입상Ⅳ(持寶瓶形), 발해 상경유지박물관

살상은 당이나 통일신라 조각에서 흔히 보이는 일반적인 보살상 형식이라고 하겠는데, 다만, 보계의 표현에 있어서는 대해사(大海寺) 석조미륵보살입상의 보계와 같은 중당조각의 요소를 보여준다.

⑤ 금동육비보살입상

상경성에 발견된 보살상들 가운데 조각적으로 높은 수준을 보이는 상은 금동육비보살입상(도 24)이다. 이 상은 밀교적 요소를 강하게 보이는 변화관음으로 생각되는데 사실적인 얼굴표현이나 섬세하고 화려한 세부의 조각이 뛰어나다. 보살상의 팔 여섯 개 중에서 오른쪽 팔 하나를 잃었

고 앞의 두 손은 합장을 하고 있다. 머리에는 정면이 높은 삼산형 보관을 쓰고 보관의 정상에는 뚜렷하게 보이지 않지만 해와 달 모양의 일월 장식이 달려있다. 양 뺨에는 살이 많고 얼굴표정이 사실적이며 목에는 여러 가닥으로 늘어진 화려한 목걸이를 걸치고 상체에는 조백을 걸쳤으며 그 위에 다시 어깨에서부터 장식적인 치레가 늘어져 있다. 가는 허리에

도 24-1. 금동육비보살입상. 발해상경유지박물관

도 24-2. 금동육비보살입상의 그림

비해 팔이 굵어 양감이 느껴지며 치마裙]는 앞의 금동보살상에서처럼 밖으로 접어 입었고 그 위에 허리띠를 묶어 리본매듭을 늘어뜨렸다. 이 일면육비의 관음보살입상은 이와 꼭 일치하는 도상을 중국이나 일본조각에서 찾기 어렵지만 십일면관음과 불공견삭관음의 도상에 발해의 독자적인 요소가 덧붙여진 변화관음의 도상일 것으로 짐작된다.

Ⅲ. 상경 불교조각의 양식과 도상에 보이는 특징과 당·일본 조각과의 관계

상경 도읍기에 발해 불교조각의 수준이 일정한 단계에 도달해 있었을 것이라는 점은 다음의 기록에서 뒷받침된다. 당 원화(元和) 9년(814)에 당에 조공 갔던 고례진(高禮進) 등 37명의 발해사신이 당 조정에 금은불상

을 바쳤다는 기록이 바로 그것이다.[56] 이것은 발해불교가 융성함에 따라 불교미술의 수준도 높아져서 당 조정에 선물로 가져갈 수 있을 만큼 우수한 불상들이 만들어졌다는 것으로 해석된다. 발해와 당, 신라, 일본 사이에서 이루어진 문화교류에 어느 정도 불교미술이 포함되어 있었는지 확실하게 알 수 없으나 불정존승다라니가 발해인에 의해 일본에 전해지고 발해의 승려들이 중국 오대산을 빈번하게 왕래하였던 기록은 발해와 당, 발해와 신라 일본의 동아시아 불교계의 긴밀한 교류를 엿볼 수 있는데,[57] 다음에 살펴볼 발해 불교조각과 당, 일본, 신라조각과의 관계를 통해 이 영향관계가 더욱 뚜렷해 질 것으로 생각된다.

1. 상경 불교조각의 양식에 보이는 특징

상경성출토 소조불상들에서 보이는 특징 가운데 하나는 틀빼기 기법으로 대량 제작된 소형불상임에도 불구하고 세부표현이 섬세하고 사실적이라는 점이다. 토대자촌 사지에서 출토한 전불좌상들(도 1-1, 2)은 부드러운 눈매와 입가에 은은하게 미소를 띤 자비한 상호가 인간적이다. 불교조각에 보이는 사실적인 표현은 이미 팔련성(八連城)출토의 발해전기 조각(도 25, 26)에서 조금 나타나지만, 상경도읍기 조각에서는 당 조각에서 보이는 인간적이고 세속적인 표현이 소형의 소조불상을 비롯하여 1면6비 금동보살입상(도 24), 정병을 든 금동보살입상(도 23) 등 여러 불보살상에서 잘 나타나고 있다. 이와 같은 인간적이고 세속적인 조형감은 신라하대

---

56) 『册府元龜』972 外臣部 朝貢 第 5 참조.
57) 일본에 전해오는 「佛頂尊勝陀羅尼經」의 발문에 이 다라니를 발해사신 李居正이 가져왔다고 적혀있다. 이거정은 860년 발해를 출발하여 이듬해 정월에 일본에 도착하였다. 稻葉岩吉, 1915, 『滿洲發達史』, 大阪屋號出版部, 419~420쪽; 田島公, 1991, 「海外との交涉」『古文書の語る日本史』 2, 筑摩書房, 256~258쪽; 宋基豪, 1992, 「불정존승다라니경 跋文」『譯註 韓國古代金石文』 3 신라2 · 발해편, 韓國古代社會研究所, 510~512쪽; 同著, 1992, 앞의 논문, 709~713쪽 참조.

도 25. 소조불두, 발해전기, 팔련성출토, 동경대학 문학부　　　도 26. 석조이불병좌상(부분), 발해전
기, 팔련성출토, 동경대학 문학부

나 中唐 불상과의 연관성 속에서 이해될 수 있을 것이다. 장경(長慶) 원년
(820)을 전후해서 조성된 대해사(大海寺) 석조보살입상들(도 27)과 선종
(宣宗, 847-859)의 복불기(復佛期)[58]에 조성되었을 것으로 생각되는 사천
성 성도(成都) 만불사지(萬佛寺址)와 공래(邛崍) 용흥사지(龍興寺址)에
서 출토한 불보살상들(도 28)에서는 마치 당시 인물들의 초상조각을 보는
듯 사실성과 인간적인 세속성이 나타나는데, 중만당기의 조각경향이 상경
불교조각에 커다란 영향을 끼친 것으로 생각된다. 유사한 표현이 신라하
대 9세기에서 10세기초에 이르는 시기의 조각에서도 보인다. 보령 성주사
지(聖住寺址) 삼천불전에서 출토한 소조불두의 인간적이고 사실적인 상
호 표현(도 29)은 발해 상경조각에서 보이는 조형감고 상통한다.

　　전체적인 면에서 중 만당대 불상양식의 특징을 잘 보여주는 상경출토
조각의 대표적인 예로서 앞 장에서 살펴본 소조관음보살입상들을 꼽을 수
있다. 상경성 제 4사지출토 관음보살입상들(도 8)은 높은 보계와 살이 많

---

58) 唐 武宗(r. 841-846)의 폐불 때 입은 피해를 복구하기 위해 宣宗연간(r. 846-859)에는
　　전국적으로 대대적인 復佛이 일어났다. 唐代 廢佛과 復佛期의 불교미술에 대해서는
　　崔聖銀, 1992, 「唐末五代 佛敎彫刻의 傾向」 『美術史學』4, 미술사학연구회, 161~191쪽
　　참조

도 27. 석조천왕보살입상, 당 820년, 河南省
榮陽 大海寺址출토, 河南省博物館

도 28. 석조보살두,唐 9세기, 四川省 成都 萬佛寺址
출토, 사천대학박물관

도 29. 성주사지출토 소조불두, 나말려초

도 30. 목조보살입상, 平安前期 888년
경, 京都 仁和寺.

은 둥근 얼굴과 현실적으로 세속화된 이목구비, 굵은 팔과 갑갑하게 느껴지는 풍만한 체구, 왼쪽 어깨에서 대각선으로 새겨진 조백, 다리부분에서 2개의 U자형을 이루며 늘어진 천의(2단 천의형식), 허리에 접어내린 치마[裙], 치마에서 다리사이로 늘어진 두 가닥의 허리띠, 비스듬히 한 다리를 구부리고 서있는 자세 등은 중당기 보살상들과 비교된다. 크기의 차이를 감안한다고 해도, 상체가 짧고 허리가 굵으며 양감이 과장된 형양 대해사 석조천왕보살입상(820년경, 도 27)과 같은 중당에서 만당으로 넘어가는 시기의 조각과 유사하며, 나아가서 이 양식으로부터의 영향이 느껴지는 일본 헤이안(平安)전기 9세기의 보살상들과도 매우 유사하다(도 30). 평안전기에는 신체가 비만하여 괴량감이 느껴지고 약간 비스듬히 서서 전면(前面)에 천의를 2단으로 늘어뜨린 보살입상들이 다수 조성되었는데, 이와 같은 중 만당 조각의 조형감이 발해조각과 일본의 평안전기 조각에 공통적으로 받아들여졌던 것을 알 수 있다.

2. 상경성 불교조각의 도상에서 보이는 특징

앞에서 살펴본 상경성출토의 여러 불상들은 그 크기와 재료에 따라 제작용도가 다른 상들이다. 다량으로 출토한 소조상들은 천불, 삼천불로 불전을 장엄하기 위해 제작된 상들이다. 현존하지 않으나 상경성 제 1 사지에서 조사된 9개의 대좌와 제 9사지에서 조사된 5개의 대좌는 불전에 봉안되었던 1불 · 2 제자 · 2 보살의 5존상이나 여기에서 2 천왕 · 2 공양상을 더한 9존의 존상이 봉안되어 있었음을 알려준다.[59] 소형의 천불, 삼천불을 통해 알 수 있는 대승불교의 천불사상과 함께 1불 2제자 2보살의 5존상의 도상 역시 남북조시대 이래 동아시아에서 크게 유행했던 법화경을 소의경

---

59)『東京城』, 34~35쪽 및 삽도 38, 도 60 참조; 朱榮憲, 앞의 책, 56~59쪽 및 도 32 참조.

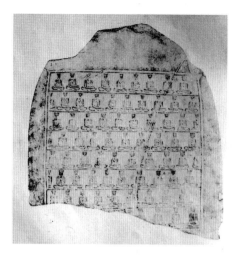

도 31. 천불상, 팔련성출토 이불병좌상 광배의 뒷면, 소장　　도 32. 천불도, 성당, 막고굴 제 79굴
　　　 처 불명　　　　　　　　　　　　　　　　　　　천정, 감숙성 돈황

전으로 하는 수기(受記)사상을 기초로 한 것임은 주지의 사실이다.[60] 천불
사상은 일찍이 삼국시대부터 성행하였으며 발해전기의 석조이불병좌상
의 광배에 새겨진「천불상」(도 31)를 통해서도 찾아볼 수 있는데, 발해후기
에도 계속 이어져왔다고 생각된다. 돈황 막고굴 제 79굴과 제 360굴의 천
정 아래의 사방 각면에는 천불(도 32)을 그려 장엄하였는데,[61] 이와 같은
장엄의 개념이 일찍부터 발해에서 알려져 있었을 것으로 짐작된다.

　그런데 여기서 한가지 주목되는 것은 소조불상 가운데 크기가 제일 작
은 불상들(도 5)이 절터의 내진(內陣) 안쪽에서 발견되었다는 점이다.[62] 이
점에 대해서 지금까지는 내진의 안쪽벽을 장엄하는 천불 또는 삼천불상으
로 이해해 왔다. 물론 이들 소형의 소조불상들이 벽을 장식하는 천불상 가
운데 하나였다고도 볼 수 있겠으나 이와 함께 화엄종의 주존인 노사나불
(盧舍那佛)의 광배에 달려있던 화불(化佛)들일 가능성도 생각해 볼 수 있

60) 文明大, 1999, 앞의 논문, 9~10쪽.
61) 文物出版社, 1987,『敦煌莫高窟』4, 도 24, 도 121 참조.
62) 東京大學藏版, 1958. 3,『考古圖編』제 16집, 8~9쪽.

도 33. 건칠노사나불좌상, 나라 8세기 후반, 奈良　　　도 34. 석조십일면관음보살입상, 唐 9세기, 楊洲
　　　唐招提寺　　　　　　　　　　　　　　　　　　　博物館

다. 현존하는 노사나불상의 예로서 나라후기 8세기 3/4분기에 조성된 것
으로 생각되는 도쇼다이지(唐招提寺)의 건칠노사나불상(도 33)[63]의 광배
에는 화불들이 가득 달려 있다. 물론 이 화불들은 긴 세월동안 떨어지고
새로 만들어 보수되는 것을 반복하였지만, 처음 제작될 때부터 화불이 있
었음은 분명하다. 앞의 소조불상들은 전체크기가 6.7센티미터로 상경출토
의 다른 소조불상들에 비해 크기가 작으며 얼굴부분만이 강조된 단순화
된 불신(佛身)은 광배에 꽂기 적합한 형태이므로 노사나불상 광배의 화불
로 제작되었을 가능성을 배제할 수 없다. 발해불교의 화엄사상에 대해서
는 이렇다 할 자료가 없으나[64] 발해의 뒤를 이은 요(遼) 불교의 성격이 밀

---

63) 水野敬三郎 監修, 2001, 『日本佛像史』, 美術出版社, 53~54쪽.
64) 발해의 승려로 일본을 다섯 차례 다녀온 貞素는 圓仁의 『入唐求法巡禮行記』에 나오
　　는 인물인데, 그가 스승인 應公의 스승인 일본승 靈仙을 만났을 때 갔던 七佛教誠院
　　에는 '八地超蘭若'라는 현판이 있었는데, 여기서 팔지는 화엄경 십지품 가운데 제 8지
　　인 不動地를 의미한다. 따라서 영선은 법상종 승려였으나 화엄사상과도 연관이 깊은
　　인물일 것으로 생각되므로 발해승려인 貞素도 그런 영향을 받았을 것으로 추정된다.

교적인 요소가 있는 화엄계통이었다는 점[65]은 발해불교의 성격을 이해하는데 참고가 된다.

앞에서 토대자촌 사지에서 출토한 소조인물상(서울대학교박물관)이 문수보살이 타고 있는 사자를 끄는 곤륜노일 가능성을 언급하였다. 이와 관련해서 일본 순례승 엔닌(圓仁)의 기록을 살펴보면, 그가 오대산을 떠나 장안으로 향해 출발하면서 개성 5년(840) 7월1일과 2일의 이틀간 머물렀던 오대산 자락의 금각사견고보살원(金閣寺堅固菩薩院)은 발해승려 정소(貞素)가 찾아갔던 일본승려 레이센(靈仙)이 2년간 머물렀던 곳이었다. 이곳의 금각(金閣)에는 레이센이 스스로 손등의 피부를 벗겨서 그 위에 그린 불화를 봉안한 금동탑과 함께 청색사자를 탄 문수보살상이 모셔져 있었는데, 금색의 얼굴모습이 단엄하여 비길 데 없었다. 또한 이 금각의 2층과 3층에는 금강불공(金剛不空)이 인도 나란다사(那蘭陀寺)의 도상에 의거하여 조성한 금강정유가오불상(金剛頂瑜伽五佛像)이 봉안되어 있었는데, 이 상들은 중기밀교적인 도상으로 추정된다.[66] 따라서 새로운 도상의 존상들과 신이(神異)한 성물(聖物)들이 봉안되어 있는 금각을 배관하는 것은 당시 외국에서 온 순례승들에게는 중요한 참배코스였을 것이며 기사문수상(騎獅文殊像)의 도상 뿐 아니라 금각 존상들의 밀교적인 도상이 정소를 비롯한 발해승려들에게 알려져 있었을 것으로 생각된다.

발해 불교조각에 보이는 밀교적인 요소는 앞에서 살펴본 일면육비의 관음보살입상(도 24)과 아미타정인을 결합한 소조아미타불좌상(도 7)을 통해서 살펴볼 수 있다. 그런데 1면6비 관음보살입상은 이와 일치하는 변화관음의 도상을 동아시아의 다른 지역에서 찾기가 힘들다. 상경성출토 1면6비

圓仁, 『入唐求法巡禮行記』, 開成 5년 7월 3일; 小野勝年, 1989, 『入唐求法巡禮行記の硏究』제 3권, 法藏館, 124~125쪽; 文明大, 1999, 앞의 논문, 10쪽 참조.
65) 鎌田武雄, 1978, 『中國佛敎史』, 岩波書店, 302~305쪽 참조.
66) 圓仁, 『入唐求法巡禮行記』, 開成 5년 7월 1일, 7월 2일; 小野勝年, 1989, 『入唐求法巡禮行記の硏究』제 3권, 法藏館, 89~90쪽 및 94~124쪽 참조.

관음보살입상처럼 앞쪽의 두 손을 올려 합장한 다비(多臂)의 관음보살상으로는 11면6비 관음상과 1면3目8비의 불공견삭관음상이 있다. 십일면관음상은 양주시박물관 소장의 석조십일면관음입상(도 34)이나 대해사 석조십일면관음입상(도 35)에서

도 35. 석조십일면관음보살입상, 唐 820년경, 河南省博物館

도 36. 건칠불공견삭관음보살입상, 奈良 8세기, 奈良 東大寺

보이는 것 같이 앞의 두 손을 올려 합장하고 다음 손은 위로 올려 지물을 들거나 인계를 결하고, 끝의 두 손은 아래로 내리고 있다. 그러나 머리위에 다면의 화불이 있어 상경의 1면6비 보살상의 도상과 일치하지 않는다.

불공견삭관음은 경전에 따라 그 도상이 조금씩 다른데,[67],[68] 일본의 나라시대에서 헤이안전기까지의 조각에서 나타나는 형식은 도다이지(東大寺) 불공견삭관음(不空羂索觀音, 도 36)처럼 1면 8비의 상으로 앞의 두 손을 합장하고 다른 손으로 지물을 들고 있다.[69] 이러한 점들을 감안해 볼

---

67) 이 보살상은 不空索觀音일 가능성이 제기된 바 있다. 姜熺靜, 2003. 8, 앞의 글, 70쪽; 同著, 2003, 앞의 논문, 35쪽 참조.

68) ①1면 2비, ②1면 4비, ③1면 18비, ④3면 2비, ⑤3면 4비, ⑥3면 6비, ⑦3면 10비, ⑧11면 32비의 여덟가지 유형이 있다. 淺井和春, 1998,『不空索·准觀音』日本の美術 No. 382, 至文堂, 21쪽 참조.

69) 중국에서도 돈황벽화의 중만당기 벽화 가운데 1면8비의 불공견삭관음이 약 40여구 알려져 있는데, 돈황 서천불동의 18굴 남벽과 안서 유림굴 24굴의 서벽에 晩唐의 1면 3목 6비 불공견삭관음이 전해오고 있다. 그런데 이들 1면 3목 6비의 불공견삭관음상

때, 필시 발해에서는 여러 경전에 실린 도상과 당(唐)에서 유행하였던 11면 6비 관음과 불공견삭관음의 도상을 절충하여 독자적인 변화관음상을 조성한 것이라고 생각된다.[70] 이 밖에도 발해가 소그드나 돌궐과도 교류하고 당의 폐불기에 중국을 떠나 발해로 이주했을 네스토리우스 정교를 비롯한 외래종교로부터도 영향을 받았을 것으로 생각되므로[71] 일면육비 관음보살입상과 동경대학의 정병을 잡고 높은 고관을 쓴 금동보살입상의 보관위에 달린 별과 같은 장식들은 발해에 전해져 있던 다양한 외래요소에 대한 이해를 통해서 해석이 가능해질 것이다.

상경성출토의 소조아미타불좌상(도 7)이 결하고 있는 수인은 금강정경(金剛頂經)계의 의궤(儀軌)에 나오는 밀교계 도상으로서, 아미타정인 또는 묘관찰지인이라고 부른다.[72] 이 수인이 중국에 알려지게 된 것은 중당대에 소개된 양계만다라를 통해서라고 생각되는데, 그런 때문인지 오늘날 전해오는 중국 만당기의 아미타불상은 거의 대부분 아미타정인을 결하고 있다. 당 선종(847-859)의 복불기에 조성되었을 것으로 생각되는 사천성 공래 용흥사의 조각들 가운데 이 수인의 아미타불상들(도 37)이 보이

은 좌상이고 앞의 두 손이 합장수가 아니라는 점에서, 발해문물전시관 금동보살입상과 완전하게 일치하지는 않는다.

70) 이 보살의 공덕 가운데에는 십일면관음경전에서 설하고 있는 것보다 배가 되는 현세공덕과 이익 뿐 아니라 진호국가한다는 내용이 있어 크게 신앙되었던 것 같다. 한가지 흥미로운 점은 五代에서 北宋대에 조성된 四川省 지역의 불공견삭관음상은 1면 6비의 좌상으로 대부분 해와 달을 지물로 들고 있는데, 발해문물전시관 보살상의 보관 정면 중앙에 별같은 모양이 달려있는 것과 연관이 있지 않을까 한다.

71) 소련 연해주 아브리코스 절터에서 점토로 만든 작은 타원형 판에 새겨진 네스토리우스 경교의 十字架가 발견되었다. 宋基豪, 1987, 「발해의 불교 자료에 대한 검토」 『崔永禧선생 華甲기념 韓國史學論叢』, 탐구당, 165쪽 참조.

72) 아미타정인(묘관찰지인)에 대해서는 逸見梅榮, 1970, 『佛像の形式』, 東京: 東出版, 205~206쪽; 田村隆照, 1967, 8, 「定印阿彌陀如來をめぐる諸問題」 『佛敎藝術』65, 佛敎藝術學會, 1~14쪽; 濱田隆, 1975, 「定印阿彌陀像成立史考(上)」 『佛敎藝術』100, 佛敎藝術學會, 67~76쪽; 武田和昭, 1997, 「定印の阿彌陀如來像似ついて－法界定印阿彌陀如來像を中心として－」 『佛敎藝術』232, 佛敎藝術學會, 103~120쪽; 이숙희, 2009, 『통일신라시대 밀교계 불교조각 연구』, 학연문화사, 227~240쪽 참조.

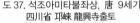

정인定印을 맺은 불좌상

도 37. 석조아미타불좌상, 唐 9세기,　　　도 38. 昌林寺 삼층석탑 앙화(아미타불좌상), 통일신라 855
　　　　四川省 邛崃 龍興寺출토　　　　　　　　년경, 경북 경주

고, 사천성 대족 북산에는 당말 890년대의 아미타정인 아미타불상들이 전
해오고 있는 것으로 보아 당에서는 대략 9세기 전반부터 이 수인의 아미
타불상이 제작되었을 것으로 추측된다.[73] 신라에서는 창림사(昌林寺) 삼
층석탑 앙화에 새겨진 사방불(四方佛) 가운데 아미타정인을 결한 불좌상
(도 38)이 보이고 있는데, 이 탑에서 출토한 탑지(塔誌)가 855년에 새겨진
것이므로[74] 이미 9세기 중엽 이전에 아미타정인이 알려져 있었다고 생각
된다. 이 밖에 풍기 비로사 석조아미타불좌상(도 39)을 비롯해서 한, 두 구
전하고 있다.[75]

---

73) 崔聖銀, 2006, 「羅末麗初 아미타불상의 圖像的 고찰」『講座美術史』26, 한국미술사연
　　구소, 213~234쪽.
74) 末松保和, 1934, 「新羅昌林寺無垢淨塔願記について」『靑丘學叢』15, 靑丘學會; 同
　　著, 1954, 「昌林寺無垢淨塔願記」『新羅史の諸問題』, 東洋文庫; 同著, 1995, 『新羅の
　　政治と社會』下, 吉川弘文館; 許興植, 1984, 『韓國金石全文 고대편』, 亞細亞文化社.
75) 제작시기가 조금 내려오는 것으로 생각되는 머리를 잃은 분황사 석조아미타불좌상
　　(국립경주박물관)외에 2구 정도의 나말려초 상이 전해오고 있을 뿐 그 이후의 作例는
　　매우 드물어 이 수인의 아미타불상 도상이 신라 조각계에서는 그다지 선호되지 않은
　　듯하다.

도 39. 석조아미타불좌상, 통일신라 9세기, 풍기   　도 40. 목조아미타불좌상, 평안전기 888년, 京都
毘盧寺   　仁和寺

일본에서는 엔친(圓珍, 814-891)이 대중 8년(854) 당에서 서사(書寫)
하여 가져온「태장구도양(胎藏舊圖樣)」의 아미타불이 아미타정인을 결하
고 있으며,[76] 입당승 에운(惠運,798-869)이 848년에 창건한 교토 안죠지
(安祥寺)의 오지여래상(五智如來像, 850년대 무렵) 가운데 아미타불상과
닌나지(仁和寺) 아미타삼존불상(888년, 도 40) 및 세료지(淸凉寺) 아미타
불좌상(896) 역시 이 수인을 결(結)하고 있다.[77] 또한 9세기 중엽에 제작되
었다고 알려진 도지(東寺, 敎王護國寺)의 양계만다라도(兩界曼茶羅圖)
의 금강계와 태장계의 무량수여래(아미타불)가 모두 이 수인을 결하고 있
다.[78] 일본에서는 대체로 9세기 중엽부터 아미타정인의 아미타불이 조각

76) 武田和昭, 1997,「定印の阿彌陀如來像似ついて - 法界定印阿彌陀如來像を中心と
　　して -」『佛敎藝術』232, 佛敎藝術學會, 105쪽의 도 20.
77) 大河直躬編, 1992,『平安の建築·彫刻 I, 密敎寺院と佛像』, 講談社, 212쪽; 岩佐光晴,
　　2004. 6,『平安時代前期の彫刻 一木彫の展開』日本の美術 457, 至文堂, 69~71쪽 참조.
78) 賴富本宏 監修, 1995,『東寺の曼茶羅圖』, 東寺寶物館, 10,16, 30, 32쪽 참조.

도 41. 思惟보살도, 莫高窟 제 172굴 북벽, 甘肅　　　도 42. 관무량수경변상, 唐 9세기말, 사천성 大足
省 敦煌　　　　　　　　　　　　　　　　　　　北山 245호감

으로 나타나고 있는데, 신라 불교계보다는 이 새로운 도상을 적극적으로
수용했던 것 같다. 이처럼 당과 신라, 일본조각에서 유행했던 9세기부터
유행했던 아미타정인이 발해 불교계에 알려졌던 것은 당연한 일이다. 발
해 승려들은 당대에 밀교가 융성하였던 산서성 오대산에 자주 왕래하였
고, 범본『동성주경(東胜咒經)』이나『불정존승다라니(佛頂尊勝陀羅尼)』
가 발해로부터 일본으로 전해졌다는 사실로 미루어 볼 때,[79] 9세기 중엽에
는 발해에서도 밀교계 도상인 아미타정인의 아미타불이 제작되기 시작하
였을 것으로 짐작된다.

　　한편, 상경 제 4사지에서 다량의 소조관음보살입상들과 함께 출토한
소조사유보살입상(도 9) 역시 당대 사유보살상과의 연관성 속에서 이해

---

79) 宋基豪, 1992,「불정존승다라니경 跋文」『譯註 韓國古代金石文』3 신라2 · 발해 편, 韓
　　國古代社會硏究所, 510~512쪽.

될 수 있다. 당대 사유보살상의 예로는 돈황 막고굴 71호굴 북벽 「아미타정토변상도」중의 「사유보살도」(초당)와 172굴 북벽 「관무량수경변상도」중의 사유보살도(도 41), 148호굴 북벽감의 굴정 북측 「사유보살도」가 전한다.[80] 그런데 사유보살입상이 나타나는 장면 가운데 「아미타정토변상도」나 「관무량수경변상도」 가운데 사유보살상이 등장하는 점은 상경의 불전에도 이와 같은 정토계 변상이 조각으로 묘사되었을 가능성을 말해준다. 대족(大足) 북산 제 245굴의 만당 9세기말 「관무량수경변상」(도 42)은 벽화대신 석조불감에 입체적으로 부조된 것인데 이와 유사하게 소조상들로 이루어진 정토계 변상이 불전을 장식하고 있었을 개연성은 충분히 생각해볼 수 있다.[81] 그런데 이 사유보살의 형식은 현존 통일신라 조각이나 일본 평안전기 조각에서는 보이지 않고 있어,[82] 통일신라나 일본보다 육로로 이어져 있는 발해에 당의 불교문화가 다양하게 영향을 미쳤음을 알 수 있다.

이렇듯 상경도읍기 발해조각이 당 조각으로부터 큰 영향을 받고 신라나 일본 조각과 궤를 같이 하고 있었던 것을 잘 말해주는 좋은 예로는 1974년 발해진 토대자촌의 사지에서 발견된 사리함을 들 수 있다.[83] 이 사

80) 조각으로는 그 수가 매우 드물어 晩唐조각으로 생각되는 상해박물관 소장의 금동보살좌상이 전하는 정도인데, 처음에는 變相圖에 표현되다가 뒤에는 조각으로도 제작되었던 것으로 생각된다.

81) 이와 관련하여 齊藤優, 1978, 『半拉城と他の史蹟』, 半拉城址刊行會에 소개된 소장처불명의 연화화생 童子像을 언급할 수 있다. 이 동자상은 東京 龍原府로 비정되는 吉林省 琿春市 八連城에서 출토한 것으로서 서방정토에 蓮花化生한 중생의 모습으로 이해되고 있다. 姜熺靜, 2003, 앞의 논문, 30~33쪽 참조.

82) 국립중앙박물관에 사유의 자세를 취한 목조보살입상이 소장되어 있어 일찍부터 주목해 왔다. 이 상의 조성시기는 확실하게 알 수 없으나 중국상으로 생각되며, 자태와 착의형식 등에서 상경성출토 소조사유보살입상과 상당히 유사하다. 崔聖銀, 1984, 「고려시대 조각」『한국미술사』, 문교부 예술원, 306쪽 및 사진 24; 崔聖銀, 1999, 앞의 논문, 58~59쪽 참조.

83) 1978. 2, 『文物資料總刊』; 송기호, 1992, 앞의 논문, 715쪽; 方學鳳, 1998, 앞의 책, 108쪽; 朱國・朱威, 앞의 책, 128쪽; 王輝 葉啓曉・趙哲夫, 2000, 『黑龍江省考古文物圖

도 43. 은제사리함 사천왕상, 발해 9세기, 발해진 토대자촌 사지 출토

도 44. 사천왕도상, 傳 百濟河成筆, 平安前期, 大東急記念文庫

리함은 2중의 석함을 포함해서 7중으로 이루어져 있는데 그 가운데 은제 함의 표면(도 43)에는 갑옷을 입고 손에 활과 보검 등의 지물을 들고 한쪽 다리를 내려 바닥을 디딘 유희좌의 자세로 앉은 사천왕상이 새겨져 있다. 신장상의 좌우에는 협시상이 서있는데, 한쪽은 인간형이며 다른 한쪽은 인비인(人非人)의 형태이다. 또 어떤 면에는 사천왕상 무릎 높이로 인물이 보이기도 한다. 이와 같이 좌우협시를 거느린 좌상의 사천왕상의 도상은 평안전기 9세기에 활동했던 구다라노가와나리(百濟河成)의 작품으로 전하는 사천왕도상(도 44)과 매우 유사하다. 이 그림에는 앞의 사리기에 새겨진 사천왕상의 자세, 협시, 지물, 생령좌 형태의 여러 점에서 상통하는데, 다만 회화이므로 협시상이 당번(幢幡)을 들고 있는 등, 조금 더 세밀한 표현이 담겨있는 점에서만 차이가 있을 뿐이다. 이 그림이 확실히 구다

鑑』, 黑龍江省人民出版社, 238쪽 참조.

라노가와나리의 작품인지는 알 수 없으나 당본(唐本)을 바탕으로 하여 전사(轉寫)한 도상으로 생각되고 있다.[84] 그러나 아직 당대 도상 가운데 이와 일치하는 예가 발견되지 않아 발해로부터 일본으로 전해졌을 가능성도 배제할 수 없을 것이다.

마지막으로 발해 불교미술 도상의 독자성과 관련해서 논의되어야할 것은 서지촌에서 출토한 금불입상(도 17)의 도상문제이다. 앞 장에서 살펴본 바와 같이, 이 상은 정병을 들고 있으나 불상의 대의형식을 보이고 있어 존명을 파악하기 힘든 상이다. 대의를 입고 정병을 들고 있는 이 상은 머리부분이 매우 높은 것도 특이한 점이다. 머리의 정수리가 일반적인 육계보다 높고 좌우 폭도 넓으며, 몸에 대의를 입고 있는 존상의 예는 당대 조각이나 평안전기의 일본조각에서도 찾아보기 어렵다. 우리나라 조각의 예로는 나말려초의 조각으로 생각되는 원주 매지리 거북섬의 석조보살입상(도 45), 서울 광진구 수성암 석조보살입상 정도를 꼽을 수 있다. 이 상들은 지금으로서는 그 도상적인 근거를 찾을 수 없는 특이한 상들로 불상인지 보살상인지 잘 알 수 없는 형편이다. 육계가 유난히 높게 표현된 예로는 신라하대 불상으로 생각되는 포항 고석사 석조미륵불의상이 최근 소개되었는데,[85] 높은 육계가 미륵존상과 관련이 있음을 보여주는 예로서 주목된다.

보살이 가사를 입은 모습으로 표현되는 것은 인도 굽타시대의 아잔타 석굴 벽화의 미륵보살도에서부터 나타나고,[86] 초당, 성당기의 돈황 막고굴

---

84) 浜田隆, 1966, 『日本の美術 No. 55 圖像』, 至文堂, 34~35쪽 및 36쪽의 도 47 참조.

85) 文明大, 2009, 「포항 고석사 통일신라 미륵불의상의 최초발견과 그 역사적 의의」 『講座 美術史』32, 한국미술사연구소, 5~19쪽 참조.

86) 인도에서 미륵菩薩이 가사를 입고 있는 표현으로 확실하게 미륵菩薩로 단정할 수 있는 예가 아잔타석굴 제 17굴의 미륵菩薩도와 제 26굴의 과거칠불과 함께 표현된 미륵菩薩像은 소불탑이 새겨진 화려한 보관을 쓰고 목거리, 팔찌등의 장신구로 화려하게 장식하고 菩薩옷은 條帛 대신에 大衣를 偏袒右肩式으로 표현되어 있다. 山田耕二, 1982, 「アジャンターの菩薩像について」 『佛教藝術』 145, 佛教藝術學會, 57쪽; 宮

도 45. 석조보살입상, 나말려초, 원주 매지리 거   도 46. 석조미륵보살입상, 唐 9세기, 河南省 滎
북섬   陽 大海寺址출토, 河南省博物館

벽화의 미륵변상도에는 도솔천상의 미륵보살이 대의를 걸친 표현이 보인
다.[87] 또한 조각으로는 형양 대해사출토 석조미륵보살입상(도 46)을 꼽을
수 있다. 다만 이 경우에는 정병을 지물로 들고 있지 않으므로 상경성 출
토의 금제불입상과는 차이가 있다. 따라서 정병을 들고 대의를 입은 형식

治昭, 1986,「インドにおける彌勒圖像の變遷」『論叢佛敎美術史』, 吉川弘文館, 25~63
쪽; 島田明, 1998,「アジャンタ－の菩薩圖像 -觀音, 彌勒像を中心に-」『佛敎藝術』
237, 佛敎藝術學會, 51~52쪽.

87) 隋에서 初唐대까지의 彌勒菩薩像는 上半身에 條帛만 걸친 一般的인 菩薩형으로 표
현되지만,例外的으로 초당기의 338굴이나 329굴 彌勒上生變相圖의 兜率天宮 彌勒
像처럼 如來式으로 寶冠을 쓴 菩薩 如來 절충형의 미륵상도 보여. 미륵이 菩薩이라
는 것과 함께 將來佛이라는 2重의 性格을 표현한 것이 아닐까하는 疑問을 提起하였
다. 또한 148굴을 시작으로 盛唐期 이후 에는, 版畵彌勒像에 보이는 것처럼 양 어깨
를 덮은 磨衣로 표현되는 점을 指摘하였다. 泉武夫, 앞의 논문, 36쪽 및 45쪽의 주 34.

은 지금까지 발해에서만 발견된 독특한 도상으로 생각된다. 이 금제불입
상이 미륵이라고 한다면, 미륵이 법상종의 주존인 점과 관련하여 발해지
역에서 법화, 화엄, 밀교와 함께 유가법상종이 유행했음을 시사한다.[88] 중
당대에 활동하던 장안 대안국사(大安國寺)의 청소(淸素)는 유식학(唯識
學)의 위대한 저술가로서 『유가사지론(瑜伽師地論)』의 주석서인 『유가사
지론의연(瑜伽師地論義演)』(801년)을 저술한 것으로 유명한데, 그의 저술
이 일본의 구법승 구카이(空海), 엔교(圓行), 엔닌(圓仁) 등에 의해 일본으
로 전래되었던 것으로 미루어[89] 발해 불교계에도 알려졌을 가능성이 크다
고 생각된다. 더욱이 발해불교를 일정 부분 계승했을 것으로 생각되는 遼
代 불교계에서 법상종이 융성했음은 저명한 유식학자로서 미륵불상을 조
성하여 도솔왕생을 기원하였다는 詮明의 활발한 저술활동을 통해서도 드
러난다.[90] 근래 요대에 건립된 산서성 응현(應縣)의 불궁사(佛宮寺) 석가

---

88) 발해 이전시기의 자료이긴 하지만, 함경남도 신포시의 오매리사지 탑지의 발해문화층
에서 고구려 陽原王 2년(546)의 금동판이 발견되었는데, 5층의 탑을 만들면서 "왕의
신령이 도솔천으로 올라사 미륵을 뵙고 天孫과 함께 만나길" 기원하는 발원문이 새
겨져 있어 고구려에서 발해로 이어지는 미륵신앙의 일면을 엿볼 수 있다. 오매리사지
는 발해 남경으로 추정되는 청해토성 부근으로 여기서는 고구려 문화층과 함께 발해
문화층이 나타나고 발해 문화층은 다시 2개의 층으로 나뉜다고 한다. 1988년 이곳에
서 발견된 금동판에 새겨진 12줄의 명문 가운데 113자를 판독할 수 있는데, 문제는 이
금동판이 정말 발해문화층에서 나왔는지, "□和壬寅…"의 연대표기 부분이 훼손되어
있어 고구려에 해당하는지 확실하지는 않다. 조선유적유물도감편찬위원회, 1990, 『조
선유적유물도감』4 고구려편, 281쪽; 宋基豪, 1992, 「渤海佛敎의 展開過程과 몇 가지
特徵」『伽山李智冠스님 回甲記念論叢 韓國佛敎文化思想史』上 , 伽山李智冠스님
華甲紀念 論叢刊行委員會, 703쪽 참조.
89) 塚本善隆, 1982, 「佛敎史料としての金刻大藏經-特に北宋釋敎目錄と唐遼唯識宗關
係章疏について-」『塚本善隆著作集』5, 大東出版社, 134~135쪽 참조.
90) 그는 靑龍寺 道(?-740)의 『御注金剛般若經疏宣演』의 연구자였으며 그의 법상종 관련
章疏가 산서지방에서 판각된 金刻大藏經 가운데 전하고 있다. 塚本善隆, 앞의 책,
142~153쪽 참조. 또한 唐代 道의 유식관련 저술이 당말오대를 거쳐 요대에 이르기까
지 북중국에서는 대단히 중요하게 전해져 내려왔으며 金代 개판된 대장경 刊本 가
운데 일부가 보이고 있는 점은 法相宗의 傳承과 관련하여 주목된다. 塚本善隆, 앞의
책, 139~142쪽 참조.

탑에서 전명(詮明)이 저술한 유식계 주소(注疏)가 발견되어[91] 회창폐불(會昌廢佛) 이후 쇠퇴한 것으로 생각되었던 법상종이 북중국에서 여전히 맥을 이어오고 있었던 사실이 알려지게 되었다. 이처럼 요대 법상종의 융성은 발해 불교를 이해하는데 참고가 되며 현존하는 발해 불교조각의 성격을 파악하기 위해서도 중요한 단서를 제공할 것으로 판단된다.

VI. 맺음말

지금까지 발해 상경유지에서 발견되었거나 조사된 소조, 석조, 금동, 철조, 금제상 등, 다양한 재료로 만들어진 불교조각의 현상과 양식, 도상의 몇몇 문제들을 살펴보았다. 상경에서는 발견된 불상 가운데 수적으로 가장 많은 부분을 차지하는 소조불상들은 그 동안 서울대학교와 동경대 소장의 상들만 소개되었으나 이번 연구를 위한 조사에서 같은 형태의 불상이 흑룡강성박물관과 상경발해유지박물관에도 일부 소장되어 있음을 알 수 있었다.

이들 상경 불상들은 기본적으로 고식(古式)의 전통을 바탕으로 하고 거기에 당(唐)의 사실적이고 세속화된 요소가 가미되어 있어 고구려에서 발해로 계승되어 면면히 이어져 왔던 고대조각의 전통을 보여준다. 이 점은 선정인을 결한 소조불좌상에서 잘 드러나는데, 고식의 수인에, 사실적인 상호(相好)가 표현된 독특한 조합이다.

현존 상경출토의 존상들은 거의 대부분 소형상들로 대형상은 소조 파편뿐이어서 주요 예배상을 찾아볼 수가 없는데, 아마도 소조나 건칠기법

---

91) 여기서 발견된 전적 가운데는 遼代 唯識學 승려인 詮明이 選述한 『上生經疏科文』1권, 『成唯識論述記應新抄科文』권 제 3과 함께 『成唯識論』 제 1의 寫經이 포함되어 있다. 山西文物局 中國歷史博物館, 1991, 『應縣木塔遼代秘藏』, 文物出版社, 14~15쪽 참조.

으로 제작된 대형, 중형의 존상들이 불전에 예배상으로 봉안되어 있었을 것으로 추정된다. 물론, 소조나 건칠 외에 흥륭사 석불좌상에서 보이듯이 석불들도 제작되었을 것이나, 상경일대에서 얻어지는 화산암계 현무암의 석재는 소조에 비해 섬세한 조각이 용이하지 않아 다른 지역보다 소조상들이 더 많이 제작되었다고 생각된다.

출토한 소조상들 가운데 관음보살입상은 소형이지만 중당기의 대해사 석조보살입상들과 헤이안전기의 일본 보살상들에서 나타나는 여러 특징들을 보이고 있어 서로 같은 양식을 공유하고 있었음을 말해주며, 상경출토 소형 소조불상들은 법화경의 수기사상을 바탕으로 사찰 내벽을 장식했던 천불상일 것으로 추정된다. 이와 함께 내진(內陣)에서 발견된 소조불상들은 노사나불상의 광배에 달리는 화불(化佛)들일 가능성이 매우 크다. 또한 토대자촌에서 출토한 인물상은 문수보살의 사자를 끄는 곤륜노로 생각되어 불전 내에 기사(騎獅)문수보살이 봉안되어 있었을 것으로 추정된다.

발해 불교의 밀교적인 요소를 보여주는 일면육비관음보살상은 당이나 일본의 변화관음과의 비교에서 도상적으로 완전히 일치하는 예가 없으므로 북방문화의 영향을 받아 발해에서 독자적으로 형성된 변화관음상으로 이해된다. 이와는 달리 중당기에 소개된 아미타정인을 결한 아미타불상의 도상은 발해는 물론 신라, 일본에 함께 수용되어 여러 구의 작례를 남기도 있으며 이와 같은 불교문화적 배경에서 발해에서도 아미타정인의 아미타불상이 조성된 것으로 이해된다.

한편, 일부의 도상은 발해와 당, 발해와 일본에서만 발견되는 것이 있다. 그 예로서 소조사유보살상은 돈황 막고굴의 당대 관무량수경변상도와 아미타정토변상도에서 표현되고 있어 발해에도 소조상으로 이루어진 정토계 변상이 불전의 내벽을 장식하고 있었을 가능성을 생각해 볼 수 있다. 이 사유보살상이 발해와 당에서만 찾아지는데 반해서 토대자촌에서 출토한 사리함에 새겨진 사천왕상의 도상은 평안전기에 활동했던 구다라노가와나리(百濟河成)이 그렸다고 전해오는 사천왕 도상과 그 구도와 인물배치에서 상통하고 있으며 유사한 예가 당이나 신라에는 전하지 않고 있어서 발해에서 일본으로 전해졌을 가능성도 생각해 볼 수 있다.

상경 불교조각 가운데 유일한 금제불상은 여래상과 같은 복식에 손에는 정병을 들어 해결하기 어려운 도상을 보이는데, 가사를 입은 미륵보살에 대한 논의를 통하여 이 상을 미륵존상으로 보고 미륵을 주존으로 하는 유가법상종의 전통이 발해지역에 뿌리내려 있었을 것으로 생각된다.

본고에서 살펴본 현존하는 발해의 불상들은 대부분 소형이어서 당시 발해 불교조각의 규모나 수준을 명확하게 알려주기에는 부족하지만, 이 불상들을 통해서 발해의 불교조각이 당(唐)의 불교미술 도상을 다양하게 수용하고 있었고 북방에 위치하는 발해의 지정학적 상황으로 인해 독특한 도상이 형성되어 있었음을 알 수 있다.

상경성 사리구와
발해 공예의 미술사적 의의

李松蘭 덕성여자대학교 미술사학과

Ⅰ. 머리말

산스크리트어인 사리라(sarīra)의 음역인 사리(舍利)는 본래 골조(骨組), 체신(體身)의 의미를 가지고 있지만 통상 석가불(釋迦佛)의 유해인 부처님의 머리나 머리카락 등의 불사리를 의미한다.[1] 석가가 입멸 후 사리 분배가 이루어진 연후에 사리를 봉안한 10탑이 건립되었다. 초기 경전의 하나인 팔리어로 된『소승열반경(小乘涅槃經)』의 내용과 인도에서의 발굴 성과들로 보았을 때 인도에서 초기 10탑의 건립은 어느 정도 역사성을 가지고 있다.

인도의 사리 신앙은 불교의 동점과 함께 중앙아시아, 동남아시아 그리고 중국, 우리나라, 일본에 전해졌다. 이 과정에서 흥미로운 것은 사리 신앙의 요체는 같지만 불탑의 건립과 사리구의 형태는 각국의 문화 취향과 공예 구조를 반영하는 점이다. 사리를 담는 사리용기는 당시 최고의 재질과 공예기술로 제작되기 때문이다. 따라서 각 국의 사리구는 시대와 지역에 따른 특징이 담겨져 있는 것이다.

---

1) 中村 元 · 久野 健 監修, 2002,『佛敎美術事典』, 東京: 東京書籍, 411쪽.

이 글에서는 발해 상경성에서 출토된 사리구를 살펴보려 한다. 지금까지 조사된 바로는 발해에서 모두 6 세트의 사리구가 확인된 바 있다.[2] 이 중 연구 자료가 되는 것은 1975년 봄 흑룡강성 영안현 발해진 토대자촌(土臺子村)에서 출토된 석제함, 철제함, 동제함, 평탈칠함, 은제합, 유리제병으로 구성된 7중 사리함과 1997년 발해진 백묘자촌(白廟子村)에서 출토된 석제함, 평탈칠함, 동제함, 금동제함, 은제합, 금제함, 유리제병으로 구성된 7중 사리함이다. 영성고성사지(英城古城寺址)와 안도현(安圖縣) 양병태향(亮兵台鄉)의 사리기는 출토 정황과 사리기의 모습에 대해서 문물지(文物志)에 간단히 서술되어있으나 실물은 남아있지 않다.[3] 1972년 흑룡강성 동영(東寧)에 위치한 대성자고성(大城子古城)에서는 장방형의 금동제사리함이 출토된 바 있다.[4] 다시 이곳에서 150m 떨어진 곳에서 동합이 들어있는 사리공이 확인된 바 있다.

발해 상경성 출토 사리구에 대한 연구는 기록이 거의 없을 뿐 아니라 출토지에 대한 성격을 명확히 규명하기 어려운데 문제가 있다. 또한 사리기가 일반에게 공개되지 않은 관계로 정확한 구성을 복원할 수 없는 것도 연구를 용이하지 않게 한다. 이에 이 글에서는 삼국시대와 통일신라의 사리구, 중국 수당대 사리구 그리고 발해 사리구를 교차하여 비교 연구하는 방법으로 발해 사리기의 성격을 찾아보려고 한다. 더불어 발해 사리기에 반영된 발해 공예의 특징을 찾는다면 미흡하나마 발해 사리구의 의의

---

2) 梓 筠, 1979.4,「寧安縣發現的唐代舍利函」『學習與探索』, 黑龍江省社会科學院, 196~291쪽; 孫秀仁, 1979,「唐代渤海的佛像和舍利函」『黑龍江古代文物』, 黑龍江人民出版社; 丹化沙, 1978.2,「黑龍江寧安出土的舍利函」『文物資料叢刊』, 1978年 2期, 196~201쪽; 方學鳳, 朴相佾, 1998,『渤海의 佛敎 遺蹟과 遺物』, 書景文化史, 194~195쪽; 金太順, 1998. 12,「上京龍泉府와 새로 발굴된 舍利函」『高句麗研究』6, 高句麗研究會, 274~276쪽; 주경미, 2003,『중국 고대 불사리장엄 연구』, 일지사, 430~431쪽; 徐秀云, 2008. 5,「渤海故地再次發現舍利函」『北方文物』, 16쪽.

3) 龍井縣文物志編寫組, 1984,『龍井懸文物志』, 58~59쪽; 安圖縣文物志編寫組, 1985,『安圖縣文物志』, 32쪽.

4) 張太, 1981. 4,「大城子古城調查記」『文物資料叢刊』, 223~227쪽.

와 특징을 규명할 수 있을 것으로 기대한다.[5] 나아가 그간 논의가 되어왔던 상경성 출토 사리구의 구체적인 연대 추정에도 도움을 줄 것으로 생각한다.

Ⅱ. 발해 사리구의 출토 위치와 양상

고구려의 옛 영토를 대부분 차지하였던 발해는 926년 거란에 의해 멸망할 때 까지 228년 동안 5경을 중심으로 4번의 천도를 단행하였다. 천보(天寶) 연간(742~756)에는 구국에서 중경으로 이동하고 문왕은 756년 다시 상경성으로 천도하였다. 이 때 발해의 국력이 신장되고 왕권이 강화된 시기로 알려진다. 785년에서 793년 사이에 상경을 떠나 동남쪽의 동경으로 천도하였다. 793년 5대 성왕은 즉위와 함께 상경으로 돌아왔다. 이때 상경으로의 환도를 뒷받침한 것은 8세기말 문왕을 중심으로 상경 지역에 기반을 가진 세력 '국인(國人)'층으로 연구되고 있다. 상경성은 926년 멸망할 때까지 수도의 역할을 하였다.[6] 상경성은 발해가 대외적으로 가장 활발한 활동을 한 시기의 수도인 셈이다.

이제까지 출토된 것으로 알려진 6 세트의 사리구 중에서 실물이 남아 있는 것는 모두 4 세트이다. 이중 상경성에서 출토된 것은 1975년 봄 흑룡강성(黑龍江省) 영안시(寧安市) 발해진(渤海鎭) 백묘자촌(白廟子村)과 1997년 흑룡강성(黑龍江省) 영안시(寧安市) 발해진(渤海鎭) 토대자촌(土臺子村)에서 출토된 2 세트이다. 우선 상경성 내의 이들 사리기의 출토 지점과 상황을 알아보는 것은 발해 사리기 성격과 특징을 규명하는데 도움

---

5) 중국의 사리기 연구 성과에 대해서는 주경미, 2003. 10,「중국 불사리 장엄의 연구 현황과 과제」『中國史硏究』26, 중국사학회, 345~376쪽.

6) 송기호, 1995, 『발해정치사연구』, 일조각, 116~125쪽;《조선유적유물도감》편찬위원회, 2002, 『발해의 유적과 유물』, 서울대학교 출판부, 25쪽.

이 될 것으로 생각한다. 이를 통해 발해의 사리구가 출토된 유적에 대한 이해와 사리기 매납 장소의 의미를 알아 볼 수 있기 때문이다.

전체 둘레 16km가 넘는 장방형 평지성인 상경성은 1930년대 일본 학자들에 의해 발굴이 시작되었다. 1960년대 중국과 북한의 연합 고고대가 대대적으로 발굴한 이래 1980년대 중국 흑룡강성의 고고학자들이 상경성의 궁성유적과 관청터를 재차 발견하여 내성·외성·궁성 등 3겹으로 구성된 것을 확인하였다(도 1).[7] 석심토축(石心土築) 기법으로 건축된 외성의 동벽과 서벽은 3.4km, 남벽과 북벽은 각각 4.9km로 남북이 더 길다. 외성의 밖에는 해자가 둘러져 있다.

외성 내부의 북부지역의 서쪽 지점에는 전체 둘레 4km에 달하는 내성이 있다. 석성(石城)인 내성 안의 북내원(北內苑)의 남쪽과 동서 내원(內苑) 중간에 궁성이 있다. 내원은 궁성에 부속된 시설로 발해 왕실이 사용

도 1. 동북아역사재단편, 『발해의 역사와 문화』, 2007.

7) 陳顯昌, 1980. 9, 「唐代渤海上京龍泉府遺址」 『文物』; 동북아역사재단편, 2007, 『발해의 역사와 문화』, 동북아역사재단, 258~262쪽; 宋玉彬, 2009. 6, 「渤海都城址硏究」 『考古』, 40~49쪽.

한 특수 공간이다. 궁성 내에서는 7개의 궁전이 발견되었다.[8] 상경성에서 사찰지는 대부분 외성 지역에 있는데, 전체적으로 동쪽 구역과 동서로 마주하고 있다. 사찰지는 기본적으로 대칭을 이루며 분포하고 있는데, 이러한 일정한 규칙은 도로와 관계가 있는 것으로 생각된다.

상경성은 기본적으로 중국 당의 장안성이나 일본 나라의 평성경과 같이 거리는 정연한 바둑판 모양이고 종횡가는 직각으로 교차되어 있다(도 2). 격자형의 가로구획방식은 이미 6~7세기 동아시아 도성제의 공통적인

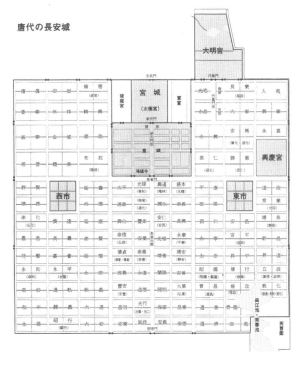

도 2. 장안성 평면도
    (福岡市博物館 · 陝西歷史博物館, 『遙かなる 長安 金銀器と建築裝飾展』 1996, p. 37)

8) 1930년대의 일인학자들은 6호의 궁전으로 파악하였으나 1970년대 출판된 『渤海簡史』 에서 7호의 궁전으로 바로 잡아졌다. 王承禮, 송기호 역, 1987, 『발해간사』, 한림대 아시아문화연구소, 48쪽.

특성으로 파악된다.[9] 먼저 고구려 장안성을 살펴보면, 도시구획의 흔적은 전혀 남아 있지 않아 동서장방형인지 혹은 정방형인지의 논의가 있다. 그러나 기본적으로 격자형의 가로구획방식을 택했던 것에는 이견이 없다.[10] 신라 왕경의 경우는 전체의 왕경은 동서로 긴 장방형의 방으로 구획된 가운데 황룡사지 주변은 정방형에 가까운 것으로 확인되고 있다.[11] 격자형의 가로구획 방식이 이미 6~7세기부터 등장한 이래, 동아시아의 왕경들은 자신들이 처한 지형적인 위치와 특징에 따라 이를 조금씩 변용하는 양상을 보인다.

발해 상경성의 경우 사찰지의 위치와 편년 등과 관련하여 가장 주목되는 것은 중앙대로이다. 내성의 남문과 외성의 중앙 남문 사이에 너비가 110m에 달하는 중앙대로가 조성되었다. 상경성의 사찰지는 이 길을 마주하고 분포된 것으로 이해되고 있다. 사리구가 출토된 토대자촌은 궁정 내원의 동쪽 사찰지에 속한다.[12] 토대자촌 인근에는 6기의 비교적 높은 흙 기단이 확인되었다. 바로 이 6기의 흙 기단이 사원 기단부로 비정된 바 있다. 또한 이 근방에서 소형의 니제 불상들과 동제불상 등 불교 관계 유물들이 다수 발견된 바 있어 사원으로 확인되고 있다.

사리함은 토대자촌에서 남쪽으로 100m 남짓 떨어진 경작지에서 발견되었다.[13] 주위의 100m에는 지면에서 올라온 흔적이 있어 기단이나 건축 유적이 있었을 가능성을 제시한다. 사리함은 잡석으로 지표에서 아래까지

---

9) 일정한 면적의 坊으로 도시 전체를 구획한 것은 北魏 洛陽城이 처음으로 알려진다.

10) 리화선, 1989. 1,「고구려 평양성외성안의 리방의 형태와 규모 그 전개에 대하여」『력사과학』, 27쪽.

11) 龜田博, 2000,「黃龍寺附近の坊」『日韓古代宮都の硏究』, 東京: 生社, 239~247쪽; 국립경주문화재연구소, 2002, 『신라왕경 발굴조사보고서』.

12) 朱國忱, 1988. 2,「近年渤海上京及其附近發見重要遺跡·遺物」『遼海文物學刊』, 148쪽.

13) 寧安縣文物管理所 渤海鎭公社土臺子大隊, 1978. 2,「黑龍江省寧安縣出土的舍利函」『文物資料叢刊』, 196~201쪽.

약 2m를 쌓은 다음 그 중간에 놓여 있었다. 사리함 주변에는 황토가 채워진 연후에 다시 잡석이 지표면까지 쌓여 있다. 인근에서는 지궁(地宮)이나 사리각(舍利閣)이 확인되지 않았다.[14]

토대자촌의 사리함은 돌, 철, 동, 칠, 은, 유리 등 7겹으로 되어있는데 외함의 역할을 하는 석함의 구조를 살펴보도록 한다(도 3). 2중 석함으로 된 토대자촌 사리함의 첫 번째 석함은 6매의 현무암 판석으로 구성되었다. 덮개의 돌은 너비와 길이가 각 1m이다. 내부의 구조에 대해서는 다음 장에서 자세히 살펴보겠다. 앞서 언급한 바와 같이 인근에서 몇 개의 사찰지가 발견된 바 있다.

상경성에서 발견된 또 다른 사리함은 궁성의 서쪽에 위치한 백묘자촌(白廟子村)에 위치한다(도 4).[15] 역시 6매의 현무암으로 구성되었다. 석제함, 평

도 3. 석함, 흑룡강성 영안현 발해진 土臺子村 출토, 발해상경성유지박물관(필자 사진)

도 4. 석함, 길이 40cm, 너비 38cm, 깊이 30cm, 흑룡강성 영안현 발해진 白廟子村 출토, 발해상경성유지박물관(필자 사진)

14) 발해의 사찰은 탑, 금당, 강당이 일직선으로 놓인 것으로 이해된다. 이로 보면 사리함은 탑지의 기단부에 해당되는 곳에 있었을 가능성이 높다. 하지만 중국측 보고서에서는 탑지의 흔적을 알 수 없다고 한다. 발해의 사찰구조는 다음 논문 참고. 이병건, 2006, 「발해 사찰유적의 건축형식 연구」『高句麗研究』 22, 고구려연구회, 29~49쪽; 李康根, 1999. 9. 11,「渤海 上京龍泉府의 寺院建築」『渤海美術의 國際性과 韓國的 特徵』韓國美術史研究所・韓國佛敎美術史學會, 國際學術大會.

15) 왕림안・고민 저, 윤현철 역, 1999, 「발해의 상경유지에서 두 번째 사리함이 출토」『발해사연구』8, 연변대학 발해사연구실.

도 5. 석등, 흥룡사, 발해(필자 사진)

도 6. 철제향로, 흑룡강성박물관(최성은 교수 사진)

탈칠함, 동제함, 금동제함, 은제함, 금제함, 유리제병의 7중 구조이다. 백묘자촌은 궁성 서내원(西內苑)에서 200m 떨어진 곳에 있다. 이 사리함이 발견된 서쪽에도 높고 큰 흙 기단이 발견되어 사찰의 존재를 추정하게 한다. 외성 서쪽 구역에서 가장 큰 불교 사찰로 추정되고 있다.

사리함이 발견된 백묘자촌의 남쪽에서 서쪽으로 200m 정도 더 간 지점에서도 1960년대까지 보전된 1~2m의 높이의 불교 사원의 기단부가 있었다. 그 서쪽에서도 불교 사원의 기단이 확인된 바가 있다. 이곳에 20세기 초에 훼손된 청 때 건립된 계고사(稽古寺)가 있었다.[16] 다시 이곳에서 200~300m 떨어진 곳에 발해 때 사지(寺址)에 청대에 건축한 흥룡사(興隆寺)가 있다. 이곳에서 발견된 석등으로 보아 당시 사찰의 규모를 짐작할 수 있다(도 5). 다시 이곳에서 100m 동북쪽 방면에 1970년대에 훼손된 귀왕사(鬼王寺)가 있다. 이곳에서 발해의 어문(魚文)이 장식된 철제향로가 발견된 바 있다(도 6). 백묘자촌 사리함이 발견된 지점에서 남쪽에서 동쪽으로 더 간 지점에서는 사찰 기단의 높이가 1.6~2m 정도 되는 사지가 확인된다. 이곳에서 동제불상, 청동향로 등이 발견된 바 있다.

16) 朱國忱, 앞의 글, 147~148.

상경성의 사찰지를 처음 조사한 1933년과 1934년의 연구에서는 중앙
대로를 끼고 6개의 사원지의 존재를 확인하였다.[17] 1942년에는 도리야마
기이치에 의해 백묘자와 토대자 사이에 수 개의 사지에 대한 개요가 보고
되었다. 1963년과 1964년의 조사에서는 내성의 7곳 그리고 외성의 2곳의
사지에 대한 연구가 진행되었다.[18] 1980년대 중국학자 하명(何明)과 위춘
성(魏存成)은 12개의 사찰을 지적하였다.[19]

토대자촌의 사리함을 중심으로 상경성의 사찰지의 위치를 비정하였던
중국학자 주국침(朱國沈)은 상경성 안에 14곳 그리고 성 밖에 2곳의 사찰
의 존재를 확인 한 바 있다.[20] 앞서 살펴본 바와 같이 그도 역시 성안의 사
찰은 중앙대로를 중심으로 거의 대칭으로 분포하였던 것으로 보고 있다.
그리고 사찰의 위치로 보아 북쪽에서 남쪽 방향으로 동서로 마주한 사찰
의 간격이 점차 좁아져서 전체적으로 사다리꼴을 이루는 것으로 이해하고
있다. 궁전은 중앙대로를 사이에 두고 좌우로 배치된 사찰들의 윗부분에
자리한 셈이 된다.

발해 상경성의 사찰 분포 상황은 중국 당대 장안성이나 일본 나라의 평
성경의 사찰의 분포와 연관되었다. 일본학자들은 상경성이 장안성을 기본
으로 한 것으로 이해하면서 시기적으로 보았을 때 일본 평성경이 모델이 되
었을 가능성도 제시하고 있다. 중국학자 주국침도 일본 평성경의 경우 왼쪽
에 동대사(東大寺), 흥복사(興福寺), 원흥사(元興寺), 수적사(穗積寺) 등이
위치하고 오른쪽에 서대사(西大寺), 당초제사(唐招提寺), 약사사(藥師寺)

17) 東亞考古學會, 1939,「東京省·渤海國上京龍泉府址の發掘調査」『東亞考古學叢刊』
第五冊, 35쪽.
18) 田村晃一 외·임석규 옮김, 2008,『동아시아의 도성과 발해』, 동북아역사재단,
265~279쪽.
19) 何明, 1983. 3,「論唐代渤海的佛教」『博物館研究』, 556쪽; 魏存成, 1984. 4,「渤海的建
築」『黑龍江文物叢刊』, 39쪽.
20) 朱國忱·金太順·李碩鐵, 1996,『渤海故都』, 哈爾濱: 黑龍江人民出版社, 69~93쪽.

등이 동서 방향으로 마주하고 있는 것을 참고하여(도 7)[21] 백묘자촌과 토대자촌의 사리기가 출토된 지점을 동대사(東大寺)와 서대사(西大寺)로 비정하고 있다.[22] 이는 사리함이 나온 토대자촌과 백묘자촌의 사찰 규모가 다른 곳에 비해 규모가 크기 때문이다.

도 7. 평성경(京都國立博物館 · 各古屋市博物館 · 東京國立博物館, 『平城京展』1989, pp. 14–15.)

사리구가 출토된 2곳의 사지에서 동대사와 서대사라고 비정할 만한 자료가 전무한 것으로 알고 있다. 고구려와 신라의 왕경에 대한 이해가 전제되지 않은 가운데 평성경을 모델로 상경성을 축조하였다고 보고 더 나아가 동대사와 서대사라고 사명을 비정하는 관점은 무리가 있다.[23] 명칭에 대한 논의는 논외로 하더라도 사리구가 출토된 토대자촌과 백묘자촌의 사지는 중앙대로에 동서로 마주하는 곳에 위치하면서 상경성 내에서 가장 규모가 큰 사찰로 이해된다.

21) 京都國立博物館 · 各古屋市博物館 · 東京國立博物館, 1989, 『平城京展』, 14~15쪽.
22) 朱國忱, 앞의 글, 149~152쪽.
23) 양정석, 2008, 「해제」『동아시아의 도성과 발해』, 동북아역사재단, 28~29쪽.

Ⅲ. 발해 상경성 사리구의 특징과 편년

1. 발해의 7중 사리기 구성 방식

　발해 상경성에서 출토된 사리기 2세트 중에 먼저 1975년 4월에 흑룡강성 영안현 발해진 토대자촌(土臺子村)에서 출토된 석제함, 철함, 동함, 평탈칠함, 은제함, 유리제병으로 구성된 7중 사리함을 살펴보기로 한다. 앞서 살펴 본 바와 같이 토대자촌의 외함은 6매의 현무암 판으로 되어 있는데 사리공의 역할을 하는 것으로 이해된다. 그 안에 다시 녹정형(彔頂形)의 뚜껑으로 된 석함이 있다. 이 석함은 한 개의 현무암의 안을 파서 만들어 뚜껑과 함께 2매로 되어 있다.

　3합은 녹정형 뚜껑의 철함으로 밑면은 대좌의 형식이다(도 8). 뚜껑과 경첩은 10cm 정도 길이의 몸체와 같은 재질인 쇠로된 자물쇠가 채워져 있다. 그 안에는 길이와 너비 그리고 높이가 약 20cm의 정방형의 동함이 있다(도 9). 현재 부식이 심한 상태로 보존처리가 필요할 것으로 생각된다. 동제 자물쇠가 있다고 하나 확인할 수 없다. 다시 그 안에 평탈칠함이 놓여져 있다. 뚜껑부분은 부식되어 남아있지 않고 몸체만 남아있다. 평탈기법의 칠기가 사리기로 쓰인 것은 동아시아에서 발해에서 처음 확인되는

도 8. 철함, 높이 30cm, 길이 30cm, 너비 20cm, 흑룡강성 영안현 발해진 土臺子村 출토, 흑룡강성박물관(최성은 교수 사진)

도 9. 동함, 길이 20cm, 너비 20cm, 높이 20cm, 흑룡강성 영안현 발해진 土臺子村 출토, 흑룡강성박물관(최성은 교수 사진)

도 10. 선조사천왕은합, 흑룡강성 영안현 발해진, 흑룡강성박물관

것으로 발해 사리구의 특징으로 파악된다.

평탈 칠기의 안에는 은제녹정 형합이 들어있다. 현재까지 남아있는 발해 사리함 중에 가장 정교한 것으로 몸체 네 면에 사천왕상이 시문되었다(도 10). 이 은합은 10겹의 사직품의 보자기로 싸여져 있었다고 한다. 은제합 안에는 은제도형병이 있고 그 안에는 사리가 들어있는 녹색 유리병이 확인되었다.

유리병 안에는 사리로 추정되는 5과의 석영 알갱이가 들어있다. 5과의 사리 이외에도 10여개의 호박과 라피스 라줄리로 추정되는 남색의 보석, 그리고 진주 등이 발견되었다.[24]

1997년 8월 25일에 발견된 흑룡강성(黑龍江省) 영안시(寧安市) 발해

도 11. 동함, 금동함, 은함, 금함, 흑룡강성 영안현 발해진 白廟子村 출토, 발해상경성유지박물관(필자 사진)

도 12. 동함, 길이 14.9cm, 너비 8.4cm, 높이 7.4cm, 흑룡강성 영안현 발해진 白廟子村 출토, 발해상경성유지박물관 (필자 사진)

24) 朱國忱 외, 앞의 책, 78쪽.

도 13. 금동함, 길이 13cm, 너비 6.5cm, 높이   도 14. 금함, 흑룡강성 영안현 발해진 白廟子村 출
7.1cm, 흑룡강성 영안현 발해진 白廟子村   토, 발해상경성유지박물관(필자 사진)
출토, 발해상경성유지박물관(필자 사진)

진(渤海鎮) 백묘자촌(白廟子村)의 사리함 바깥쪽의 외함은 길이 40cm, 너비 38cm, 깊이 30cm의 6매의 현무암으로 가공한 석함이다.[25] 내면은 평편하게 가공을 하였으나 외면은 자연 상태 그대로 두었다. 그 안에 연화문이 장식된 금평탈칠함이 확인되었다. 다음으로 청동으로 된 함이, 그리고 금동함이 다시 은함과 금함이 발견되었다(도 11, 12, 13, 14). 금함 안에는 0.1cm~0.2cm의 황색 19과의 사리가 든 유리병이 발견되었다. 현재 비취색의 유리병은 산산조각 나 있는 상태이다. 석함, 칠함, 동함, 금동함, 은함, 금함, 유리병의 7중 사리함의 구조인 셈이다. 뚜껑은 모두 녹정형이다. 동함에서 유리병까지는 각각 사직물로 포장되어 있다. 또한 칠함 안에는 골회로 보이는 흰 가루가 있는 작은 항아리가 확인되었다.

다음으로 상경성 외의 지역에서 발견된 사리구에 대해 살펴보기로 한다. 먼저 길림성(吉林省) 용정시(龍井市) 동성용향(東盛勇鄕) 영성촌(英城村)에서 발견된 사리구를 살펴보기로 한다. 일제 침략기에 고성 서문안의 북쪽 높은 둔덕에서 밭갈이를 하다가 우연히 석함이 발견되었는데, 석함 안에는 동함이 있고 다시 은함과 금함이 중첩되어 있었다고 한다. 금함 안에는 사리 12과가 발견되었다. 간도일본(間島日本)총영사관에서 가

25) 徐秀云, 2008. 2,「渤海故地再次發現舍利函」『北方文物』, 北方文物雜誌社, 16쪽.

도 15. 동제합, 입지름 5cm, 높이 7.5cm, 대성자성유
지 출토, 흑룡강성박물관(최성은 교수 사진)

져갔으나 현재는 행방을 알 수 없
다.[26] 석제함, 동제함, 은제함, 금제
함의 4중 사리기이며 사리용기는
금제함으로 판단된다.

안도현(安圖縣) 양병태향(亮
兵台鄕) 함양촌에서 남으로 550m
떨어진 곳에 있는 발해시대의 사
지에서는 두점의 석제함이 발견되

었다. 석제함의 뚜껑은 함양촌 주민들이 가져가서 사용하였다고 하는데,
철제함, 동제함, 은제함, 사리가 든 유리제병의 구조라고 전해진다.[27]

1972년 중국 흑룡강성(黑龍江省) 동영현(東寧縣) 동영진(東寧鎭) 대성
자촌(大城子村)에서 출토된 금동제사리함은 6과의 사리가 들어있는 은제함
이 중첩되어 있는 구조이다.[28] 다시 대성자고성에서 150m 떨어진 곳에서는
석구(石臼)가 확인되었는데 석구 위쪽의 수혈공 안에서는 마노구슬과 은조
각이 들어있는 동제합이 발견되었다(도 15). 동제합이 들어있는 수혈공의 뚜
껑이 석제뚜껑으로 덮힌 것으로 보아 사리공으로 추정하는 의견이 있다.[29]

이렇게 6 세트의 사리구를 종합하여 보면 발해 사리구의 특징들을 파
악할 수 있다. 이에 발해 사리구의 구조에서 보이는 특징을 분석하여 보기
로 한다. 먼저 사리용기들을 중첩하는 점이며 안쪽으로 갈수록 귀한 재료
가 사용되는 것을 들 수 있다. 이는 『대반열반경(大般涅槃經)』, 『장아함경

26) 龍井縣文物志編寫組, 1984, 『龍井縣文物志』, 吉林省 : 吉林省文物志編修委員會,
58~59쪽.
27) 安圖縣文物志編寫組, 1985, 『安圖縣文物志』, 吉林省: 吉林省文物志編委會, 32쪽.
28) 率賓府의 소재지로 보기도 하는데 사리함 이외에도 성 안에서 청동불상 2점이 발견되
었다. 문고리, 허리띠꾸미개, 경첩, 자물쇠, 거울, 와당 등 다양한 유물이 출토되었고,
발해 멸망 뒤 금나라 때에도 사용되었다. 魏存成, 2007, 『渤海考古』, 北京: 文物出版
社, 270쪽.
29) 주경미, 앞의 책, 432쪽.

長阿含經』등의 경전에서 사리 안치
는 다중(多重) 용기(容器) 형식(形
式)을 취하며 내부로 갈수록 귀한
재질로 중첩되는 것과 일치되는 상
황이다.[30] 특히 상경성의 토대자촌
과 백묘자촌의 사리기는 사리를 담
은 유리병을 제외하고는 녹정형함
의 기형이며 모두 7중으로 중첩되어
있는 것이 주목된다. 사리를 담은 사
리내기(舍利內器)가 국유리병은 아
니지만 녹정형함의 구조로 중첩되

도 16. 8중 사리기, 법문사 지궁 출토, 870年, 중
국 법문사박물관

어 있는 구조는 중국 법문사 8중 사리기를 들 수 있다(도 16).

이와 같이 중국 9세기 후반의 것과 비교되는 기형이면서도 발해만의
특징들이 보이는 요소들이 여러 가지이다. 먼저 고식의 요소를 차용하는
점이다. 이는 석함과 유리병에서 찾을 수 있다.

상경성의 두 사리세트는 모두 석함이 외함의 기능을 하고 있다. 인도
의 『마하밤사(Mahāvamsa, 大史)』의 6매의 큰 돌로 짠 석함에 보제수(菩
提樹), 향수병(香水瓶), 금불상(金佛像)을 넣으라는 내용에서 석함을 외
함으로 규정한 것으로 알 수 있다.[31] 중국에서도 북위이래 수대까지 석함
이 외함으로 사용되었고 우리나라의 경우에도 백제 왕흥사지, 미륵사지,
분황사지에서 석함이 확인된 바가 있다.[32]

---

30) 小衫一雄, 1980, 「六朝時代佛塔に於ける舍利安置」『中國佛敎美術史の硏究』, 東京:
    新樹社, 9~12쪽; 奈良國立博物館, 1983, 『佛舍利の莊嚴』, 東京: 同朋社, 266~267쪽;
    長谷川道隆, 1992.10, 「北魏, 隋代の塔基と出土舍利容器-インドのストゥパを導入
    して-」『古文化談叢』28, 九州古文化硏究會 181~196쪽.
31) 강우방, 2000, 「佛舍利莊嚴論-經典, 佛塔, 佛像의 상관관계」『法空과 莊嚴』, 열화당,
    388~391쪽.
32) 박대남, 2009.6, 「사찰구조와 출토유물로 본 분황사 성격 고찰」『한국고대사탐구』, 한

도 17. 석함, 하북성 정정현 백점촌 사리탑
출토, 수대 605年(필자 사진)

도 18. 유리사리병, 흑룡강성 영안현 발해
진 土臺子村, 흑룡강성박물관

석함이 외함으로 쓰인 최고의 예는 하북성(河北省) 정현(定縣) 정지사(靜志寺) 진신사리탑(眞身舍利塔)에서 출토된 북위 흥안(北魏 興安) 2년(453)의 명문이 있는 방형석함(方形石函)이다.[33] 녹정형의 뚜껑을 가진 석함의 589년 청선사 승려탑, 604년 신덕사 사리탑, 605년 하북성 정정현 백점촌 사리탑, 606년 하북 정현 송대 정지사탑 지궁, 611년 산동 역성현 사문탑 등의 석함이 대표적인 수대의 석함으로 생각된다(도 17).[34]

수대에는 모든 용기가 중첩되어 있지는 않다. 석함 내에 동함이나 유리병이 포함된 경우가 많은데, 석함 안에 병렬로 놓인 경우가 많다. 녹정형의 뚜껑의 함은 한대 칠기에서부터 기원하는 기형으로 중국에서도 남북조시대이래 사리기의 기형으로 선호되었으나 당대부터는 점차 관곽(棺槨)의 형식으로 바뀌는 것과 비교가 된다.[35]

국고대사탐구학회 발표요지문 참고.

33) 河北文化局文物工作隊, 1966.5, 「河北定縣北魏石函」 『考古』, 252~266쪽; 定縣博物館, 1972.8, 「河北定縣發現兩座宋代塔基」 『文物』, 40쪽.

34) 邱玉鼎·楊書杰, 1986.4, 「山東平陰發現大隋皇帝舍利寶塔石函」 『考古』, 375~376쪽; 樊瑞平·郭玲, 1999.4, 「河北正定舍利寺塔基地宮淸理簡報」 『文物』, 文物出版社, 38~43쪽; 楊泓, 2000.6.16, 「中國 隋, 唐代 舍利容器」 『佛舍利信仰과 그 莊嚴 — 韓·中·日 舍利莊嚴具의 綜合的 檢討』 特別展 紀念 國際 學術 심포지엄 발표요지, 49~56쪽.

35) 甘肅省文物工作隊, 1966.3, 「甘肅省涇川縣出土的唐代舍利石函」 『文物』, 文物出版

도 19. 유리유개병, 신덕사, 수대 605年, 중국 耀州
區博物館.

도 20. 유리병, 경산사지, 당(『唐の女帝 · 則天武后
とその時代展』, 東京: 東京都美術館, 1998,
pl. 39)

　　다음으로는 사리가 든 유리병
의 기형을 살펴보기로 한다. 몸체
가 둥근 장경병의 기형인데 이는
전형적인 수대 유리병의 형태이다
(도 18). 아래 <표 1>에서 정리한
바와 같이 북위대부터 유리병이

도 21. 유리병, 송림사지, 통일신라

탑에 매납되기 시작한다. 북위의 병은 비교적 목이 짧은 반면 섬서성(陝
西省) 요현(耀縣) 신덕사지(神德寺址) 등 수대의 것은 어깨부분이 다소
주저 앉은 목이 긴 장경병의 모습인데 발해 상경성의 유리병은 수대 기
형과 유사하다(도 19). 이러한 기형은 당대에도 이어지기는 하나 그 예
가 많지는 않다(도 20). 흥미로운 것은 우리나라의 경우에도 세장한 유
리제장경병이 통일신라시대에도 계속 이어지는 점이 확인된다(도 21).
이는 유리병을 제작하는 장인집단의 교류와도 관계가 있을 것으로 추정
되는데 이 부분에 대해서는 후일의 연구과제로 삼기로 한다.

社, 8~14쪽.

표 1. 중국 남북조시대부터 당대까지 탑에서 출토된 유리용기

	유리제품	출토지	시대	참고문헌
1	유리발 (높이 7.9cm, 입지름 13.4cm) 유리병 5점 (높이5.3cm~ 높이 4cm)	하북성 정현 화탑지 河北省 定縣 華塔址	북위(太和5년, 481)	河北文化局文物工作隊, 「北定縣北魏石函」『考古』 1966年 5期
2	유리병 (높이 5.8cm)	섬서성 요현 신덕사지 陝西省 耀縣 神德寺址	수(仁壽4년, 604)	朱捷元 秦波, 「陝西長安和耀縣發現的波斯薩珊朝銀幣」, 『考古』1974年 2期
3	유리병	감숙성 경천 대운사지 甘肅省 涇川 大雲寺址	당(延載元年, 694)	甘肅省文物工作隊, 「甘肅涇川出土的唐代舍利石函」, 『文物』1966年 3期
4	유리병	서안 출토	당(開元7년, 719)	.
5	유리병(높이 4.6cm, 2.1cm) 2점	서안시 주지현 선유사 법왕탑 西安市 周至縣 仙遊寺 法王塔	당(開元13년, 725)	劉運, 「仙遊寺法王塔的天宮8地宮與舍利子」『收藏家』45호(2000. 7)
6	유리병 (높이4.6cm)	섬서성 임안현 경산사 탑기지궁 陝西省 臨潼縣 慶山寺 塔基地宮	당(開元29년, 741)	『唐の女帝 則天武后とその時代展』東京都美術館, 1988

표 2. 삼국시대부터 통일신라까지의 탑 출토 유리용기

	유리병의 특징	출토지	시대	참고유물과 문헌
1	무색 사리병 목 부위 제외하고 모두 파손, 보주형 유리 마개	미륵사지 서탑 (전북 익산)	백제(6세기)	문화재청 보도자료
2	짙은 녹색병 금제 연화좌 위에 안치, 사리병의 구연부 외반 높이 6.2cm	익산 왕궁리 5층석탑 (전북 익산)	백제~고려	由水常雄, 『世界ガラス美術全集』求龍堂, 1992
3	1) 환문장식녹색유리배 2) 녹색유리병 3) 녹색유리소호	송림사 전탑 (경상북도 칠곡)	통일신라	Chewon Kim, "Treasures from the Songyimsa Temple in Southern Korea" Artibus Asiae, Vol. 22, No. 1/2(1959) 환문장식녹색유리배는 정창원소장 유리배와 유사.
4	녹색유리사리병	분황사 석탑 (경상북도 경주)	통일 신라 (선덕왕 3년 634)	由水常雄, 『世界ガラス美術全集』5 求龍堂, 1992
5	녹색 사리병	황복사 3층탑 (경상북도 경주)	통일 신라	由水常雄, 『世界ガラス美術全集』5 求龍堂, 1992
6	녹색사리병 구연부 외반, 몸체가 약간 비대칭	불국사 석가탑 (경상북도 경주)	통일 신라 (경덕왕 10년 751년)	由水常雄, 『世界ガラス美術全集』5 求龍堂, 1992
7	녹색소병	전라남도 남원	통일신라~고려	由水常雄, 由水常雄, 『世界ガラス美術全集』5 求龍堂, 1992

다음으로는 발해 공예의 특수성이 반영된 점이다. 이와 관련하여 철제 함와 평탈칠함이 사리구로 사용된 예가 주목된다. 이는 중국이나 우리나라에서 찾아 볼 수 없는 구성이다. 철제함의 경우 이는 발해의 철기 제작 상황이 고려된다. 주지하다시피 돈화, 화룡, 영안(寧安), 동영(東寧) 등 발해의 유적지와 무덤에서 많은 수량의 철기가 출토된 바가 있다. 생철로 주조한 것이나 숙철로 단조한 두 종류가 나타난다.[36] 아직까지 상경성 내에서 단야로가 발견되지는 않았지만 철기들의 출토 상황으로 보아 성 내에서 철제함이 제작되었을 가능성이 크다.

이와 더불어 사리기로서 평탈칠기가 사용된 것을 주목하고자 한다. 토대자촌과 백묘자촌에서는 모두 평탈칠함이 외함으로 사용되었다. 백묘자촌의 칠기는 금 평탈칠함으로 알려져 있으나, 실견이 불가능하며 구체적인 문양은 알 수 없다. 이제까지 우리나라나 중국, 일본에서는 평탈 칠기가 다수 제작되었지만 발해의 경우에는 토대자촌과 백묘자촌의 사리구 이외에는 그 예를 찾을 수 없었다(도 22).

본래 평탈기법(平脫技法)은 금이나 은판을 이용해 문양을 만들어 금속이나 목

도 22. 당초문, 평탈칠기, 흑룡강성 영안 현 발해진 土臺子村, 흑룡강성박물 관(王輝·叶居曉·趙哲夫,『黑龍江 考古文物圖鑑』黑龍江人民出版社, 2000, p. 238)

재 등의 표면에 부착한 다음 이를 그늘에서 말리는 과정을 반복한 다음 문양의 표면을 다듬어서 검은 칠의 바탕 위에 금은편 무늬가 돋보이게 하는 것을 의미한다.[37] 평탈 칠기는 중국 당, 통일신라, 그리고 일본에 공통적으로 유행하였던 기법으로 중국의 고대 문헌기록에 나타나는 '평탈(平脫)'이

36) 강승남, 1994.2, 「유적·유물을 통하여 본 발해 제철·제강 기술에 대하여」『조선고고연구』, 출판사 없음 잡지임, 면수.
37) 魏存成, 2007, 『渤海考古』, 北京: 文物出版社, 50~255쪽.

라는 용어에 따라 명명된 것이다. 우리나라에서는 『삼국사기(三國史記)』에 보이는 '평문(平文)'이라는 기록이 남아있다.[38] 동아시아에서 공통적으로 유행한 평탈 기법의 국적을 파악하기 위해서는 금은판의 절문 기법이나 세부 문양을 표현하는 점선조 기법의 비교가 필요하다. 하지만 실물을 볼 수 없는 상황에서는 금은판으로 만들어진 문양의 계보로 판단하는 수 밖에 없다.

이에 토대자촌 평탈함의 문양으로 새긴 당초문의 계보를 살펴보기로 한다. 당초문은 본래 고대 그리스의 식물문양에 기원을 두고 있는 아칸더스(acanthus) 계통의 덩굴 무늬이다.[39] B. C. 5세기 무렵 건축의 지붕이나 프리즈, 그리고 코린트 양식의 주두(Corinthian column)에 즐겨 채용되었고 로마에 그 전통이 계승된다.[40] 불교 루트를 타고 동점된 당초문은 위진남북조시대를 거쳐 당대에 오면 당초문은 연화문이나 모란문, 또는 금수문과 결합되기도 한다.

도 23. 금은평탈보상화문경, 지름 18.2cm, 국립중앙박물관(『統一新羅』국립중앙박물관, 2003, p. 260, pl. 263).

토대자촌 평탈칠함은 8세기 이후 유행하는 보상당초문으로서 반쪽의 팔메트(Palmette)잎을 좌우 대칭시켜 하트형으로 배치된 것으로 새와 뛰어

38) 채해정, 2001, 「통일신라 금속 및 칠공예품의 기법과 문양 연구」 『미술사 연구』 15, 미술사연구회, 53~73쪽; 신숙, 2004.9, 「統一新羅 平脫工藝 연구」 『美術史學研究』 242 · 243, 한국미술사학회, 29~61쪽.

39) Jessica Rawson, *Chinese Ornament The Lotus and The Dragon*, 1984, London : The Trustee of the British Museum, 204쪽; 林良一, 1993, 「パルノット」 『東洋美術の装飾文様-植物編』, 東京: 同朋社, 147~224쪽.

40) 당초문이 직접적이고 광범위하게 동아시아에 전해진 계기는 불교의 동점을 들 수 있다. 불교가 창시된 인도는 페르시아, 그리스, 로마, 스키타이, 샤카 등 여러 민족들이 들어와서 국제문화가 꽃을 피운 바 있다. 인도에서 팔메트는 마우리아시기부터 미술품의 모티프로 사용되었는데, 궁전 건축 뿐 아니라 불교미술에서 수용되어 주제에 맞추어 변용되는 양상을 보인다.

다니는 동물들이 사이사이에 배치되어 있다. 꽃무늬와 간단한 동물장식의 조합은 통일신라의 거울에서도 확인되는 의장이다. 국립중앙박물관에 소장된 평탈칠경의 예를 살펴보기로 한다(도 23). 통일신라의 평탈칠경은 지금은 부분 부분 박락되었지만 원상태를 추정해보면 6개의 보상화문이 배치되었던 것으로 생각된다. 그리고 그 사이에 사슴과 뛰어 다니는 금수들이 배치되어 있는 구성이다.

통일신라의 평탈 칠기의 문양과 비교하여 보면 토대자촌의 평탈칠함은 마치 직물의 도안을 상기시키듯이 연속적으로 장식된 특징이 있다. 그리고 역하트 문양이 구성된 중심부분을 기점으로 두 마리의 새가 마주하고 있는 모습이 보인다. 중국이나 통일신라의 경우 이 새들이 마주보는 구성으로 표현되는 것이 보편적이나 이곳에서는 서로 반대편을 보는 구성인 것이 흥미롭다.

이와 더불어 토대자촌 평탈칠기에서는 금속판 보다는 거의 금속선을 이용하여 유려하게 장식된 것이 확인된다. 이는 마치 고려 나전칠기에 시문된 금속선을 상기시킨다. 고려 나전칠기에는 철사모양의 단선과 두 개의 금속선을 새끼줄 모양으로 꼬아 주문양의 꽃가지 문양의 줄기 또는 화당초문의 넝쿨이나 경계선으로 쓰이고 있다. 이와 같이 금속선을 주문양의 일부로 적극 끌어들여 문양화한 것은 고려 나전칠기에서 처음 시도된 장식 기법이다. 이를 토대로 볼 때 토대자촌 평탈 칠기의 문양은 당대 전형적인 당초문의 도안을 따르고 있지만 기법이나 문양의 구성에서 새롭게 발해적인 특징이 반영된 것을 알 수 있다.[41]

이제까지 발해 상경성에서 출토된 사리구의 구성과 그 특징들을 살펴보았다. 이들 사리구들은 동아시아 사리구의 일정한 흐름을 따르고 있으면서도 발해 공예의 성격을 잘 반영하고 있는 것이 확인되었다.[42] 즉 토대자

---

41) 魏存成, 앞의 책, 250~255쪽.
42) 조대일, 1988,「발해의 공예」『조선공예사1(고대 중세편)』, 과학백과사전종합출판사, 163~181쪽; 崔茂藏, 1989,「渤海의 古墳·土器 및 裝身具」『韓國史論』19, 국사편찬위원회.

촌과 백묘자촌의 사리기는 당대 상경성의 장인들에 의해 제작된 것으로 이 해되기 때문이다. 이에 다음 장에서는 사천왕상이 시문된 토대자촌의 은제 사리함을 집중적으로 살펴보기도 한다. 이는 발해 사리기의 특징 뿐 아니라 상경성 사리기의 제작 연대를 규명할 수 있는 문제와도 연결된 것이다.

2. 토대자촌사지 은제선조사천왕방형함과 상경성 발해 사리구 편년

토대자촌사지 은제선조사천왕방형함은 평탈칠기를 제외하고는 표면에 장식이 되어 있는 유일한 사리함이다.[43] 몸체에는 천왕이 그리고 뚜껑부분에는 연화문이 선조기법으로 장식되었다(도 24). 먼저 몸체 부분의 천왕상을 보고 뚜껑 부분의 연화문을 살펴보기로 한다.

도 24. 사천왕상, 흑룡강성 영안현 발해진 土臺子村, 흑룡강성박물관(王輝·叶居曉·趙哲夫, 「黑龍江考古 文物圖鑑」, 黑龍江人民出版社, 2000, p. 238)

중국의 경우 사리기의 네 면에 천왕이 장식된 예는 거의 없는 것으로 알려져 있다. 통일신라의 경우 감은사지 동서 삼층석탑에서 출토된 사리기 외함에 사천왕상이 장식되어 있다(도 25, 26). 감은사지의 경우 탑을 들고 있는 다문천의 존재로 전체 도상을 사천왕으로 명확히 판단 할 수 있으나 토대자촌 은제선조사천왕문방형함의 경우 사천왕으로 비정할 수 있는

---

43) 王輝·居曉·趙哲夫, 2000, 「黑龍江考古文物圖鑑」, 哈爾濱 : 黑龍江人民出版社, 238쪽.

도 25. 지국천, 증장천, 감은사 동탑 사리외함(『統   도 26. 광목천, 다문천, 감은사 동탑 사리외함(『統
　　　一新羅』국립중앙박물관, 2003, p. 213, pl.   一新羅』국립중앙박물관, 2003, pl.
　　　220-3, 220-4)   221-3, 221-4)

지 도상을 살펴보아야 한다.

　사천왕에 대해 언급하고 있는 경전은 그 수가 많고 경전에 따라 사천
왕의 도상도 일정하지 않다. 사천왕 신앙의 근본 경전이라고 할 수 있는
『금광명경(金光明經)』「사천왕품(四天王品)」을 참고하면 사천왕의 명칭은
방위에 따른 것으로 명시되어 있다.[44] 국토를 수호하고 인세(人世)의 왕을
보호하는 역할이 부여되어 8부중을 거느리는 사천왕은 동방의 지국천왕
(持國天王), 남방의 증장천왕(增長天王), 서방의 광목천왕(廣目天王), 북
방의 다문천왕(多聞天王)을 의미한다.[45] 본래 인도에서는 정해진 도상은
없으나 인도에서 중국으로 전래되는 과정에서 분노한 자세로 무장하고 있
는 장군의 모습으로 변화되었다. 갑옷을 두르고 탑, 무기 등을 들고서 발

---

44) 일본 최대의 호국사찰인 東大寺의 다른 이름이 <金光明四天王護國之寺>인 것도『금
　　광명경』「사천왕품」에서 기인한 것이다.
45) 『金光明經 四天王品』第六 "우리 사천왕은 이 경을 듣는 임금이나 그의 백성들을 보
　　호하고 염려하여 환란을 덜어주고 평안케 하며, 다른 지방으로부터 쳐들어오는 원수
　　와 대적들을 물리쳐주겠노라. 또한 어떤 임금이 이 경을 들을 때에, 그 이웃나라에서
　　나쁜 생각으로 군대를 일으켜 이 나라를 치려하더라도 이 경의 신력으로 그때에 이웃
　　나라에도 또 다른 원수가 쳐들어가 난리가 날 것이며, 그 나라 안에 여러 가지 시끄러
　　운 일과 재난과 질병이 일 것이다. 그때 그 다른 원수가 이러한 나쁜 재난을 일으킨 뒤
　　군대를 이끌고 이 나라에 와서 또다시 싸움을 일으킨다면 우리는 권속과 수많은 귀신
　　들과 더불어 형상을 숨기고 이 편을 구원하는 동시에 저 원수들이 저절로 물러나게
　　할 것이다."

로 악귀를 밟고 있는 모습으로 묘사되는 것이 통례이다. 이러한 사천왕상의 도상은 7세기 중반에 정립된 것으로 알려진다.[46] 하지만 지물이나 자세 그리고 갑옷의 형태는 지역과 시대에 따라 조금씩 변화된다.

토대자촌의 은제선조사천왕문방형함의 경우 4구 모두 악귀를 타고 앉은 자세이다. 활을 쏘는 자세의 인물, 오른손에 곤봉을 든 인물, 두 손으로 검을 든 인물, 한 손으로 검을 든 인물이 차례로 장식되었다. 그리고 각각 모든 인물들의 양쪽에는 시자(侍子)가 배치된 특징을 보이는 것이 주목된다. 일반적으로 탑을 든 다문천을 중심으로 사천왕을 비정하고 있는데, 이 사리기에서는 탑을 든 인물을 찾을 수 없다. 하지만 이와 관련하여 693년 인도의 보사유(寶思惟)에 의해 한역된『불공견삭다라니자재왕주경(不空絹索陀羅尼自在王呪經)』을 통해 사천왕의 존재를 짐작할 수 있다. 이 경전에서는 증장천이 활을 들고 있고 지국천은 검을 들고 있는 것으로 묘사되어 있다.[47] 자물쇠가 있는 방향을 남방으로 본다면 증장천은 화살을 그리고 지국천은 검을 들고 있는 상황이다. 이로 본다면 토대자촌의 사리함에 표현된 인물들은 사천왕으로 보아도 무리가 없을 듯 하다.

다음으로는 토대자촌의 사천왕상의 도상의 계보에 대해서 살펴보기로 한다. 이 사천왕상은 앉은 자세라는 점에서 그간 알려진 사천왕과는 그 궤를 달리한다. 토대자촌의 사천왕상은 모두 두 마리의 악귀에 걸터앉아 있는데 두 상은 한쪽 다리를 내리고 앉고 나머지 두 상은 두 다리를 다 내리고 있다. 이에 앉은 자세에 주목하여 좌상으로도 부르지만 한쪽 다리를 내리고 앉는 경우는 반가의 자세라고도 한다.[48]

두 마리의 악귀에 걸터 앉은 사천왕의 모습은 679년(문무왕 19)에 창건

---

46) 沈盈伸, 1997.12, 「통일신라시대 四天王像 연구」『美術史學研究』 216, 한국미술사학회, 5~6쪽.

47)『不空絹索陀羅尼自在王呪經』成就入壇法分 第十三에 증장천은 '弓箭'을 든 것으로 묘사되었다.

48) 안휘준, 1997, 「한일회화관계 1500년」『한국회화의 전통』, 문예출판사, 402~403쪽.

도 27. 녹유사천왕상, 사천왕사지, 통일신라(국립경
　　주문화재연구소, 「신라 호국의 염원 四天王
　　寺」 2008년 학술심포지움, p. 41, pl. 16)

도 28. 녹유사천왕상, 사천왕사지, 통일신라(국립경
　　주문화재연구소, 「신라 호국의 염원 四天王
　　寺」 2008년 학술심포지움, p. 41, pl. 16)

된 사천왕사 목탑지의 기단부를 장식하였던 녹유사천왕상에서 찾을 수 있
다(도 27, 도 28). 주지하다시피 통일신라에서 사천왕사상은『금광명경』의
도입과 연관을 짓고 있다. 신라 제30대 왕인 문무왕(文武王 661~681 재위)
은 당의 침입을 막기 위해 명랑법사
(明朗法師)가 사천왕사를 세우고 문
두루도량을 개설한 바 있다. 문두루비
법(文豆婁秘法)이란 일종의 밀교의식
으로 불단을 설치하고 다라니 등을 독
송하면 국가의 재난을 물리칠 수 있
다는 비법으로 당시 신라는 이 비법
의 효험으로 금강 하구에서 22번의 치
열한 전투 끝에 당의 수군을 격퇴시킬
수 있었다고 한다.[49]

　　두 마리의 악귀 위에 앉은 자세와
도상적으로 가장 유사한 상은 중국의

도 29. 천왕상, 安西楡林窟, 8세기후반 9세기전
　　반(『中國石窟 安西楡林窟』東京: 平凡社,
　　1990, pl. 4.)

49) 김상현輯, 1994, 「輯逸금광명경소」『동양학』24, 단국대학교 동양학연구소, 260쪽; 최연
　　식, 2005, 「8세기 신라 불교의 동향과 동아시아불교계」『불교학연구』12, 불교학연구회,
　　247~248쪽.

183

안서 유림굴 제 15굴 전실 남벽에 그려진 천왕상을 들 수 있다(도 29).[50] 두 마리의 악귀 위에 올라앉아 오른쪽 어깨에 활을 걸고 양손에 화살을 수평으로 잡고 있는 모습이 확인된다. 이 그림의 제작연대는 8세기 후반에서 9세기 전반으로 추정된다. 또한 좌상 형식의 천왕상은 만당기에 그려진 것으로 추정되는 돈황 막고굴 제 12굴 전실 북측 천왕상이나 9세기 후반의 돈황에서 출토된 지본채색화상 등에서도 쉽게 확인할 수 있다.[51] 현재 전해지는 사천왕상들을 통해 보았을 때 앉은 자세의 사천왕 도상은 중국에서는 8세기 후반 이후부터 9세기에 유행했던 것으로 추정할 수 있다.

도 30. 河成筆 사천왕상, 9세기 전중반(林溫, 「東京國立博物館保管 '十六 善神畵像に ついて」,『Museum』433,1987, 4, p. 22)

이와 같이 좌상의 사천왕상이 8세기 후반부터 유행하였다고 한다면 토대자촌의 사리기의 연대는 8세기 후반 이후로 비정하여도 무리가 없을 듯 하다. 그렇다면 토대자촌의 사리기의 작가가 모델로 삼았던 도상은 구체적으로 어떤 것이었는지를 더 생각할 필요가 있다. 이와 관련하여 9세기 전중반 일본에서 활동했던 백제 계통의 화가 하성(河成 782~853)이 그렸다고 전해지는 사천왕상이 주목된다(도 30).[52] 토대자촌의 사리기에서 흥미로운 것은 사천왕의 옆에 두 명의 시자가 배치된 점이다. 바로 하성이 그린 사천왕상에서 두 명의 시자의 존재가 확인된다. 그림 뒷면에 '이사천왕사제이전본사지신라하성필(以四天王寺第二傳本寫之新羅河成筆)'이라 쓰여 있

50) 敦煌硏究院 編, 1990,『中國石窟 '安西楡林窟』, 東京: 平凡社, 4쪽.

51) 심영신, 앞의 글, 12~17쪽.

52) 심영신, 앞의 글, 25쪽.

다.[53] 신라 하성으로 되어 있지만 그를 백제인으로 보는 것은 성이 여씨(餘氏)였으나 후에 구다라 즉 백제로 개성(改姓)하였기 때문이다.[54]

하성에 대한 기록은 일본『일본문덕천황실록(日本文德天皇實錄)』에서 찾을 수 있다. 그는『일본문덕천황실록(日本文德天皇實錄)』에서 853년인 가상3년(嘉祥三年)에 사망한 것으로 기록되어 있다[55]. 하성필의 모본과 발해 토대자촌 사리기에 등장하는 두 명의 시자에서 차이점은 토대자촌 사리기 시자의 경우 동한대부터 서민들이 착용하는 조두(幧頭)의 모습 정도이다.[56] 이는 발해의 복식을 반영한 것으로 발해의 서민들이 조두를 즐겨 착용한 것으로 생각된다. 하성의 사천왕상을 참고하면 토대자촌의 사리기는 8세기 후반에서 9세기 전중반 사이로 편년할 수 있다.

주지하다시피 망치와 정을 가지고 금속판에 선을 새기는 것은 고난도의 작업이다. 토대자촌 사리기의 작가는 비록 세부 묘사의 치밀성은 떨어지나 정과 끌로서 금속의 표면을 선각하는 조이질 솜씨는 자신감이 넘친다(도 31). 사천왕의 화살을 잡은 두 손이나 양 팔의 움직임이

도 31. 사천왕상, 흑룡강성 영안현 발해진 土臺子村, 흑룡강성박물관(國家文物國主編,『中國文物精華大辭典』上海：上海辭書出版社, 1997, p. 331, pl. 197)

자연스러우면서 힘이 있다. 육중한 사천왕의 몸을 간략한 선으로 능숙하고 입체감 있게 표현한 장인의 조이질 기량은 도상을 완전히 숙지한데서 나온 것이

53) 林溫, 1987.4,「東京國立博物館保管 '十六 善神畫像について」『Museum』433, 東京國立博物館, 22쪽.

54) 782년에 태어난 하성은 무예와 그림 모두 뛰어 났다고 한다. 그림에서는 인물화와 산수화에 모두 능했다고 기록되어 있다. 백제가 망한 다음에도 백제성을 쓴 것은 멸망한 백제를 잊지 못해 조국의 전통을 계승하고자 하는 의지로 파악된다고 보고 있다. 안휘준, 앞의 책, 402~403쪽.

55)『日本文德天皇實錄』卷第二. 起嘉祥三年八月 "百濟河成與延祥法師卒"

56) 周迅·高春明 編, 1996,『中國衣冠服飾大辭典』, 上海：上海辭書出版社, 98~99쪽.

도 32. 뚜껑부분의 연화문과 당초문, 흑룡강성 영안현 발해진 土臺子村, 흑룡강성박물관(王輝·叶居曉·趙哲夫,『黑龍江考古文物圖鑑』黑龍江人民出版社, 2000, p. 238)

다. 인체의 세부 표현보다는 인물에서 뿜어져 나오는 느낌을 중요시하는 요소는 인체를 사실적으로 표현하려는 8세기의 시대적 사조와 다른 시대적 분위기를 반영한 것으로도 이해된다. 이로 판단해 볼 때 토대자촌의 사리기는 9세기 전반까지 비정하는 것도 가능하다.

이제 토대자촌 은제선조사천왕문방형함의 뚜껑 부분에 새겨진 연화문과 당초문을 살펴보기로 한다(도 32). 테두리의 네 면에는 당대에 흔히 볼 수 있는 S자형으로 뻗어가는 간략한 당초문이 새겨져 있다. 중앙 부분에는 삼각형으로 네 구획으로 나눈 다음 측면에서 본 연화문을 배치하였다. 각 연화문에는 날개과 같은 잎이 대칭으로 자리하고 있다. 그런데 이 연화문은 마치 삼지창처럼 마르고 날카로운 특징이 있다. 이러한 연화문은 중앙아시아 계통이라는 지적이 있다.[57]

이와 관련하여 사리기 배경 전면에 시문되어 있는 어자문의 계통을 살펴보기로 한다. 어자문은 타각정의 하나인 강철제 누깔정 혹은 방울정을 금속 표면에 세우고 이를 망치로 때려서 오목하게 들어간 작은 원문을 의미한다. 따라서 어자문(Fish-roe pattern)은 기법이자 문양의 의미를 가지고 있다. 배열된 작은 원문이 물고기 알처럼 보인다고 해서 어자문으로 명명된 이 문양은 바탕면을 촘촘히 메우는데 쓰이기도 하고 사람이나 동물의 눈을 표현하는데 단독으로 쓰이기도 한다. 어자문은 이집트에서 출발한 외래계 기법으로 동아시아에서는 전한대 금은제인장에서 처음 보인다.[58]

어자문은 전한대 동아시아에 유입된 이래 근대에 까지 중국, 우리나라,

---

57) 崔順子, 2000,「渤海的佛教與蓮花紋裝飾圖案」『渤海文化研究』, 長春: 吉林人民出版社.
58) 曾布川 寬, 谷 豊信 編, 2002,『世界美術大全集』, 東京: 小學館, 187쪽.

일본 삼국 모두 금속공예에서 즐겨 사용되었던 기법이자 문양이다.[59] 그런데 어자문은 지역과 시대 그리고 장인의 계통에 따라 어자문의 배열이나 치는 솜씨가 다르다. 이러한 특징을 주목한 것은 일본학자들로 나라시대(710~794) 금공에 보이는 어자문의 계보를 중국이 아닌 통일신라에서 찾으면서 비롯되었다.[60] 어자문이라는 용어도 이 시대의『정창원문서(正倉院文書)』의 기록(760)에 근거한 것으로 현재 한국·중국·일본에서 이 용어를 보편적으로 따르고 있다.[61] 어자문은 특수 장인들이 작업을 담당했던 것으로 알려진다. 이는 일본 천평보자(天平寶字) 4년(760)의 기록을 통해 알 수 있다.[62]

이들 연구에 따르면 질서 정연하고 빈틈이 없는 것이 중국 당의 솜씨이고 고르지 않게 드문드문 시문되어 있는 것은 통일신라와 일본의 솜씨로 크게 나누었다. 그리고 이를 감각과 기술의 차이로 보았다. 석가탑 사리기에서 출토된 은제합에 시문된 어자문을 살

도 33. 어자문, 은제합, 높이 11.5cm, 석가탑, 통일신라, 통일신라 751년경

펴보면 뒤가 아물리지 않는 것도 보이고 전체적으로 치밀하지 못한 구성이다(도 33).

---

59) 이송란, 2009. 8,「미륵사지 금동사리외호의 제작기법과 문양 분석」『신라사학』16, 신라사학회, 300~308쪽.

60) 中野政樹, 1983. 12,「日本の魚子文-受容と展開」『Museum』393, 東京國立博物館, 14~16쪽; 東野治之, 1988,「魚子打ちの技術」『正倉院』, 東京: 岩波書店, 74~78쪽; 이난영, 1991,「어자문기법」『진단학보』71·72, 진단학회, 187~209쪽; ____, 1992,『韓國古代金屬工藝硏究』, 一志社, 191~220쪽.

61) 임지윤, 2007,『高麗時代 魚子文工藝品 硏究』, 弘益大學校 大學院 美術史學科 석사학위논문, 1쪽.

62) 造金堂新解에 魚子文 타공인의 기록을 통해 전문공인의 존재를 알 수 있고 이들이 비교적 높은 임금을 받은 것으로 되어 있다. 이난영, 앞의 책, 196쪽.

이를 참고하여 토대자촌의 사리기에 시문된 어자문의 계통을 살펴보도록 한다. 토대자촌의 어자문은 전체적으로는 세로로 일정하게 줄을 맞추어 찍어 나갔으나 위치에 따라서는 가로 방향으로 줄을 맞추기도 했고 전체 배열이 아주 촘촘하지는 않다(도 34). 즉 통일신라의 것보다 치밀한 구성이지만 당의 하가촌에서 출토된 금동제함에서 볼 수 있듯이 빈간격이 없이 촘촘하게 밀집하여 있는 어자문과도 솜씨가 다른 것이 확인된다(도 35).[63]

도 34. 어자문, 흑룡강성 영안현 발해진 土臺子村. 흑룡강성박물관(國家文物國主編,「中國文物精華大辭典」上海: 上海辭書出版社, 1997, p. 331, pl. 197)

도 35. 어자문, 금동제함, 섬서성 하가촌, 당, 8세기, 섬서성박물관(國家文物國主編,「中國文物精華大辭典」上海: 上海辭書出版社, 1997, p. 105, pl. 122)

63) 何家村은 당시 귀족들의 주거지인 長安省 興化坊으로 두 개의 큰 항아리에서 270여 점의 금속기가 출토되었는데, 이 유물의 주인은 王府 李守禮의 집이며 유물의 연대는 이수례의 생존연대보다 앞서는 德宗代인 8세기 전반으로 비정되고 있다. 陝西省博物館·陝西省博物管理委員會, 1972. 1,「西安何家村發見唐代藏文物」「文物」, 文物出版社; 段鵬埼, 1980. 6,「陝西省何家村唐代金銀器小議」「考古」; 陝西歷史博物館·北京大學考古博物院, 2003,「花舞大唐春」, 北京: 文物出版社, 71쪽.

도 36. 어자문, 摩羯形金花提梁銀壺, 松山區城子香洞山村窖藏. 당(于建設, 『赤峰金銀器』呼和浩特: 遠方
出版社, 2006, p. 39)

도 37. 어자문, 은제파수부배, 소그드, 8세기(『シルクロ―ドの遺寶―古代‧中世の東西文化交流』東京國立博
物館‧大阪市立博物館‧日本經濟新聞社, 1985, p. 130)

발해 토대자촌 사리기의 어자문의 계통과 관련하여 주목되는 것은 송
산구성자향동산촌교장(松山區城子香洞山村窖藏)에서 발견된 마갈형
금화제량은호(摩羯形金花提梁銀壺)이다(도 36).[64] 주지하다시피 적봉
(赤峰) 북부에 위치한 송산구성자향동산촌교장(松山區城子香洞山村窖
藏)이나 내몽고오한기이가영자1호묘(內蒙古敖漢旗李家營子1號墓)에서

64) 于建設, 2006, 『赤峰金銀器』, 呼和浩特: 遠方出版社, 39쪽.

는 다량의 금은기
가 출토되었다(도
37).[65] 이들 금은기
의 계보를 분류하
여 보면 중원계통
의 것도 있지만 중
앙아시아 소그드와

도 38. 자물쇠, 섬서성 서안 하가촌, 당, 섬서성박물관(國家文物局主編,「中國文物精華大辭典」上海: 上海辭書出版社, 1997, p. 107, pl. 123)

돌궐 계통의 것도 혼재해 있는 것으로 알려진다. 역시 이곳의 금은기의 어자문도 중원계는 가로줄 혹은 세로줄이던지 일정한 배열을 가지고 촘촘하게 시문된 것을 발견할 수 있다. 반면 소그드나 돌궐계로 비정되는 것은 대개 세로줄로 방향을 잡으면서 약간 성긴 배치를 보이고 있다. 이는 중앙아시아에서 출토된 은제파수부배에서 볼 수 있는 어자문과 같은 양상으로 파악된다.[66] 이로 볼 때 토대자촌 사리기 어자문은 중원계통보다는 중앙아시아 소그드 계통이 유입된 것으로 볼 수 있다.

이제까지 토대자촌의 선조사천왕문은제함을 살펴본 결과 녹정형함의 기형은 섬서성 하가촌이나 범문사 후실지궁에서 출토된 금동제함과 비교하여 보았듯이 중국 전통 기형이라고 할 수 있다. 이러한 기형적인 계보는 토대자촌 사리함의 자물쇠의 형태를 통해서도 알 수 있다. 대나무 형태의 자물쇠는 하가촌의 금동함에 사용되었던 자물쇠의 형태와 비교되기 때문이다(도 35, 도 38). 사천왕상 도상의 큰 흐름에서 보자면 8세기 후반과 9세기 전반 사이에 중국에서 유행한 도상이지만, 사천왕들을 모시고 있는 양쪽에 서있는 시자나 반가나 좌상을 하는 사천왕들의 앉은 자세를 주목

65) 宿白, 1986,「中國境內發現的中亞與西亞遺物」『中國大百科全書』考古卷, 北京: 中國大百科全書出版社, 677쪽; 齊東方, 1994, 『唐大金銀器研究』, 北京; 中國社會科學出版社, 321~332쪽.

66) 東京國立博物館・大阪市立博物館・日本經濟新聞社, 1985, 『シルクロードの遺寶-古代・中世の東西文化交流』, 130쪽.

하여 한반도의 전통을 이어받은 일본에서 활동한 하성의 사천왕 본과 연결된 것으로 파악하였다. 또한 표면 장식 기법 면에서 볼 때 뚜껑의 연화문이나 뚜껑과 몸체 전면에 시문된 어자문의 경우 중앙아시아에서 그 계보를 찾을 수 있었다.

IV. 맺음말 – 발해 사리기의 미술사적 의의

이제까지 발해 상경성에서 출토된 토대자촌과 백묘자촌의 7중 사리함을 통해 발해 사리기의 성격과 특징을 살펴보았다. 이와 관련하여 먼저 사리기가 출토된 사지의 성격에 대해 고찰해 보았다. 이들 사리기들이 출토된 유지의 성격이 상경성 내에서 가장 큰 규모의 사찰이라는 것은 분명한 사실이다. 하지만 주변에 탑의 지궁이나 사리각의 존재가 고찰되지 않는 것은 사리구의 매납의 의미 뿐 아니라 탑의 존재의 유무 더 나아가 목탑, 전탑, 석탑 등 탑의 재질 문제 등이 해결되지 않는 미제의 과제로 남게 한다.

현재 중국 학자들은 백묘자촌과 토대자촌의 사리기가 출토된 지점을 동대사(東大寺)와 서대사(西大寺)로 비정하고 있다. 이는 상경성이 일본 평성경을 모델로 축조되었다고 전제한 데서 나온 의견이다. 하지만 고구려와 신라의 왕경에 대한 이해가 전제되지 않은 가운데 평성경을 모델로 상경성을 축조하였다고 보고 더 나아가 동대사와 서대사로 비정하는 관점은 유보하기로 한다.

다음으로는 발해 상경성 사리기의 기형적 특징에 대해서 살핀 바를 정리하기로 한다. 이들은 유리병을 제외하고는 모두 녹정형의 기형을 가지고 있으며 모두 7중으로 중첩되어 있는 것이 확인되었다. 녹정형의 뚜껑을 가진 함의 구조로 중첩되어 있는 사리기의 구조는 중국 법문사 8중 사리기와 비교할 수 있다. 하지만 발해 사리기에서는 중국 9세기의 사리기와 긴밀히 연관되면서도 발해만의 독특한 특징들이 다수 관찰되었다. 이를 정리하면 다음과 같다.

먼저 가장 바깥쪽의 사리함으로 석함을 쓰는 것과 사리를 담은 용기로 유리병을 쓰는 전통에 대해서이다. 이는 수대의 인수사리기부터 일정하게 내려오는 전통으로 파악된다. 한국의 7세기 사찰인 미륵사와 분황사의 사리기에서도 공통적으로 보이는 양상이다. 이는 발해 사리기가 일정하게 동아시아 사리구의 흐름을 따르고 있으면서도 다소 고식의 전통을 고수하는 특징으로 파악된다.

다음으로 다른 곳에서는 사리기로 쓰이지 않는 철제함이나 평탈칠기가 사리기로 애호되는 양상을 들 수 있다. 이는 이들 사리기가 발해 상경성에서 제작된 것임을 의미함과 동시에 발해의 발전된 공예 수준을 반영하는 것으로 파악된다. 특히 비교적 보전 상태가 좋은 토대자촌 평탈 칠함의 경우, 직물의 도안을 상기시키듯이 문양이 연속적으로 장식되었는데 통일신라와 당에서는 금속판을 쓰는 반면 금속선을 이용하여 유려하게 장식된 것이 확인되었다.

이와 같이 금속선을 주문양의 일부로 적극 끌어들여 문양화한 것은 그간 고려 나전칠기의 특징으로 파악된 것인데 발해에서 먼저 확인되는 것이 흥미롭다. 이는 8세기말 9세기초의 발해 공예가 국제적인 수준이었던 점을 반영하는 것으로 이해된다.

다음으로는 발해 금공 기법에서 중원계가 아닌 북방계나 중앙아시아계의 기술이 발견되는 점이 주목된다. 토대자촌 금동사리기 배경 전면에 시문되어 있는 어자문의 계통을 정리한 결과 적봉(赤峰) 북부에 위치한 송산구성자향동산촌교장(松山區城子香洞山村窖藏)에서 발견된 마갈형금화제량은호(摩羯形金花提梁銀壺)의 어자문과 연결된 것이 확인되었다. 이 호의 어자문은 대개 세로줄로 방향을 잡으면서 약간 성긴 배치를 보이는 소그드나 돌궐계로 이해되고 있다. 이는 발해와 중앙아시아와의 긴밀한 관계를 의미하는데 토대자촌의 사리기 안에 넣어져 있었던 라파스 라줄리와 진주 등의 희귀 보석의 수용 과정과도 연결되는 것으로 생각된다.

마지막으로 토대자촌의 은제사리함을 통하여 제작 연대를 고찰하여 보았다. 이 사리함에 표현된 사천왕들을 모시고 양쪽에 서있는 시자나 반가나 좌상을 하는 사천왕들의 앉은 자세를 주목하여 한반도의 전통을 이어받은 일본에서 활동한 하성이 그린 사천왕의 도상과 연결된 것으로 파악하였다. 이 결과 토대자촌 사리기의 연대를 9세기 중반 정도로 이해하였다.

주지하다시피 한반도에서 9세기의 공예품은 많지 않아서 9세기에 대한 연구가 많지 않다. 발해의 사리기를 비롯하여 공예품들을 면밀히 고찰한다면 발해 뿐 아니라 통일신라 하대의 공예에 대한 지평도 넓혀갈 수 있을 것이다.

발해기와의 종류와 특징

李雨燮 **모스크바 국립대학교 고고학과**

I. 머리말

발해는 698년에 건국되어 약 228년간 북한과 중국 동북지방, 러시아 연해주지역에 이르는 광범위한 영토를 점유하고 있었다. 발해의 강역은 오늘날의 북한과 러시아 연해주의 대부분, 중국의 만주지역을 차지하고 있었지만, 문헌자료의 빈곤과 정치사회적인 제약으로 인해 발해에 대한 고고학적 연구는 쉽지 않다. 더욱이 남북이 분단되어있고 중국과 일본에 많은 양의 기와가 흩어져 있는 상황에서 직접 유물을 관찰하고 분석하는 작업은 현실적으로 매우 어렵다.

그럼에도 불구하고 발해에 대한 고고학적 연구와 자료는 꾸준히 늘어나고 있다. 러시아 개방 이후 한·러 공동 발굴조사를 통해 실물자료를 직접 연구할 수 있는 조건이 조성되었고, 과거 러시아 학자들이 조사했던 연해주 발해유적들에 대한 1차 자료들도 확보할 수 있게 되었다.

지금까지 발해기와에 대한 연구는 과거 일본[1], 중국[2], 북한[3], 러시아[4] 학자들에 의해 이루어졌다. 하지만, 한정된 단위유적만을 대상으로 한 단편적인 모습만이 부각되었고 총체적인 큰 틀에서의 연구는 아직까지 이루어진 바가 없다. 아울러 발해기와에 대한 연구는 고구려기와 연구와 동일하게 백제나 신라기와 연구를 위한 보조적인 수단으로 이용되는 경우가 대부분이었고 심층적인 연구는 이루어지지 않았다. 엄밀하게 말하면, 발해기와에 대한 연구 성과의 부진은 정치사회적 상황과 자료 접근의 한계에 기인한 것이며, 실질적인 출토 수량과 보고내용만을 고려하면 오히려 고구려 기와류를 능가하는 수량과 다양한 종류를 보여주고 있다.

본고에서는 러시아 연해주지역에서 실견한 유물들과 지금까지의 연구

1) 三上次男, 1947, 「渤海の瓦」 『座石寶』 10 · 11 · 12호, 座石寶刊行會; 田村晃一, 2001, 「渤海の瓦當文樣に關する若干の考察」 『靑山史學』 19號, 靑山學院大學史學研究室; 中村亞希子, 2006, 「渤海上京龍泉府址出土軒丸瓦の編年」 『東京大學考古學研究室研究紀要 2』; 淸水信行, 2009, 「渤海上京龍泉府跡出土の瓦再考」 『扶桑田村皇一先生喜壽記念論文集』, 靑山古考學會.

2) 劉濱祥 · 敦仁, 1995, 「渤海瓦當的分類與分期研究」 『北方文物』 3; 趙越, 2008, 「渤海瓦當類型學的考察及分期」 『北方文物』 3; 宋玉彬, 2010, 「曲背頭筒瓦研究」 『慶祝宿白先生九十華誕文集』; 宋玉彬 · 劉玉成, 2011, 「渤海上京瓦當的類型學考察」 『東北史地-5』.

3) 류병흥, 1992, 「발해유적에서 드러난 기와막새 무늬에 대한 고찰」 『조선고고연구』 1992-4, 사회과학출판사.

4) 볼딘 V.I., 이블리에프 A.L., 1984, 「발해의 기와 생산(크라스키노 성터 유물을 중심으로)」 『극동과 남시베리아의 고고학』, 노보시비리스크, 나우카, 142~151쪽; 볼딘 V.I., 1993, 「크라스키노 성의 불교 사원」 『극동과 그 주변 영역의 역사 민족문화의 문제점들』, 블라고베셴스크, 49~59쪽; 콜주노프 I.V., 1995, 「아브리코스 사원 지붕의 복원」 『북태평양의 고고학』 № 2., 러시아 과학원 역사학고고학민족학 연구소, 108~113쪽; 샤프쿠노프 E.V., 1996, 「발해 지붕 기와의 문양과 형식분류」 『북태평양의 고고학』, 블라디보스톡 : 러시아 과학원 극동지부 역사학고고학민족학연구소, 127~144쪽; 아르테미에바 N.G., 1998, 「연해주의 발해시기 종교 건축물」 『러시아의 고고학』 № 4, 174~191쪽; 겔만 E.I, 2003, 「발해의 기와 생산 발전과 특징들」 『극동과 그 주변 영역의 사회문화 인류학과 고고학』, 블라고베셴스크, BGPY 출판사, 318~324쪽; 아스타셴코바 E.V., 볼딘 V.I., 2004, 「크라스키노 성터 출토 막새기와 문양」 『러시아와 태평양지역』 № 1, 블라디보스톡, 122~129쪽.

성과를 바탕으로 발해기와의 전반적인 특징에 대해 살펴보고자 한다. 발해기와는 건축구조물의 사용처에 따라 크게 평기와, 와당, 마루기와, 마루장식기와 등으로 구분되며, 용도에 따라 기단용, 배수로용 무덤용으로 나뉜다. 또한, 기술적인 측면까지 고려하면, 녹유기와와 문자기와로도 세분할 수 있다.

지금까지 발해 평기와와 와당에 대한 제작기법은 실물자료를 접할 수 없는 한계로 인해 논의가 미흡했던 것이 사실이다. 본고에서는 실견이 가능했던 러시아 연해주지역 박물관 소장품들을 통해 단편적인 맥락에서나마 그 특징들을 조금이라도 고찰하고자 하였다.

이러한 연구 성과의 집성은 발해문화 복원의 결정적인 단서를 제공할 수 있을 뿐만 아니라, 향후 남북한, 일본, 중국과 러시아에 이르기까지 동북아지역 학술교류의 방향을 설정하는데 직접적인 도움이 되리라 사료된다.

II. 발해기와 출토 유적, 유물의 조사현황과 분석

지금까지 발해기와가 출토된 유적들에 대해서는 중국의 조사보고서, 한·러 연해주 발굴조사 보고서, 북한에서 산발적으로 출판된 보고자료에 의존한 경우가 일반적이었다.

발해기와가 보고된 자료들은 크게 3가지로 구분해 볼 수 있는데 다음과 같다. ①정식 보고서가 간행되어 명목적인 속성과 계측적인 속성들을 모두 파악할 수 있는 자료 ②간보 형식으로 보고가 되었고 도면도 제시되었으나 명목적인 속성만을 파악할 수 있는 자료 ③간보형식으로 보고되었지만 간략한 기술만 되어 있어, 세부적인 속성을 파악하기 힘든 자료이다.

이러한 보고서 중 정식 출판된 경우에는 도면을 비롯하여 세부적인 내용들을 확인할 수 있지만, 중국의 자료는 문물지(文物志)에서 확인되는 간헐적인 내용이 전부였다. 최근 들어 중국 동북지역 자료들에 대한 번역 작업과 중국 문물지의 재해석을 통해 발해기와에 대해 미력하나마 어느정도 파악할 수 있게 되었다.

　　본고에서는 최근의 연구성과들을 바탕으로 하여 간략하게나마 보고된 자료들을 토대로 각 지역권의 개별유적에서 발해기와의 출토양상과 내용들을 분류해 볼 수 있었다. 발해기와가 출토된 유적들은 도성지역을 중심으로 구국, 상경, 중경, 동경, 남경, 서경지역으로 구분이 가능하며, 연해주

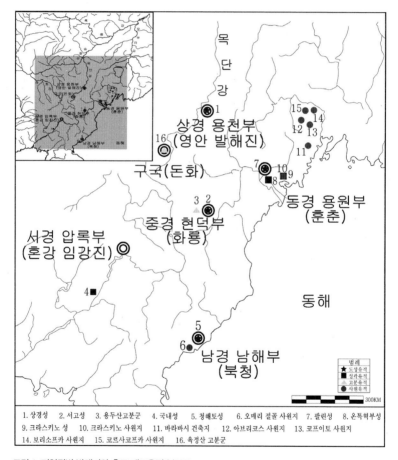

1. 상경성　2. 서고성　3. 용두산고분군　4. 국내성　5. 청해토성　6. 오매리 절골 사원지　7. 팔련성　8. 온특혁부성
9. 크라스키노 성　10. 크라스키노 사원지　11. 바라바시 건축지　12. 아브리코스 사원지　13. 코프이토 사원지
14. 보리소프카 사원지　15. 코르사코프카 사원지　16. 육정산 고분군

도면 1. 지역권별 발해기와 출토 대표유적 분포도

의 솔빈부와 그 외 지역으로 나뉜다. 전체유적의 1/10에 이르는 출토품만을 실질적인 자료로 접할 수 있어 백제나 신라기와 연구에 비해 심층적인 연구는 상대적으로 쉽지 않다. 하지만,

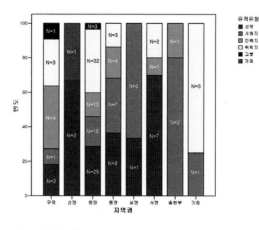

도면 2. 발해기와 출토 유적 유형별 지역분포 현황도

이러한 보고 자료들이 점차적으로 증가하고 있다는 점은 고무적이라고 할 수 있으며, 이를 통해 발해기와의 종류와 특징에 대해 살펴 볼 수 있다고 본다. 따라서 발해기와가 보고되었거나 출토된 유적들을 대상으로 하여 지역구분을 설정하고 각 유적에 대해 검토하고자 한다.

1. 구국

구국은 발해 건국세력이 첫 건국지로 삼은 곳으로 그 위치는 길림성 돈화지역 성자산산성으로 여겨지는 동모산 일대로 비정되고 있다. 이 지역이 발해의 첫 도읍지였다는 사실은 육정산고분군의 발굴로 더욱 확실해졌다. 또한 동모산은 이른바 발해가 구국에 도성을 쌓기 전에 건국한 터로서 군사적인 목적뿐만 아니라 행정의 중심지로서의 역할을 상당 기간 동안 수행했던 것으로 간주된다.

구국지역에서 발해기와가 출토된 유적들은 오동성과 육정산 고분군을 포함하여 남태자고성, 묘둔사찰지, 강동 24개돌 유적[5] 등 11개의 유적으로

---

5) 吉林省文物編纂委員會, 1985, 『敦化市文物志』, 21~33쪽.

확인된다. 구국지역에서 기와가 확인된 유적들은 대부분 취락지이나, 그 수량에 있어서는 용두산 고분군에서 가장 많이 출토되었다. 상경성이나 서고성, 팔련성과 같은 도성지역에서 나타나고 있는 녹유기와들은 아직까지 보고된 바 없으며, 평기와나 와당들이 주류를 이룬다. 용두산 고분군과 관련된 내용은 최근『六頂山與渤海墓葬 2004~2009年淸理發掘報告』보고서가 간행되면서 그 세부적인 내용이 조금 더 확실하게 알려지게 되었는데 일반적인 평기와 이외에도 용마루에 사용되었을 것으로 추정되는 적새나 착고기와류 등도 출토된 것으로 파악되고 있다.

평기와 중에서는 모골와통으로 제작한 흔적들이 뚜렷하게 보이는 예들도 보인다. 그리고 와당의 문양들에서도 고구려 평양 후기에 주로 나타나는 것들이 보이고 있어 발해 수막새의 시원적인 형태로 보고 있는 견해도 있다.

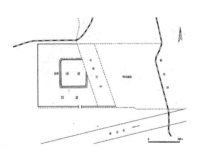

도면 3. 오동성 평면도
(서울대학교 출판부 2002: 19)

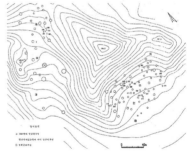

도면 4. 육정산 발해 무덤군 분포도
(조선유적유물도감편찬위원회: 1991)

2. 상경지역

상경용천부는 숙신의 고지(古址)로 오늘날의 흑룡강성 영안시 발해진 일대에 해당된다. 756년 문왕 대흠무가 현주에서 이곳으로 천도하였고 잠시 동경용원부로 천도한 것을 제외하면 줄곧 상경용천부가 발해의 수도로

써 그 역할을 담당하였다. 용주(龍州), 호주(湖州), 발주(渤州)를 관할하였고 이 중 용주는 부(部)와 치소가 같았다. 주위 수백리 되는 평탄한 분지의 한복판에 도성 유적이 자리잡고 있으며, 주변에 경박호에서 흘러나오는 목단강이 감돌아 흐른다.[6]

상경성에서 출토된 기와류는 다른 어느 유적과 비교할 수 없을 정도로 그 수량이나 종류가 압도적으로 많고 다양하다. 평기와들은 주로 무문이며 회갈색을 띠고 있는 환원 소성의 기와들이 많다. 대다수의 수키와는 모두 단을 지고 있는 미구기와들로 구성되어 있는데 4호 궁전지 주변에서는 토수기와들로 이루어진 배수시설이 확인되었다. 평기와 중에는 문자가 압인된 문자기와들이 다수 확인되고 있는데, 이러한 기와들은 서고성, 팔련성, 하남둔고성 등에서도 출토된다. 문자가 압인된 것들은 암키와에서 가장 많이 보이고 있으나, 수키와나 수막새 기와에 압인된 경우도 종종 확인된다.

와당의 문양들은 심엽형 연화문이 압도적인 수량을 차지하고 있으며, 자방부의 구성이나 간식문의 형태들도 다양하게 나타난다. 간식문의 형태나 자방부의 구성은 1차 천도 과정에서 제작된 와당과 2차 천도나 개보수 과정에서 제작된 기와들의 선후관계를 파악하는 중요한 속성 중 하나로 이것이 시간적인 측면을 반영하고 있다고 보는 연구들도 있다.

이외에도 용마루 축조를 위해 제작된 착고기와, 적새기와, 곱새기와, 치미 등이 나타난다. 특히, 치미는 상경성 궁전지 외에 상경성 1, 9호 사원지에서도 출토되었으며, 녹색 유약을 바른 것들이 많다. 용두는 다른 유적에서 흔히 찾아볼 수 없는 것들인데 녹색 유약을 바른 것들도 있고, 홍갈색의 유약을 바른 예들도 존재한다.

한편, 상경성과 가까운 거리에 위치한 행산향 양가문 가마터에서 발해 기와에 대한 내용들이 보고된 바 있는데 가마의 구조와 출토 벽돌들을 통

6) 한규철, 2007, 「발해 5경의 성격과 기능」, 『발해의 강역과 영역변천』, 동북아역사재단.

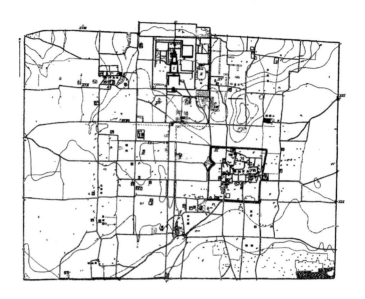

도면 5. 상경용천부 평면도(東亞考古學會 1939: 附圖 2)

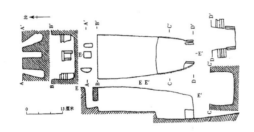

도면 6. 행산향 가마터 평단면도(魏存成 2008: 123)

해 볼 때 이 유적은 발해 중기 혹은 만기에 축조된 것으로 파악되고 있다.[7] 정식 보고서가 간행되지 않아 그 세부적인 내용을 파악하기에는 한계가 있지만 상경지역의 발해기와 제작 양상에 대해 파악할 수 있는 중요한 유적이다. 이곳에서 출토된 와당은 모두 심엽형이며 돌기+권선 혹은 돌기+권선+주문의 자방부 구성을 보인다. 간식문의 형태는 모두 십자형을 띠며 6판 연화문 와당만이 나타난다.

이 외에 남성자 고성에서도 발해 와당이 보고된 바 있는데, 심엽형 연

---

7) 黑龍江省文物考古硏究所, 1986, 「渤海瓦窯址發掘報告」『北方文物』2.

화문 와당에 방추형의 간식문 형태를 보인다. 성벽의 대부분은 흙을 다져 쌓았고 구간에 따라 흙과 돌을 섞어쌓았다. 현재는 가옥조성으로 인해 대다수의 성벽들이 훼손된 상태이다.

상경지역은 발해의 수도 중 가장 오랜기간 유지된 도읍이었음에도 불구하고 궁성을 제외한 나머지 유적들에 대한 조사가 이루어지지 않아 그 실체를 파악하는 일은 쉽지 않다.

3. 중경지역

중경지역은 상경의 남쪽에 위치하고 있으며, 천보년간(天寶年間)에 사용된 왕도였다. 그 치소는 국내외 학자들에 의해서 지금의 길림성 화룡시 팔가자진 서고성으로 비정되고 있다. 아래에는 노주(盧州), 현주(顯州), 철주(鐵州), 탕주(湯州), 영주(榮州), 흥주(興州) 등 6개의 주가 있었고 현주가 치소였다. 주위에는 두도평원이 위치하며 해란강과 부르하통하가 흐르고 하남둔고성, 해란고성 등의 유적들이 자리잡고 있다.

중경으로의 천도는 이르면 742년에 이루어진 것으로 보고 있는데,[8] 천도에 대한 구체적인 이유는 첫째, 통치를 공고히 하기 위함, 둘째 고구려지역과 그 유민들의 통치 강화를 위해, 셋째 문치 정책을 실시하면서 자연지리적인 농업조건의 적합성 등 다양한 견해가 피력되었다.[9]

중경지역은 현재의 길림성 일대에 대다수의 영역을 차지하고 있던 것으로 파악되며, 다른 지역들에 비해 조사 보고된 유적수가 압도적으로 많다. 가장 많은 수를 차지하고 있는 유적은 취락지이지만, 기와 출토 수량을 따지고 보면 성곽이나 사원지에서 출토된 것들이 더 많고 다양하다. 가장 많은 수량의 기와가 출토된 유적은 서고성인데 궁전지를 중심으로 평

---

8) 한규철, 2007, 『발해 5경과 영역변천』, 동북아역사재단.
9) 방학봉, 1992, 「발해는 무엇 때문에 네 차례나 수도를 옮겼는가」 『白山學報』 39집, 백산학회.

기와, 문자기와, 녹유기와, 와당, 마루기와 등 다양한 형태의 기와들이 출토되었다. 평기와 중 수키와는 토수기와와 미구기와 모두 확인되나 그 비율에 있어서는 미구기와가 압도적으로 많다.

수막새의 경우 연화문을 비롯하여 보상화문, 전지문 등의 문양들이 확인되었다. 연화문 와당 중에서는 심엽형이 가장 많은 수를 차지하는데, 상경성에서는 확인되지 않는 복판 연화문 와당도 출토된다. 자방부의 구성은 돌기+주문 혹은 돌기로만 이루어진 것들이 많고, 연판의 개수는 6개인 것들이 압도적인 수를 차지한다. 문자기와들은 암키와 외면에 압인되어 있는 것들이 대다수이지만, 수키와의 미구 부분에 압인되어 있는 것들도 종종 나타난다. 전반적으로 팔련성 출토품과 유사한 것으로 보고 있으며, 이를 통해 동일한 기와 제작소에서 제작하였을 것으로 추정하기도 한다.[10]

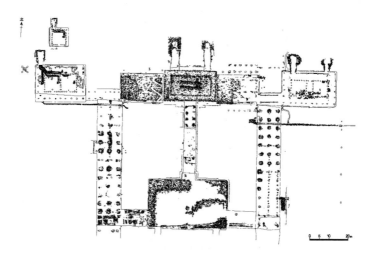

도면 7. 서고성 평면도(吉林省文物考古硏究所 外 2007: 324)

10) 이종수, 2009, 「발해 서고성 발굴현황과 그 의의」 『고구려발해연구』 34집, 고구려발해학회.

서고성 주변 반경 10km 내외에 하남둔고성과 잠두성 용해사찰지, 동
남구 사찰지, 군민교 사찰지 등의 유적들이 분포되어 있는데 모두 발해기
와들이 출토된 것으로 보고되었다.[11] 하남둔고성은 해란강과 인접해 있고
남쪽에는 넓게 펼쳐진 두도평원이 자리잡고 있다. 고성 내부에서 출토된
유물 중에는 지두문(指頭文) 암키와와 문자기와가 확인되는데, 이 중 문
자기와는 발해 도성 이외의 몇몇 사찰유적들을 제외하고는 매우 드물게
출토되는 유물이다.

서고성 주변의 고성 유
적 외에도 사찰유적지에서
도 과거 조사를 통해 발해
시대로 편년되는 기와들이
보고된 바가 있다. 동남구
사지는 하남둔고성에서 약
1km 떨어진 곳에 위치하
고 있는데 산중턱에 인공
적으로 편평하게 만든 대

도면 8. 동남구사지 출토 발해기와류(吉林省文物編纂委員
會 1984b: 70)

지 위에 자리잡고 있다. 주변에는 벽돌, 기와 등의 유물들이 산재하고 있
으며, 지두문 암키와, 처마기와, 미구기와, 수키와, 연꽃무늬 막새기와, 암
막새기와 등의 유물들이 출토되었다. 암막새의 문양들은 요금시대까지 이
어지지만, 지두문 암키와와 연화문 와당은 전형적인 발해 유물들로 파악
된다.[12]

---

11) 吉林省文物編纂委員會, 1984,『和龍縣文物志』, 14~70쪽.
12) 김진광, 2012,『북국발해탐험』, 박문사.

4. 동경지역

동경용원부는 문왕 대흥 48년인 785년경 상경에서 동경으로 천도한 후 다시 성왕 대흥 57년인 794년경에 마지막으로 상경으로 옮길 때까지 9년 정도 수도였던 곳이다. 그 소재지에 대해서는 지금의 길림성 훈춘시의 팔련성이 가장 유력하다. 아래 치소로는 경주(慶州), 염주(鹽州), 목주(穆州), 하주(賀州) 등 4개주가 있었다. 팔련성은 훈춘하 충적평야 지대의 서쪽 끝 지점으로 훈춘시에서 서쪽으로 약 7.5km 떨어진 삼가자향에 위치하며 성터 남쪽 약 3.5km 지점에 두만강이 흐르며 주위에 온특혁부성, 살기성, 신생사찰지, 대황구사찰지, 오일사찰지, 양목림사찰지, 마적달사찰지 등이 위치한다.

팔련성은 평면상 정방형에 가깝고 서쪽으로 약간 치우쳐져 있다. 팔련성에서 출토된 유물은 불상과 철촉을 포함해 비교적 다양하다. 또한 와당, 수키와, 암키와, 꽃무늬 벽돌, 녹유기와, 문자기와 등이 나타나며 궁전지에서는 녹유기와가 출토되었다. 암키와는 크기가 매우 크고 양쪽 너비가 일정하지 않으며 가장자리에는 지두문이 확인된다. 또한, 대다수의 암키와에는 문자가 압인되어 있는데, 이것은 서고성 출토품에서 보이는 특징이기도 하다. 와당의 문양은 연화문이 다수를 차지하는데, 자방부가 돌출된 인동문 와당과 연화가 두겹인 복판연화문 와당이 대표적이다.

팔련성 주변 사찰지에서도 평기와류와 와당류가 출토되는데, 신생사찰지와 양목림사찰지에서는 상경성이나 서고성, 팔련성 궁전지에서 보이는 녹유기와들이 출토되기도 하였다. 오일사찰지에서는 부분적으로 압인된 문자기와가 출토되었다.

한편, 동남쪽으로 약 40km 떨어진 곳에는 크라스키노 성이 위치하고 있는데 현재의 러시아 연해주에 소재한다. 크라스키노 성 내에서 가마터와 사원지[13]가 발굴 조사되었는데 평기와류가 대다수를 차지한다. 연화

---

13) 고구려연구재단, 2004a, 『러시아 연해주 크라스키노 발해 사원지 발굴 보고서』.

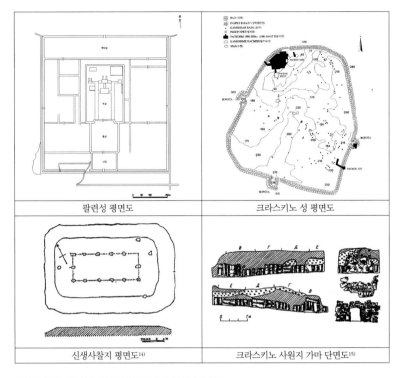

팔련성 평면도	크라스키노 성 평면도
신생사찰지 평면도[14]	크라스키노 사원지 가마 단면도[15]

도면 9. 동경지역 일대 발해기와 출토 유적 평단면도 각종

문 와당 역시 분층별로 문양을 달리하여 출토되는데 사원지에서 출토된 심엽형 연화문 와당은 제 3분층에서만 확인되었다. 연판의 개수는 모두 5 판이고 돌기+연자+권선의 자방부 구성을 보인다. 심엽형 연화문 와당의 간식문 형태는 방추형을 띠고 있는데 이것은 상경성, 서고성, 팔련성에서 도 보이는 전형적인 형태이다. 수키와는 토수기와, 미구기와 모두가 확인 된다.

---

14) 吉林省文物編纂委員會, 1984, 『琿春縣文物志』, 73쪽.
15) 볼딘 V.I., 이블리에프 A.L., 1984, 「발해의 기와 생산(크라스키노 성터 유물을 중심으로)」『극동과 남시베리아의 고고학』, 노보시비리스크, 나우카, 145쪽.

5. 서경지역

서경 지역에 대한 기록은『新唐書』渤海傳에 등장한다. 이에 따르면 고구려의 옛 지역을 서경으로 하고 압록부라 하였으며 神, 桓, 豊, 正 등 4개 주를 관할하였다고 기록되어 있다.[16] 서경지역은 발해의 강역 가운데 가장 서쪽지역에 위치하고 있으며 군사도성의 역할도 하였던 것으로 파악된다. 서경의 구체적인 위치에 대한 학계의 구체적인 정설은 아직 없는 상황이지만, 크게 임강설과 집안설로 나뉜다. 1976년 임강진의 기초공사 도중 발견된 석사자상은 정혜공주묘에서 발굴된 것과 유사하다는 점에서 임강의 서경설을 뒷받침하고 있다. 또한, 1984년에는 발해시대로 편년되는 니질토기와 수키와 승문타날 암키와편이 지표수습 되기도 하였다.[17]

서경지역에서 출토된 기와들은 주로 성곽에서 확인되고 있는데, 신방자유지나 유고유지 같은 건축지와 취락지에서도 나타난다. 신안고성에서는 암키와, 미구기와, 연화문 와당이 출토되었다.[18] 연화문 와당은 4판 연화문에 돌기+권선으로 이루어진 자방부 구성을 보이며 십자형의 간식문이 배치되어 있다. 장백고성과 신방자유지에서도 발해시기 기와들이 확인되고 있는데 외면은 승문으로 타날되었으며 내면에는 포목흔이 나타난다. 암키와 끝에는 지두압흔이 나타나며 인화문 암막새 편도 출토되었다.[19] 서경지역은 다른 지역에 비해 아직까지 밝혀지지 않은 부분이 많은 지역이다. 한편, 국내성에서도 동시장지점 3층과 문구장지점에서도 발해시기의 심엽형 연화문 와당이 출토되었다.[20]

---

16) 방학봉, 2012,『발해의 강역과 지리』, 정토출판, 134~135쪽.
17) 한규철, 2007,「발해 5경의 성격과 기능」『발해의 강역과 영역변천』, 동북아역사재단, 66~69쪽.
18) 吉林省文物編纂委員會, 1987,『撫松縣文物志』, 40~48쪽.
19) 吉林省文物編纂委員會, 1986,『長白朝鮮族自治縣 文物志』, 48~55쪽.
20) 吉林省文物考古研究所, 2004,『國內城 2000~2003年 集安國內城與民主遺址試掘報告』文物出版社, 153쪽.

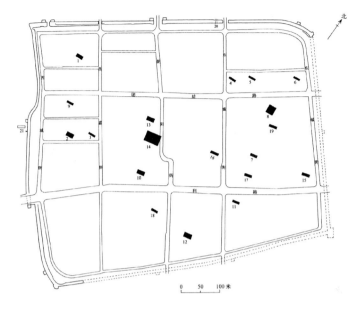

도면 10. 국내성 평면도(吉林省文物考古研究所 2004: 10)

6. 남경지역

남경남해부는 옥저고지(沃沮故地)에 세워졌다고 하는데 실제로는 남 옥저의 땅으로 가장 남쪽에 있는 경부(京府)이다. 치소는 함경남도 북청 군에서 동남쪽으로 18m 떨어져 있는 남대천 좌안의 청해토성으로 이 지역은 역사적으로 남옥저 지역의 정치적 중심지이면서 교통의 요지이다. 아래에 옥주(沃州), 정주(晴州), 숙주(椒州) 등 3개의 주가 있으며 옥주가 치소로 비정된다.

남경지역에서 발해기와가 출토된 유적으로는 청해토성과 오매리절골, 개심사지가 있다. 청해토성은 신창토성, 하호토성이라고 불리는데 평면상 방형에 속한다. 서쪽 성벽의 중간에서는 성문터가 1개소 확인되었으며 동 남모서리에는 문확돌이 남아 있다. 성안의 북쪽부분에서 건물터와 구들

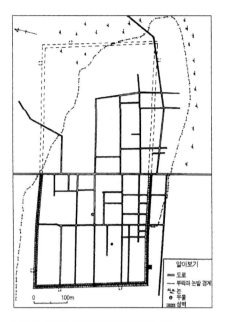

시설이 발굴되었는데 이곳에
서 평기와, 수막새, 암막새 등
이 출토되었다. 또한, 용마루
를 축조하는데 쓰인 착고기와
가 출토되었다. 수키와 종류로
는 미구기와가 나타나며 암키
와 끝단에서는 지두압흔이 확
인된다. 연화문 와당은 일반
적으로 심엽형이며 연판은 세
장하다. 간식문은 십자형이며,
아무것도 새겨지지 않은 무간
식(無間飾) 형태도 있다. 간식
문이 없는 형태는 다른 지역에
서는 확인되지 않는 독자적인

도면 11. 청해토성 평면도(김종혁 2002: 20)

형태로 추정된다. 자방부의 구성은 돌기와 권선으로만 이루어져 있다.[21]

오매리 절골 사원지는 함경남도 신포시에서 13km 떨어진 금호지구
오매리에 위치하고 있다. 남쪽은 오매리벌로 동해안과 인접하는데, 동쪽
과 서쪽 그리고 북쪽은 압해산 청룡산으로 막혀있다. 오매리 절골 사원지
는 1980년대 후반부터 발굴되기 시작하여 건물지와 유물들이 대량 출토
되었으며 1991년에는 북한과 러시아가 공동 발굴조사를 진행하였다. 사원
지의 북쪽에서는 건물지의 기단이 드러났으며, 이 기단 위에는 초석들과
초석자리들이 곳곳에서 남아 있어 대형건물지가 확인된다. 또한, 다수의
기와들과 와당, 벽돌 등의 건축부재들이 출토되었다. 암키와의 내면에서
는 지두압흔이 확인되며 모골와통으로 제작한 흔적들이 잘 드러난다. 유

---

21) 김종혁, 2002, 『동해안일대의 발해유적에 대한 연구』, 사회과학원; 서울대학교 출판부,
    2002, 『발해의 유적과 유물』, 160~167쪽.

적은 여러 문화층으로 이루어져 있는데, 가장 아래층은 고구려 문화층이며 그 위에는 2층 정도의 발해 문화층이 확인된다.[22] 함경북도 명천구 보촌리 개심대에 위치한 개심사지에서도 기와가 출토되었다고 보고되었는데 녹색유약으로 시유되어 있다.[23]

7. 솔빈부지역

솔빈부는 率濱故地에 세워졌고, 솔빈이란 지명이 솔빈강(현 수분하)으로 인하여 이름을 얻었기 때문에 그 지역이 현재의 수분하 유역임은 의심할 여지가 없다. 부의 치소는 오늘날의 흑룡강성 동령시 대성자고성으로 추정되며 아래의 화주(華州), 익주(益州), 건주(建州)의 3개주가 있으며 화주가 치소였다.

솔빈부 지역의 유적들은 현재 러시아 연해주 지역에 위치하고 있으며 4개소의 사원지와 1개소의 건축지에서 발해시기 기와가 출토되었다. 보리소프카 사원지는 1972년 처음 조사되었는데 사원지의 형태는 방형에 가깝고 건물지가 확인되었다. 수막새와 암막새를 비롯하여 치미, 벽돌, 토기편 등이 발견되었으며 소조상도 다수 출토되었다.[24] 와당의 문양은 연화문이며 연판 사이에는 주점형의 간식문이 나타난다. 자방부가 화판에서 차지하는 비율이 상당히 크고 연판의 폭이 긴 편이다. 연화문 와당의 크기는 도성지역에서 출토되는 것보다 작으나 두께는 오히려 두껍다.

코프이토 사원지는 1958년 샤프쿠노프 E.V에 의해서 처음 조사되기 시작하였는데, 1990년대에 들어와서는 3차례에 걸친 전면적인 발굴조사

22) 조선유적유물도감편찬위원회, 1991, 『조선유적유물도감』 8-발해, 조선유적유물도감편찬위원회; 김종혁 · 김지철, 1989, 「신포시 오매리 금산 건축지 발굴중간 보고」 『조선고고연구』 1989-2, 사회과학출판사.

23) 김종혁, 1990, 「청해토성 및 그 주변의 발해유적」 『조선고고연구』 1990-4, 사회과학출판사.

24) 고구려연구회, 1998, 『러시아 연해주 발해 절터』 학연문화사.

를 통해 암키와, 수키와, 착고기와를 포함하여 토기류, 철제 방울, 청동상 등이 발견되었다. 이곳에서 출토된 연화문 와당은 주연부와 화판 끝부분에 연주문이 둘러져 있다. 암키와 내면에는 거친 포목흔이 확인되며 그 외면 끝단에는 지두압흔이 보인다.[25]

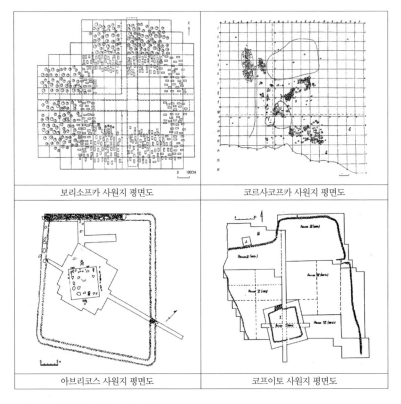

보리소프카 사원지 평면도	코르사코프카 사원지 평면도
아브리코스 사원지 평면도	코프이토 사원지 평면도

도면 12. 솔빈부 일대 사원지 평면도 각종

코르사코프카 사원지는 남쪽으로는 수분하의 지류인 크로우노프카 강과 인접해 있다. 사원지의 바닥면에서는 정방형의 6m 너비의 기단이 확인

25) 샤프쿠노프 E.V., 1994, 『1993년 우수리스크 지구 발굴조사 보고서』, 블라디보스톡, 러시아 과학원 고고학연구소 문서국.

되었고, 그 외곽을 따라 석렬이 방형으로 연장된다. 전체 건물지의 규모는 정면 3칸, 측면 3칸이다. 출토 유물로는 발해 연화 봉황문 수막새를 위시하여 암키와, 수키와, 곱새기와, 암막새기와, 치미, 착고기와 등이 발견된다. 특히, 암키와의 끝단에는 지두압흔이 확인된다. 봉황문 이외에도 고려시대에 나타나는 해무늬 수막새와 인화무늬 암막새가 출토된다. [26]

아브리코스 사원지는 크로우노프카 강의 좌안에 위치하고 있으며 언덕의 북쪽 경사면에 위치한다. 전체 면적은 350㎡이며, 금당은 정방향으로 남북방향에 맞추어 시설되었다. 사원지는 인공으로 쌓은 대지 위에 세워져 있다. 출토 유물로는 적새기와, 착고기와, 암키와, 수키와, 치미 등이 확인되는데, 착고기와는 코프이토 사원지 출토품과 유사하다. [27]

바라바시 건축지는 러시아 연해주 하산지구에 위치하고 있는데 2010~2011년의 발굴조사를 통해 '回' 자형 평면의 발해시기 건축지를 확인하였다. 크기는 장축 9m에 단축 8.5m이며, 정방형에 가깝다. 내부에서는 금당으로 추정되는 건물지가 확인되었다. 유물들은 주로 돌담 주변과 금당 주변에서 발견되었는데, 토기류, 기와류, 철기류 등이 대표적이다. 대다수의 기와는 적갈색 계통이며 부분적으로는 내면에서 포목흔이 정연하게 잘 나타난다. 색조는 대다수가 회색조를 띠나 종종 산화소성되어 적갈색을 띠는 경우도 있으며, 기와 끝단에서는 지두압흔이 나타난다. 남쪽 출입 시설 주변에서는 연화문 와당이 파편으로 출토되었다. 바라바시 건축지 하층에서는 초기철기시대 얀콥스키 문화층과 다른 문화층이 복합적으로 확인된다.[28]

---

26) 대륙연구소, 1994, 『러시아 연해주 발해유적』.

27) 볼딘 V.I., 1990, 『1989년 우수리스크지구 아브리코스 절터와 마을유적의 발굴 조사보고서』, 블라디보스톡, 러시아과학원 고고학연구소 문서국.

28) 클류에프 N.A., 2010, 『2010년 연해주 하산지구 바라바시-3 고고유적의 중세시대 기와지붕 석축구조물에 대한 발굴조사 보고서』, 블라디보스톡, 러시아과학원 역사학고고학민족학연구소.

8. 동북경내 기타지역

중국 동북지역의 기타지역에서 발해시대 기와가 출토된 유적의 수는 많지 않다. 조사 결과에 근거하면, 길림성 교하시의 칠도하자 사찰지와 길림시에 위치한 동단산 유지와 마자둔 유지가 유일하다.

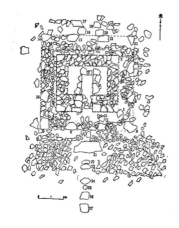

칠도하자 사찰지는 1985년에 처음 조사되었으며, 많은 건축부재들이 남아 있다. 그 가운데 막새기와 2점이 출토되었는데 하나는 연화문 막새기와이며, 다른 하나는 권초문 막새기와로 이미 절반 이상이 파손되어 결실되었다. 처마끝을 장식하던 암막새기와도 8점 수습되었는데 문양은 다양하다. 이외에도 다양한 종류의 와전류들이 출토되었는데 러시아 연해주역 사원지 출토품 혹은 중경지역 일

도면 13. 칠도하자 사찰지 평면도
(吉林市博物館 1993: 135)

대 건축지에서 출토된 것들과 유사하다.

동단산 유지와 마가둔 유지는 길림시 일대에 위치하고 있으며 고구려시대부터 발해시대까지의 유물들이 모두 확인된다. 이곳에서 출토된 암키와에는 지두압흔이 확인되며 내면에는 포목흔이 남아 있다. 수키와는 미구기와가 확인되며, 마가둔 유지에서는 연화문 와당이 수습된 바 있다.

Ⅲ. 渤海기와의 種類와 特徵

기와는 목조건물의 지붕에 이어 눈과 빗물의 침수를 막고 온·습도의 기후 변화를 견딜 수 있게 할 뿐만 아니라, 건물을 치장하고 위용을 돋보

이는 기능을 가진 건축부재이다. 발해기와는 건축구조물의 사용처에 따라 평기와, 와당, 마루기와, 문자기와로 구분되며 용도에 따라 특수기와로 분류된다. 평기와는 기왓등과 기왓골을 형성하여 눈과 빗물의 유입을 방지

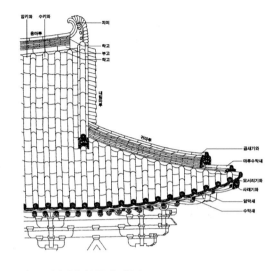

도면 14. 발해기와의 종류와 사용처

하는 가장 기본적이고 일반화된 기와이며, 암키와·수키와로 구분된다. 기와의 종류 가운데 가장 대표적인 기와는 와당류인데, 평기와의 한쪽 끝에 무늬를 새긴 드림새를 덧붙여 제작하여 처마 끝을 장식하는 역할을 한다. 와당류의 문양은 연화문과 인동문, 보상화문, 전지문 등으로 구분되는데, 이 중 연화문 와당의 수량이 압도적으로 많다. 연화문 와당은 단판연화문, 복판연화문, 심엽형 연화문으로 분류된다. 심엽형 연화문 와당은 연판의 형태, 간식문의 형태, 자방부의 구성에 따라 일련의 시간적인 흐름을 보이고 있어 유물의 상대적인 선후 관계를 파악할 수 있는 대표적인 고고학적 유물로 활용되고 있다.[29]

　　마루기와는 목조건물의 마루를 축조하는 기와로 적새, 부고, 착고기와,

29) 田村晃一, 2001, 「渤海の瓦當文樣に關する若干の考察」『靑山史學』19號, 靑山學院大學史學研究室.; 中村亞希子, 2006, 「渤海上京龍泉府址出土軒丸瓦の編年」『東京大學考古學硏究室硏究紀要』20; 趙越, 2008, 「渤海瓦當類型學的考察及分期」『北方文物』3; 김희찬, 2010b, 「발해 연화문 와당의 문양 변화와 시기적 변천」『白山學報』第87號, 白山學會; 이우섭, 2013, 「발해 연화문 와당 연구」, 고려대학교 석사학위논문.

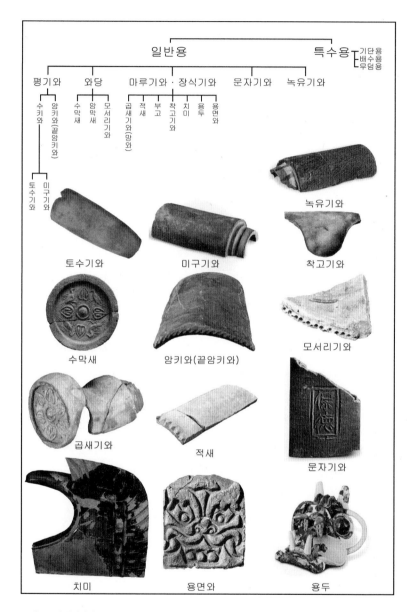

일반용   특수용 ┌기단용
                          ├배수용
                          └무덤용

평기와   와당   마루기와·장식기와   문자기와   녹유기와

수키와 / 암키와(끝암키와) / 수막새 / 암막새 / 모서리기와 / 곱새기와(망와) / 적새 / 부고 / 착고기와 / 치미 / 용두 / 용면와

토수기와 / 미구기와

토수기와   미구기와   녹유기와

착고기와

수막새   암키와(끝암키와)

모서리기와

곱새기와   적새

문자기와

치미   용면와   용두

도면 15. 발해기와의 종류

곱새기와, 용면와, 치미 등이 있다. 문자기와는 암·수키와 혹은 수막새에 문자나 기호를 새긴 기와이며, 특수기와는 특정한 장소에 사용되며 용도가 변용되어 다른 목적으로 사용되는 기와를 말한다. 한편, 발해기와의 기술적인 특징 중 하나는 녹색유약을 바른 녹유기와들이다. 이러한 녹유기와들은 평기와, 암막새, 수막새, 치미, 착고기와 등 거의 모든 종류에서 나타난다. 녹유기와는 1차 소성 이후 유약을 바른 후 2차 소성을 거쳐 생산되는 만큼 장식성과 장엄성이 강조되는 건축물에 이용되었을 것으로 보인다.

1. 평기와[30]

평기와는 수키와와 암키와로 구분되며, 기와 중에서 가장 많은 수량을 차지한다. 발해기와 가운데 평기와는 가장 많은 수량을 차지하고 있으며, 전 지역에 걸쳐 고르게 출토된다.

1) 수키와[31]

수키와는 기왓등을 형성하는 기와로 지붕바닥에 이어진 암키와의 틈을 메우는 기능을 한다. 암키와와 더불어 많은 수량이 제작되었다. 원통형 와통에서 성형된 뒤 반으로 나뉘기 때문에 반원통형의 외관을 보인다. 수키와는 미구와 언강이라는 턱으로 연결되는 미구기와[32]와 위쪽과 아래쪽의 지름을 다르게 만들어 연결하는 토수기와[33]로 나뉜다. 미구 앞에는 빗

---

30) 평기와는 상와(常瓦)라고도 하며 가장 기본이 되는 기와이다. 학자들에 따라 기본기와라고 부르기도 하는데 같은 의미로 해석된다.

31) 암키와와 수키와의 명칭은 음양의 상대적인 역할의 차이에서 비롯되는데 예로부터는 수키와를 남와(男瓦), 웅와(雄瓦), 부와(父瓦) 등으로 불리었다.

32) 미구기와를 유단식기와 토수기와를 무단식기와로 부르기도 한다.

33) 토수기와란 미구를 만들지 않고 한쪽 끝은 넓게 하고 다른 끝은 좁게하여 넓은 쪽과 좁은 쪽을 엇물리게 처리한 기와이다. 삼국시대경에 일시적으로 사용되었던 것으로 보이며, 수키와의 구실보다 배수관으로 쓰이는 것이 보편적이다(문명대 1988:

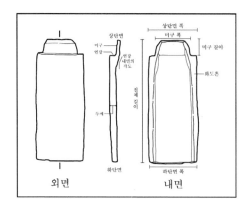

도면 16. 발해 수키와 부분별 명칭도

물이 새는 것을 막는 절수 홈이 파여 있는 경우가 있고, 흔들림이나 낙하를 막기 위한 못구멍이 수키와의 한쪽 끝에 뚫려 있기도 한다.

발해 수키와는 구국, 상경, 중경, 동경, 남경 등 전 지역에 걸쳐서 출토된다. 수키와는 토수기와와 미구기와로 분류되며, 상경성, 서고성, 팔련성의 도성유적을 중심으로 녹유수키와도 확인된다. 육정산 고분군에서 출토된 토수기와의 못구멍은 다른 유적에서 보이는 출토품들에 비해 유난히 크다.

| 코프이토 사원지[34] | 서고성 | 상경성 |

도면 17. 발해 수키와 각종

2) 암키와

암키와[35]는 지붕 바닥면에 깔리는 기와로 궁극적인 기능인 방수와 보

182~184쪽).

34) 러시아 연해주 극동대학교 박물관 소장유물. 기와 내면에 코프이토 사원지 1994년도 22번 방안 Γ(계) 출토품이라 명시되어 있다.

35) 암키와의 명칭은 여와(女瓦), 자와(雌瓦) 등으로 불리었는데 그 쓰임새에 따라 골기와, 바닥기와 등으로 부르기도 한다.

온, 배수의 기능을 수행한다. 네모난 판 모양으로 기와제작틀인 모골에서 성형된 커다란 원통기와를 4등분하여 제작되며, 단면형태는 완만한 호선을 그린다. 암키와의 내면에는 제작당시에 남겨진 포목흔적과 함께 모골흔적이 남아있어 제작기법을 살필 수 있다.

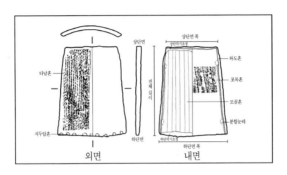

도면 18. 발해 암키와 부분별 명칭도

발해 암키와는 배수에 큰 염두를 두어 단면의 내외면을 얇게 다듬어 깎은 흔적도 나타난다. 끝암키와(檐瓦)는 고구려시대에도 나타나는 특징적인 요소로, 암키와 단면부를 손가락이나 압인공구로 눌러 문양을 시문한다. 문양의 위치는 암키와의 외면, 내면, 모서리끝 부분에서 각각 고르게 확인되며, 안쪽과 바깥쪽에 모두 시문한 예도 나타난다.

러시아 연해주 출토 발해 암키와[36]	연해주 바라바시 건축지 출토 발해 암키와	아브리코스 사원지 출토 발해 암키와[37]

도면 19. 발해 지두문 암키와 각종

36) 해당 유물은 러시아 연해주 스파스크 달리니 향토 박물관에 소장되어 있다.
37) 러시아 연해주 주립박물관 소장 유물(필자촬영).

발해 암키와의 표면에는 수키와와 마찬가지로 승문, 격자문, 세격자문, 방격자문 등의 문양이 확인된다. 연해주지역 사원지의 출토품들은 주로 타날 이후 물손질을 하여 지우는 흔적들이 나타나는데 해당 지역의 기와들이 하나의 제작과정을 통해 생산되었을 것이라는 가능성이 제기된 바 있다.[38] 상경성, 팔련성, 서고성과 같은 도성지역에서는 문양이 없는 무문 암키와가 다수를 차지하고, 육정산 고분군에서 출토된 기와들의 경우에는 외면에 다양한 문양들이 확인된다. 내면의 모골흔이 정연하게 남아있는 기와들이 출토되는 유적으로는 육정산 고분군, 크라스키노 성, 코프이토 사원지 등이 있다. 도성지역에서 확인되는 암키와의 내면에는 모골흔보다는 포목흔을 물손질로 지운 흔적들이 나타나는데 이것은 대량생산을 위해 점토판으로 기와를 제작한 결과로 추정된다.

| 육정산 발해고분군 | 코프이토 사원지[39] | 크라스키노 성 |

도면 20. 발해 암키와 모골흔 각종

2. 와당

와당은 처마와 추녀 끝에 사용되는 기와로 암·수키와의 한쪽 끝에 문양을 새긴 드림새를 덧붙여 제작한 것을 의미한다. 지붕 끝 낙수면에서 빗

38) 볼딘 V.I., 이블리에프 A.L., 1984, 「발해의 기와 생산(크라스키노 성터 유물을 중심으로)」 『극동과 남시베리아의 고고학』 노보시비리스크, 나우카, 142~151쪽.
39) 러시아 연해주 극동연방대학교 박물관 소장 유물(필자 촬영).

물이 목조가구 내부로 침투하지 못하게 하는 기능을 하는데 용도에 따라 수막새, 암막새, 모서리기와 등으로 구분된다. 와당의 표면에는 갖가지 문양을 표현하여 단청과 함께 건물의 표면을 장식하는 의장적인 기능도 겸한다. 이 문양은 시기와 지역에 따라 다양하게 변화하고 있어 당시의 문화와 기와 연구에 중요한 자료로 활용되고 있다.

1) 수막새

수막새는 여러 가지 문양이 새겨진 목제 또는 도제의 와범에서 찍어내 한쪽 끝에 부착한 것으로 대표적인 무늬기와이다. 수키와의 끝에 둥근 드림새를 붙여 만드는데, 목조건물의 처마 끝에 사용된다. 기와등은 기왓골에 비해 위로 솟아있고 기와등 내부에 물이 침투하면 기왓골을 형성하는 암키와의 결합이 약해져 물이 새게 되므로 추녀 부분의 목재가 부식되기 마련인데, 이러한 문제를 근원적으로 해결하기 위해 사용되는 것이 바로 수막새이다.

발해의 수막새의 문양은 연화문, 보상화문, 인동문 등으로 구분된다. 이 중 가장 많은 수량을 차지하고 있는 것은 연화문 와당이다. 발해 연화문 와당은 원형의 와당면 중앙에 반구형의 융기된 자방이 자리한다. 또한, 연자가 권선 안쪽에 배치되거나 바깥에 주문을 배치한 형태에 연판 사이사이마다 기하학적인 문양의 간식문의 나타나는 것이 특징적이다. 자방

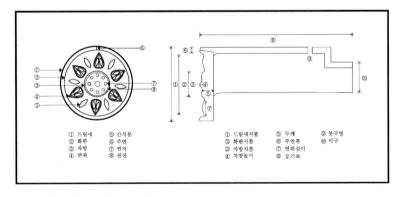

도면 21. 발해 연화문 와당 부분 명칭도

외측에는 1줄의 권선이 돌아가는 것이 일반적이나, 권선과 주문이 생략되어 자방 중앙의 돌기만이 존재하는 형태도 확인된다.

발해 연화문 와당은 연판의 형태에 따라 크게 단판 연화문, 복판연화문, 심엽형 연화문 와당으로 구분된다. 단판연화문 와당은 주로 중경지역인 용두산 고분군과 남경지역의 청해토성 그리고 동경지역의 크라스키노 사원지와 바라바시 사원지에서 확인된다.

복판연화문 와당은 서고성과 팔련성에서 각각 출토되고 있는데 연판의 개수는 8판이며 소형만 확인된다. 복판연화문 와당은 중원지역의 영향을 받았다는 설과 통일신라의 영향을 받았다는 설로 나뉘고 있는데, 이 문제에 대해서는 제작기법과 출토 유구의 맥락등 다각적인 연구를 통한 논의가 이루어져야 할 것으로 사료된다.

심엽형 연화문 와당은 전체의 94%이상을 차지할 정도로 단판, 복판 연화문 와당에 비해 가장 높은 빈도수를 차지하고 있으며 전 지역에 걸쳐 고르게 확인된다. 또한 연판의 개수에 있어서도 4~7판까지 여러 가지로 확인되며, 다양한 형태의 간식문과 결합하여 발해의 전형적인 연화문 와당을 형성한다. 심엽형 연화문은 고구려적인 문화와 당나라적인 요소를 융합적으로 흡수하여 하나의 통일된 독자적 도안으로 발전해 나가는 것으로 파악된다.[40]

| 단판연화문 | 복판연화문 | 심엽형연화문 |

도면 22. 연판형태에 따른 분류도

---

40) 宋玉彬, 2012, 「발해기와 와당 문양의 문화요소 분석」『연해주의 중세 고대』 제 2집, 블라디보스톡, 달리나우카, 295~323쪽.

발해 연화문 와당 가운데 심엽형 연화문 와당은 자방부의 구성에 있어 일련의 형식학적 발전양상이 확인되는데, 권선의 유무와 연자, 주문의 유무에 따라 9가지로 구분된다. 이 중 주문이 배치된 것은 6판 연화문 와당으로만 표현되며 돌기+권선으로 이루어진 것을 보다 후행하는 것으로 파악하고 있다.

구분	연자, 주문 없음	주문			연자
무권선	돌기	돌기+주문			
권선	돌기+권선	돌기+권선+주문	돌기+권선+주문+부가문양	돌기+권선+주문+부가문양	돌기+연자+권선
이중권선	돌기+이중권선				돌기+연자+이중권선

도면 23. 자방부 구성 교차표

발해 수막새의 제작기법은 고구려, 백제, 신라와는 달리 실물자료를 접할 수 없는 한계로 인해 아직까지 심도 있는 연구가 이루어지지 못하고 있는 것이 사실이다. 하지만, 필자가 자료들을 통해 제한적으로나마 실견한 판단해 보면, 발해의 도성지역과 러시아 연해주 크라스키노 등지에서 수막새의 배면에 구멍을 뚫은 흔적들이 확인되고 있다. 이러한 배면 접합 기법은 고구려 와당에서 흔히 볼 수 있는 대칼새기기 기법과 마찬가지로 수키와와의 접합면에 홈을 내어 접합력을 높기 위해 사용되었던 것으로 사료된다.

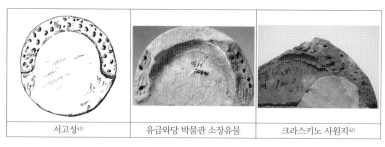

| 서고성[41] | 유금와당 박물관 소장유물 | 크라스키노 사원지[42] |

도면 24. 발해 수막새 배면 접합기법 각종

2) 암막새

암막새는 암키와의 끝에 드림새를 덧붙여 제작하며, 건물의 기왓골 끝에 사용된다. 암키와의 끝에 동일한 형태를 좀 더 크게 확대하여 드리운 드림새를 붙이는 것이 원칙이다. 수막새와 마찬가지로 빗물이 기왓골 끝

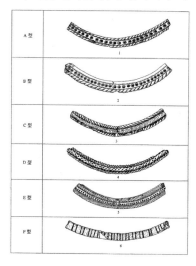

도면 25. 서고성 출토 암막새기와 유형표
(吉林省文物考古研究所 外 2007: 334)

에서 건물 내부로 넘어 들어가는 것을 방지하거나 빗물이 직접 들이치는 것을 방지하기 위해 사용되었다. 암막새는 암키와와 드림새 부분으로 나눌 수 있는데, 드림새가 있는 것과 드림새가 없이 암키와의 자른 면에 문양을 시문하는 것이 있다.

발해 암막새는 전지역에 걸쳐 고르게 확인되고 있으며, 도성지역이나 사찰지에서 확인된 예가 가장 많다. 연해주지역의 발해 불

---

41) 吉林省文物考古研究所 外, 2007, 『西古城』, 文物出版社.
42) 러시아 과학원 극동지부 역사학고고학민족학 연구소 내 박물관 소장유물(필자 촬영)

교사원지와 서고성에서 출토된 것들이 가장 많으며, 그 제작기법을 포함한 세부적인 내용들은 이후 심도있는 연구를 요구한다.

3) 모서리기와

모서리기와는 암막새의 뒷면에 부착된 암키와를 삼각형 모양으로 절단시킨 다음 지붕이나 마루 모서리를 덮기 위하여 만든 기와로 상경성, 서고성, 교하 칠도하촌 건축지, 오매리절골, 아브리코스 사원지, 보리소프카 사원지 등에서

도면 26. 서고성 출토 모서리기와

확인된다. 처마끝 모서리 암키와는 처마기와의 앞부분을 30~35°의 각도로 잘라내어 마치 3각형의 어느 한변이 조금 떨어져 나간 것처럼 표현되었다.

3. 문자기와

문자기와[43]는 기와의 내외면에 문자나 기호가 새겨진 것을 의미하며, 기와에 대한 연구는 물론이고 당시 문화상을 살펴보는 작업에도 도움이 된다. 발해의 문자기와는 크게 수키와의 미구부분에 문자를 새긴 것과 암키와나 수키와의 외면에 문자 또는 기호를 도장으로 찍은 것으로 구분된다. 암키와나 수키와에 문자가 새겨진 기와는 상경성, 서고성, 팔련성과 같은 도성유적에서 많은 수가 출토되었으며, 중경지역의 고산사찰지, 군민교 사찰지와 동경지역의 신생사찰지 등의 사원유적에서도 간헐적으로 확인된다.

---

43) 일반적으로 문자기와는 기와에 문자가 있는 경우를 일컫는데, 인장을 압인하여 쓰는 것과 직접 묵서한 두 종류로 구분된다. 발해기와에서 묵서명으로 쓰여진 것도 보이기는 하나, 인장을 찍어 압인한 것이 가장 많다. 문자기와는 이러한 두 가지를 모두 포괄하는 의미로 사용된다.

지금까지의 통계에 따르면 발해의 문자기와에서는 약 250개의 문자와 부호가 확인되었으며, 문자의 압인된 형태는 방형 혹은 장방형인 것이 다수를 차지한다. 압인된 문자는 글자의 테두리가 있는 것과 없는 것으로 구분되는데, 압인된 형태가 불규칙적인 예도 발견되었다.[44]

이러한 문자들이 어떠한 의미를 지니고 있는지에 대한 논의는 과거부터 꾸준한 논의가 이루어져 왔으나, 수습된 개체들의 출토지점에 대한 정보 누락 문제 등으로 인해 아직까지 일관된 결론에는 도달하지 못하고 있다. 압인된 문자의 의미에 대해서는 ①제작에 관여했던 지명 혹은 관할 구역 ②제작에 관여했던 관청 혹은 기관의 이름 ③제작에 관여한 사람의 성씨나 이름 등의 가능성이 제기되었으며, 제작자의 명칭 혹은 공납자의 명칭일 가능성에 대한 논의도 이루어지고 있다.

4. 마루기와 및 장식기와

마루는 지붕의 모양에 따라 차이가 있으나 용마루, 내림마루, 추녀마루, 박공마루 등으로 구분된다. 마루의 몸체를 이루는 마루기와는 기와등과 마루를 연결하는 착고를 맨 밑으로 하고 그 위에 완형의 수키와를 세로 방향으로 덧대어 부고를 얹은 뒤 적새를 올려 완성한다. 착고기와는 부고와 기왓골 사이를 막음하는 기와로 수키와의 양쪽을 기와등에 맞게 잘라 사용한다.

1) 곱새기와

곱새기와[45]는 앞부분이 높이 들려있고 등은 말안장처럼 굽어있으며 앞부분 양쪽은 반원형으로 내만(內彎)하는 형태를 이룬다. 장식기와의 일종으

---

44) 宋玉彬, 2013, 「발해 문양와당의 구조와 문자기와의 사용」『성곽과 기와』, 한국기와학회 · 한국성곽학회, 155~157쪽.
45) 망새기와, 망와(望瓦), 바래기기와, 왕찌기와라고 불리기도 한다.

로 지붕의 용마루 양쪽 끝이나 내림마루 및 추녀마루 끝을 마감하기 위해 제작된 것이다. 발해 곱새기와가 발견된 유적으로는 상경성, 서고성, 팔련성, 보리소프카, 코프이토, 코르사코프카, 칠도하자 사원지 등이 있다. 곱새기와는 고구려시대 유적지와 통일신라시대 안압지 유적에서는 확인되며, 중국의 중원지역에서는 보이지 않는 발해적 요소를 지니는 기와 중 하나이다.

| 상경성 | 칠도하자 사찰지 | 코르사코프카 사원지 | 보리소프카 사원지 |

도면 27. 발해 곱새기와 각종

2) 착고기와

착고기와는 적새나 부고 밑의 기왓골을 막음하는 기와로 수키와의 양쪽을 적당하게 절단하여 사용한다. 암·수키와를 지붕에 이으면 각 마루에 연결되는 부분인 기왓골 상단에 약간의 공간이 생기게 되는데, 이를 막는 기와를 착고막이라한다. 착고는 수키와로 소성되기 이전의 날기와를 알맞게 절단하여 제작하는 경우도 있다.

발해의 착고기와는 상경성과 서고성 등의 도성지역과 연해주일대의 사원유적 그리고 남경지역의 오매리절골 사원지에서 출토되었다. 색조에

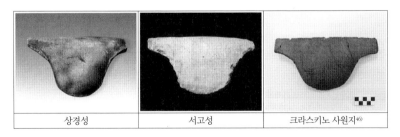

| 상경성 | 서고성 | 크라스키노 사원지[46] |

도면 28. 발해 착고기와 각종

---

46) 러시아 연해주 극동연방대학교 소장유물(필자 촬영).

서 약간 차이를 보이나 내면에 포목흔이 정연하게 나타나고 전체적인 모양이나 크기가 유사한 점을 보면 동일한 제작기법으로 만들어진 것으로 추정된다.

3) 적새

적새는 목조건물의 마루를 축조하는 데 사용되는 기와이다. 일반적으로 암키와를 반쪽으로 길게 나누어 사용하거나 원형 그대로를 이용한다. 적새는 암마룻장 또는 암마룻장기와라고도 부른다. 암키와의 이면을 밑으

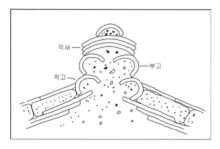

도면 29. 용마루 단면 모식도

로 하여 여러 겹으로 층을 이루면서 두껍게 쌓아올리는데 그 사이에는 진흙을 얇게 깐다. 마루의 상단에는 대개 완형의 수키와를 얹는데, 이 수키와를 수마룻장 또는 수마룻장기와라고 부른다.

발해의 적새는 상경성과 서고성 등의 도성지역과 연해주일대의 사원지 그리고 크라스키노 성에서 출토되었다. 크기나 제작기법에 있어서는 약간의 차이를 보이는데 상경성 출토품의 경우 붉은색조를 띠는 것으로 보아 산화염소성을 통해 제작된 것으로 보인다. 서고성에서 출토된 적새기와는 기와 외면 끝에서 지두압흔이 나타난다. 크라스키노 출토품은 상

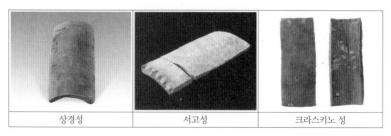

| 상경성 | 서고성 | 크라스키노 성 |

도면 30. 발해 적새 각종

대적으로 크기가 큰 편이며 상단부를 깎기 조정하였고, 내면에는 포목흔
과 포를 엮은 것으로 보이는 합철흔이 관찰된다.

4) 치미

치미는 건물의 용마루 양 끝에 사용되는 마루장식용 기와의 일종으로,
건물의 위엄을 높이고 화려하게 보이도록 하는 새모양의 장식기와이다.
주로 점토로 제작되는데 용마루에 얹힐 수 있도록 하단부의 중앙 적새와
연결하는 반원형 또는 방형의 홈이 가로로 패어 있어 고정시킬 수 있게 되
어 있다. 그 안쪽에는 침선이나 융기형 장식을 배치하고 바깥쪽에는 봉황
의 날개깃과 같은 단열이 층을 이루면서 호형으로 길게 뻗어 있다. 치미는
정령신앙적인 의미에서 물을 상징하고 있는데, 이는 목조건물을 화재의
위협으로부터 벗어나게 한다는 상징적인 의미를 지니고 있다.

발해 치미편은 적지 않게 알려져 있으나 완전하게 복원되어 그 원형을
추정해 볼 수 있는 것은 상경성 내 1, 9호 사원지 출토품과 서고성 그리고
연해주지역의 아브리코스 절터에서 확인되고 있는 치미가 전부이다. 깃의
모양이나 장식적인 문양들은 약간의 차이를 보이며, 상경성과 서고성 출
토품의 경우 녹색 유약으로 시유되어 있다는 점이 특징적이다.

| 상경성[47] | 서고성 | 아브리코스 사원지[48] |

도면 31. 발해 치미 각종

---

47) 조선유적유물도감편찬위원회, 1991,『조선유적유물도감』8-발해, 외국문종합출판사,
129쪽.
48) 콜주노프 I.V., 1995,「아브리코스 사원 지붕의 복원」『북태평양의 고고학』№ 2., 러시아
과학원 역사학고고학민족학 연구소, 110쪽.

5) 용두

용두는 내림마루나 귀마루 위의 하단부와 귀마루 위의 상단부에 얹는 조형물로 용의 머리를 무섭게 형상화한 장식기와이다. 그 생김새는 억세고 사나운 머리로 형상화되어 있고 부릅뜬 두 눈이 툭 튀어 나와있으며, 크게 벌린 입에는 긴 혀와 이빨이 드러나 있다. 머리뒷면에는 여러 가닥의 갈기가 뿔처럼 거꾸로 솟아있다. 용두는 내림마루나 추녀 마루 끝에 사용되는 일종의 장식기와로서 건물의 웅장함을 훌륭하게 나타낸다. 또한 건축물을 그 어떤 초자연적인 힘으로 보호하려는 관념상의 염원도 반영되어 완성된 것으로 파악된다. 용두는 고려 중기 이후에 나타나기 시작한 것으로 추정된다.

발해시기 용두가 출토된 유적으로는 상경성 내 1, 9호 사원지, 무학사찰지, 동청사찰지, 오매리절골 사원지 등이 있다. 그 중 복원되어 그 원형을 추정해 볼 수 있는 것은 상경성 출토품이다. 전면에 유약을 바른 것과 그렇지 않은 것으로 구분되며, 각 부위마다 녹색, 백색, 자주색의 유약 등으로 색깔을 달리하여 대조를 이룬다.

| 용두 | 녹유 용두 | 적갈색 시유 용두 |

도면 32. 발해 용두 각종

6) 용면와

용면와는 용마루나 내림마루 끝을 막음하는 것으로 전체적으로 네모꼴이지만 위를 둥글게 처리하고 아래는 수키와 위에 얹히도록 되어 있다. 괴수와 같은 귀신의 얼굴을 입체적으로 조각한 것으로 악귀의 침입을 방지하려는 상징적인 의미를 지닌다. 점토판을 양각과 음각으로 부조하여 제작되었다. 발해시기 완형의 용면와가 출토된 곳은 육정산고분군이 유일하다.

도면 33. 육정산 고분군
출토 용면와

5. 특수기와

특수기와는 기와의 본래 목적인 목조 건물의 지붕에 이지 않고 특정한 장소에 사용하거나 그 용도가 전용되어 다른 목적으로 이용된 것을 말한다. 일반적으로 완제품인 암·수키와, 와당을 그대로 이용하나 그 일부가 변형된 파손품을 사용하기도 한다. 특수기와에는 담장용, 배수로용, 전탑용, 기단용, 장식용 무덤용 등 여러 가지가 있는데, 발해의 경우 크게 기단용, 배수용, 무덤용 기와로 구분된다.

기단용기와는 건물의 기단부나 하부의 구조물을 쌓기 위해 제작된 기와로 일반적으로 와적기단(瓦積基壇)이라고 한다. 이러한 예는 남경지역 오매리절골 금산건물지에서 확인되는데, 바닥면으로부터 기와를 겹겹이 쌓아올려 단을 지고 있다. 배수로용 기와는 상경성 4호 궁전지 주변에서 확인되는데, 토수기와를 차례로 이어 토관(土管)의 역할을 하도록 한다. 무덤용 기와는 무덤조성시 관이나 봉분 등에 기와를 사용하는 경우로 분구 위나 그 주변 그리고 무덤의 내부에서 출토되는 여러 기와를 일컫는다.

발해시기 무덤에서 기와가 출토된 유적은 구국지역의 육정산 고분군, 중경지역의 용두산 고분군, 복동고분군, 장항무덤 등이 있다. 특히 육정산 고분군에서 출토된 수막새의 경우 드림새의 주연부를 따로 제작하지 않고 접합되는 수키와가 주연부를 형성하게 하는 원통절재식(圓筒絶才式) 기법이 나타난다. 이는 발해 건국 초기 지배층의 막새 제작기술을 직·간접적으로 엿볼 수 있을 뿐만 아니라, 고구려에서 확인되는 와당제작기법과 비교해 볼 수 있는 자료로 파악할 수 있다. 또한, 암키와의 내면에 모골흔적이 뚜렷하게 남아있는 것들이 확인되고, 외면을 격자문으로 타날한 흔적들도 보인다. 중경지역의 용두산 고분군 역시 발해 지배층의 무덤으로 파악되고 있는데, 내성건축기지에서 출토된 행인형 단판 연화문 와당은 고구려와의 계승성을 엿볼 수 있는 자료로 파악된다.[49]

도면 34. 오매리절골 금산건물터 와적기단

도면 35. 상경용천부 4호 궁전지 남문 배수로

이렇게 발해시기에는 다양한 종류의 기와가 건물의 성격이나 구조에 따라 다르게 사용되었다. 특수한 용도로 사용된 기와는 앞서 언급한 종류만이 확인되었지만, 추후 발굴조사와 자료축적이 이루어진다면 더 다양한 목적으로 제작·사용된 특수기와의 실상들이 파악될 것으로 사료된다.

49) 송기호, 2010, 「용해구역 고분 발굴에서 드러난 발해국의 성격」『고구려발해연구』38집, 고구려발해학회, 145쪽.

Ⅳ. 맺음말

지금까지 발해기와가 출토된 유적의 조사현황과 대상 유물들을 검토해 보았고, 지역권별로 구분하여 기와의 출토양상에 대해 살펴보았다. 나아가 이러한 대상유물 출토 현황들을 바탕으로 발해기와들의 종류와 특징에 대해서도 고찰해 보았다.

그 결과 발해기와는 성곽, 사원지, 건축지, 취락지, 고분 등 약 145개의 유적에서 다양하게 출토되었음을 확인하였다. 그 중 가장 많은 수를 차지하고 있는 유적 유형은 성곽과 취락지이며, 사찰유적이나 건축지에서도 평기와를 포함하여 와당이나 문자기와 등이 출토되고 있었다. 대다수의 발해기와들은 상경성, 서고성, 팔련성과 같은 도성유적에서 출토되었으며, 그 세부적인 특징들을 확인할 만한 유물들도 도성 주변 유적에 집중되어 확인된다.

발해기와는 크게 특수제작용과 일반용으로 구분된다. 특수목적으로 사용된 예로는 기단용이나 배수용, 무덤용이며 일반용은 일반 건축물에 사용된 것을 의미한다. 일반용 기와는 평기와, 와당, 마루기와, 장식기와, 문자기와, 녹유기와 등으로 나뉜다. 평기와는 일차적으로 수키와와 암키와로 구분되며 수키와는 미구의 유무에 따라 토수기와, 미구기와로 분류된다.

발해시기 평기와는 거의 모든 유적에서 출토되며, 발해의 대표적인 기와이다. 이 중 문자가 압인되거나 녹유가 시유된 예들도 나타난다. 토수기와는 상경성, 서고성, 코프이토 사원지 등 일부유적에서만 출토되고 있는데 이는 특수한 목적을 위해 제작된 것으로 추정된다. 발해시기의 암키와 중에는 기와 끝의 외면이나 내면에 봉이나 모난 도구로 끝을 여러 차례 시문한 것들이 확인되고 있는데, 이는 고구려시기 평기와에서 나타나는 전형적인 특징 중 하나이다. 한편 구국지역의 고분일대와 연해주지역의 건축지, 사원지에서는 내면에 모골와통으로 제작한 흔적들이 정연하게 남아 있는 유물들이 출토되고 있다.

발해와당은 수막새와 암막새, 모서리기와로 구분된다. 수막새 중 연화문 와당은 연판 형태, 자방부의 구성, 간식문의 형태에 따라 시공간적인 의미를 보이고 있어 가장 중점적으로 연구되고 있는 대상 중 하나이다. 더 나아가 최근에는 제작기법에 대한 관심도 증가하고 있는 추세이다. 암막새는 암키와의 일종인 끝암키와와의 구분이 모호하기는 하지만, 발해 도성유적이나 사원지에서 다량으로 출토되는 점으로 볼 때, 문양이나 제작 기법에 대한 심도있는 연구가 기대되는 대상 중 하나이다.

문자기와는 당시의 문화적인 측면을 살필 수 있는 중요한 유물 중 하나이다. 흔히 수키와의 미구부분에 문자를 새기거나 평기와의 외면에 문자 또는 기호를 도장으로 새겨 찍는 것으로 나뉜다. 일반적으로 발해 중심인 도성유적에서 출토되며 사찰유적에서도 간헐적으로 출토된다.

발해 마루기와의 세부적인 구조나 형태에 대해서는 확실하게 알 수 없지만, 고구려, 백제, 신라의 기와 유형을 바탕으로 추론적인 내용을 파악할 수 있다. 그 결과 마루기와의 일종인 곱새기와, 착고기와, 적새, 부고 등이 제작·사용되었던 것으로 확인되었으며, 장식적인 의미를 보이는 치미, 용두, 용면와 역시 나타난다.

착고기와, 치미, 곱새기와, 적새 등은 연해주 일대의 사원지에서도 보이고 있어, 중앙과 지방간의 상호 관계를 검토해 볼 수 있는 중요한 자료로 파악되고 있다. 특히, 곱새기와는 고구려, 통일신라에서도 그 예가 발견되었지만 중국의 중원지역에서는 출토된 예가 없는 특수한 형태로 추정되고 있다. 향후 제작기법을 비롯하여 심층적인 분석이 이루어진다면, 곱새기와에 대한 훨씬 더 다양한 정보들이 제공될 수 있을 것으로 사료된다.

실물자료를 접할 수 없는 한계와 정치사회적 상황으로 인해 발해기와에 대한 연구는 고구려, 백제, 신라기와 연구에 비해 미진한 것이 사실이다. 이러한 한계들은 러시아 연해주지역에서 실견할 수 있는 유물들에 대한 더욱 치밀하고 구체적인 조사연구와 국적이 다른 학자들 간의 상호 교류를 통해 해결해 나가야 할 것이다.

〈표 1〉 발해기와 출토 유적 일람표

일련번호	지역권	유적명	유적유형	평기와			와당	마루기와와 장식기와				참고자료
				수기와	문자와	녹유와	수막	착고	적새	치미	용두	
1	구국	오동성	성곽	◎								『敦化市文物志』pp.50-54
2	구국	남태자고성	성곽	◎	◎							『敦化市文物志』pp.69-70
3	구국	묘둔산성지	사원지	◎	◎							『敦化市文物志』pp.84-86
4	구국	강동 24개돌	건축지	◎	◎		◎					『敦化市文物志』pp.78-79
5	구국	관지 24개돌	건축지	◎	◎							『敦化市文物志』p.80
6	구국	요전자 24개돌	건축지	◎		◎						『敦化市文物志』p.82
7	구국	요전자건축지	건축지	◎		◎	◎					『敦化市文物志』p.83
8	구국	염어강유지	취락지	◎			◎					『敦化市文物志』pp.19-20
9	구국	승가강유지	취락지		◎							『敦化市文物志』p.21
10	구국	예무유지	취락지	◎	◎							『敦化市文物志』p.22
11	구국	육정산 고분군	고분	◎	◎		◎					『六頂山與渤海鎭』,『六頂山與渤海墓葬 2004~2009年淸理發掘報告』,『敦化市文物志』pp.37-44
12	상경	상경성	도성·사원지	◎	◎	◎	◎	◎	◎	◎	◎	『渤海上京城1998~2007年度考古發掘調查報告, 上·下冊』,『東京城渤海上京龍泉府の發掘報告』
13	상경	남성자고성	성곽	◎			◎					『渤海考古』p.172
14	상경	행신기와가마터	와요지	◎	◎		◎					『黑龍江地區考古學』pp.84-86; 黑龍江省文物考古研究所, 1986,『渤海磚瓦窯址發掘報告』,『北方文物』-2
15	중경	서고성	도성	◎	◎		◎	◎	◎	◎	◎	『西古城』, 보고서.
16	중경	오랑성산성	성곽	◎								『북국발해탐험』pp.228-230
17	중경	양암산성	성곽		◎							『북국발해탐험』pp.237-238

237

번호	중경	유적명	구분				참고문헌
18	중경	만보신중고성보	성과	◎			『북국발해탐험』p.239
19	중경	보마성	성과	◎	◎		『북국발해탐험』pp.263-266
20	중경	하룡고성	성과	◎	◎		『延吉市文物志』pp.55-58
21	중경	북대고성	성과	◎	◎		『延吉市文物志』pp.58-60
22	중경	태암고성	성과	◎	◎		『延吉市文物志』pp.60-61
23	중경	하북고성	성과	◎	◎		『汪淸縣文物志』pp.38-40
24	중경	고성고성	성과	◎	◎		『汪淸縣文物志』pp.40-41
25	중경	석당고성	성과			◎	『汪淸縣文物志』p.43
26	중경	북단천고성	성과	◎	◎		『汪淸縣文物志』pp.43-44
27	중경	제관고성	성과	◎	◎		『汪淸縣文物志』pp.36-38
28	중경	용천냉고성	성과	◎	◎		『汪淸縣文物志』pp.42-43
29	중경	청주산성지	성과	◎	◎		『龍井縣文物志』pp.42-43
30	중경	토성둔토성	성과	◎	◎		『龍井縣文物志』pp.53-55
31	중경	태양고성	성과	◎	◎		『龍井縣文物志』pp.55-56
32	중경	대회둔고성	성과	◎	◎		『龍井縣文物志』pp.56-58
33	중경	고성촌고성	성과	◎	◎		『龍井縣文物志』p.58
34	중경	영성고성	성과	◎	◎		『龍井縣文物志』pp.58-59
35	중경	양목정자산성	성과	◎	◎		『和龍縣文物志』pp.59-61
36	중경	하남둔고성	성과			◎	『和龍縣文物志』pp.52-53
37	중경	정암고성	성과	◎	◎		『和龍縣文物志』p.53
38	중경	잠두성	성과	◎	◎		『和龍縣文物志』pp.53-54
39	중경	성교고성	성과	◎	◎		『和龍縣文物志』pp.54-55
40	중경	신선동사찰지	사원지	◎			『북국발해탐험』pp.217-218

번호	소속	명칭	구분					출전
41	중경	매동구사찰지	사원지	◎				『북주발해탐원집』pp.218-220
42	중경	부거구사찰지	취락/사원지	◎				『북주발해탐원집』pp.220-222
43	중경	무하사찰지	사원지	◎			◎	『북주발해탐원집』pp.222-224
44	중경	감장사찰지	사원지	◎				『북주발해탐원집』p.224
45	중경	동청사찰지	사원지	◎			◎	『북주발해탐원집』pp.225-226
46	중경	송실사찰지	취락/사원지	◎				『북주발해탐원집』p.227
47	중경	나타산건축지	사원지	◎				『汪淸縣文物志』pp.51-52
48	중경	신전건축지	사원지	◎	◎			『汪淸縣文物志』pp.52-53
49	중경	영성고성사지	사원지	◎	◎			『龍井縣文物志』pp.58-59
50	중경	용천동유지	사원지	◎				『和龍縣文物志』p.16
51	중경	용해사찰지	사원지	◎				『和龍縣文物志』p.66
52	중경	고산사찰지	사원지	◎	◎			『和龍縣文物志』pp.66-68
53	중경	군민교사찰지	사원지	◎	◎			『和龍縣文物志』pp.68-69
54	중경	동남구사찰지	사원지	◎		◎		『和龍縣文物志』pp.69-70
55	중경	기신16대유지	건축지	◎				『圖們市文物志』pp.30-31
56	중경	장흥북건축지	건축지	◎				『북주발해탐원집』p.216
57	중경	영벽건축지	건축지	◎				『汪淸縣文物志』p.44
58	중경	중운건축지	건축지	◎				『汪淸縣文物志』pp.46-47
59	중경	중배천건축지	건축지	◎				『汪淸縣文物志』pp.45-46
60	중경	행복건축지	건축지	◎				『汪淸縣文物志』pp.47-48
61	중경	천간부건축지	건축지	◎				『汪淸縣文物志』pp.48-49
62	중경	천교령건축지	건축지	◎				『汪淸縣文物志』pp.49-51
63	중경	동구건축지	건축지	◎				『龍井縣文物志』pp.48-49

No.	중경	유적명	유형				참고문헌
64	중경	장인유지	건축지		◎	◎	『和龍縣文物志』pp.14-15
65	중경	용연유적지	건축지		◎	◎	『和龍縣文物志』p.15
66	중경	해장건축지	건축지	◎	◎	◎	『和龍縣文物志』pp.65-66
67	중경	배룡촌북유지	취락지			◎	『圖們市文物志』pp.31-33
68	중경	동흥유지	취락지		◎		『圖們市文物志』pp.35-37
69	중경	무수제대유지	취락지		◎		『圖們市文物志』p.37
70	중경	수구유지	취락지		◎		『圖們市文物志』pp.38-39
71	중경	신흥1호유지	취락지	◎	◎		『북구벌해탐험』pp.243-244
72	중경	오봉대포자유지	취락지		◎		『북구벌해탐험』pp.245-246
73	중경	경성유지	취락지		◎		『북구벌해탐험』p.251
74	중경	감장유지	취락지		◎		『북구벌해탐험』p.252
75	중경	만보신흥유지	취락지	◎	◎	◎	『북구벌해탐험』pp.253-254
76	중경	동정유지	취락지	◎	◎		『북구벌해탐험』pp.254-255
77	중경	용하촌유지	취락지		◎		『延吉市文物志』p.41
78	중경	용하남산유지	취락지	◎	◎	◎	『延吉市文物志』pp.41-42
79	중경	인평유지	취락지		◎		『延吉市文物志』pp.43-44
80	중경	신흥유지	취락지		◎		『延吉市文物志』p.44
81	중경	모아산유지	취락지		◎	◎	『延吉市文物志』pp.42-43
82	중경	남계1대유지	취락지		◎		『延吉市文物志』p.45
83	중경	남계4대유지	취락지	◎	◎	◎	『延吉市文物志』p.45
84	중경	금성1대유지	취락지	◎	◎	◎	『延吉市文物志』pp.46-47
85	중경	태암유지	취락지	◎	◎	◎	『延吉市文物志』pp.47-49
86	중경	연하6대유지	취락지		◎		『延吉市文物志』p.49

번호	구분	유적명	유형					출전
87	중경	용연유지	취락지				◎	「延吉市文物志」p.49
88	중경	하룡남산유지	취락지				◎	「延吉市文物志」p.50
89	중경	소영자유지	취락지				◎	「延吉市文物志」pp.50-51
90	중경	공농촌유지	취락지		◎		◎	「延吉市文物志」p.36
91	중경	부민유지	취락지				◎	「龍井市文物志」p.43
92	중경	탄전유지	취락지			◎	◎	「龍井縣文物志」p.43
93	중경	용구유지	취락지			◎	◎	「龍井縣文物志」p.44
94	중경	중평유지	취락지				◎	「龍井縣文物志」p.44
95	중경	용성유지	취락지				◎	「龍井縣文物志」pp.45-46
96	중경	금곡유지	취락지				◎	「龍井縣文物志」pp.46-47
97	중경	청룡유지	취락지				◎	「龍井縣文物志」p.40
98	중경	대동유지	취락지			◎	◎	「龍井縣文物志」pp.18-19
99	중경	용두산고묘군	고분	◎	◎	◎	◎	吉林省文物考古研究所, 2009b, 「吉林和龍市龍海渤海王室墓葬發掘簡報」「考古」6.
100	중경	복동현남군	고분				◎	「和龍縣文物志」pp.40-41
101	중경	장항무덤	고분				◎	「和龍縣文物志」pp.41-42
102	동경	팔련성	도성	◎	◎	◎	◎	吉林省文物考古研究所, 2009a, 「吉林琿春市八連城內城建築基址的發掘」「考古」6.
103	동경	살기성	성곽				◎	「琿春縣文物志」pp.42-43
104	동경	온특혁부성	성곽		◎	◎	◎	「琿春縣文物志」pp.41-42
105	동경	소성자고성	성곽			◎	◎	「琿春縣文物志」p.44
106	동경	영의성	성곽				◎	「琿春縣文物志」pp.46-47
107	동경	영성자고성	성곽			◎	◎	「琿春縣文物志」pp.50-51
108	동경	경영고성	성곽				◎	「발해북국답십」pp.675-676

번호	방위	유적명	성격					출전
109	동경			◎	◎		◎	『2008년도 연해주 크라스키노 발해성 한·러 발굴보고서』
110	동경	마적달사원지	사원지	◎	◎		◎	『琿春縣文物志』pp.69-72
111	동경	신생사원지	사원지	◎		◎	◎	『琿春縣文物志』pp.72-73
112	동경	오일사원지	사원지	◎		◎		『琿春縣文物志』pp.73-74
113	동경	양목림사원지	사원지	◎	◎		◎	『琿春縣文物志』p.74
114	동경	대황구사원지	사원지	◎	◎	◎	◎	『琿春縣文物志』pp.74-75
115	동경	팔련성 동남사지	사원지	◎	◎		◎	◎ 『발해의 불교유적과 유물』pp.46-47
116	동경	크라스키노 사원지	사원지	◎	◎	◎	◎	『러시아 연해주 크라스키노 사원지 발굴보고서』, 고구려연구재단, 2004
117	동경	밀강사강가유지	건축지	◎			◎	『琿春縣文物志』pp.23-24
118	동경	초평유지	건축지	◎	◎		◎	『琿春縣文物志』pp.30-31
119	동경	죽정자유지	건축지	◎				『琿春縣文物志』p.31
120	동경	북대유지	건축지	◎				『琿春縣文物志』p.33
121	동경	금룡산유지	취락지	◎		◎	◎	『琿春縣文物志』pp.20-22
122	동경	육도포유지	취락지			◎		『琿春縣文物志』pp.24-25
123	동경	양목림자유지	취락지	◎			◎	『琿春縣文物志』pp.25-26
124	서경	구내성	도성	◎	◎		◎	『國內城 2000~2003年 集安國內城與民主遺址試掘報告』
125	서경	신안고성	성곽	◎	◎		◎	『撫松縣文物志』pp.40-48
126	서경	백도고성	성곽		◎		◎	『扶餘縣文物志』pp.42-47
127	서경	유수천성지	성곽	◎				『靖宇縣文物志』pp.45-49
128	서경	소밀성	성곽				◎	『북국발해탐험』pp.592-598
129	서경	북대성자고성	성곽				◎	『북국발해탐험』pp.588-599
130	서경	장백고성	성곽	◎				『長白朝鮮族自治縣 文物志』pp.53-55

131	서경	신방자유지	진숙지	◎					◎	『長白朝鮮族自治縣 文物志』pp.47-49
132	서경	진전자유지	취락지	◎			◎			『撫松縣文物志』pp.27-29
133	서경	유고유지	취락지	◎			◎			『撫松縣文物志』pp.33-36
134	남경	청해토성	성과	◎		◎	◎			『동해안일대의 발해유적에 대한 연구』pp.27-32
135	남경	오매리절골	사원지	◎			◎		◎	『동해안일대의 발해유적에 대한 연구』pp.67-109
136	남경	개심사지	사원지		◎					『발해의 불교유적과 유물』p.64
137	습비부	보리소프카	사원지	◎		◎	◎			『러시아 연해주발해 절터』
138	습비부	코프이토	사원지	◎		◎	◎	◎		『1993년 우수리스크지구 발굴조사 보고서』
139	습비부	코르사코프카	사원지	◎		◎	◎	◎		『러시아 연해주 발해 유적』
140	습비부	아브리코스	사원지	◎		◎	◎	◎		『1989년 우수리스크지구 아브리코스 절터와 마을유적의 발굴조사보고서』
141	습비부	바바리새	진숙지	◎		◎				『2010년 연해주 하산지구 바라바시-3 고고유적의 중세시대 7유적과 석축구조물에 대한 발굴조사 보고서』
142	기타	칠도하자사찰지	사원지	◎		◎				吉林市博物館, 1993, 『吉林省蛟河市七道河村渤海建築遺地淸理簡報』『考古-3』pp.134-140; 『蛟河縣文物志』pp.114-116
143	기타	동단산유지	취락지	◎		◎				『북국발해탐험』p.38-41
144	기타	마가둔유지	취락지	◎		◎				『북국발해탐험』p.42
145	기타	상수유지	취락지	◎		◎				『북국발해탐험』pp.203-204

- 발해기와와 발굴조사가 진행된 것보다 그렇지 않은 유적지 않은 유적들이 훨씬 더 많다. 특히, 중국에서 보고된 유적의 경우 출토 유물의 맥락들이 확실하지 않은 것들이 많으며, 문물지에 기재된 기대로 발해시대 발해기와 유적과 실제 유적이 부합하지 않는 경우도 존재한다. 해당 일람표는 이러한 문제점을 어느 정도 해소하지는 차원에서 김남성 임때 발해유적들을 직접 답사하신 김진광(한국학중앙연구원)선생님과의 검증 후에 작성되었다.

- 음영 처리된 부분은 발굴조사가 이루어졌고 난 후 정식으로 보고되며, 명목적인 수성과 계속적인 수성을 추론할 수 있는 도면 및 자료가 제시된 유적들을 말한다.

243

참고문헌

1. 보고서 전시도록(발간연도순)

<국문>

조중공동고고학발굴대, 1966, 『중국 동북지방의 유적발굴 보고(1963~1965)』, 사회
　　과학원출판사.

조선유적유물도감편찬위원회, 1991, 『조선유적유물도감』 8-발해, 외국문종합출
　　판사.

민족문화, 1993, 『조선유적유물도감』 4권-고구려편 2.

대륙연구소, 1994, 『러시아 연해주 발해 유적』.

국립문화재연구소, 1996, 『제와장』.

고구려연구회, 1998, 『러시아 연해주 발해 절터』, 학연문화사.

연해주문화유적조사단, 1999, 『연해주에 남아 있는 발해』, 고려학술문화재단.

국립경주박물관, 2000, 『신라와전』, 통천문화사.

국립경주문화재연구소, 2002, 『신라왕경 발굴조사보고서』.

경기도박물관, 2002, 『同과異-遼寧省·神奈川縣·京畿道文物展-』.

서울대학교출판부, 2002, 『발해의 유적과 유물』.

서울대학교출판부, 2003, 『해동성국 발해』.

고구려연구재단, 2004, 『러시아 연해주 크라스키노 발해 사원지 발굴 보고서』.

고구려연구재단, 2004, 『2004년도 러시아 연해주 발해 유적 발굴 보고서』.

고구려연구재단, 2005, 『2005년도 러시아 연해주 크라스키노성 발굴 보고서』.

국립중앙박물관, 2005, 『고대문화의 완성 통일신라·발해』, 통천문화사.

金善基·趙相美, 2006, 『益山王宮里傳瓦窯址(帝釋寺廢棄場)-試掘調査報告書』,
　　圓光大學校博物館·益山市.

동북아역사재단, 2007, 『2006년도 러시아 연해주 크라스키노성 발굴 보고서』.

동북아역사재단, 2008, 『2007년도 연해주 크라스키노 발해성 발굴보고서』.

국립부여박물관, 2009,『扶餘 臨江寺址-1차 발굴조사 지도위원회의 자료』.

국립부여박물관, 2010,『백제와전』.

동북아역사재단, 2010,『2008년도 연해주 크라스키노 발해성 한·러 발굴보고서』.

<중문·일문>

東亞考古學會, 1939,『東京城-渤海國上京龍泉府址の發掘調査』, 東亞考古學會.

奈良國立博物館, 1983,『佛舍利の莊嚴』, 同朋社.

東京國立博物館·大阪市立美術館·日本經濟新聞社, 1985,『シリクロードの遺
　　　寶』.

敦煌文物研究所, 1987,『中國石窟·敦煌莫高窟(三)』, 文物出版社.

京都國立博物館·各古屋市博物館·東京國立博物館, 1989,『平城京展』.

趙虹光 外, 1991,『黑龍江地區考古學』, 中國社會科學出版社.

大阪市立博物館, 1992,『中國の金銀ガラス展』.

敦煌文物研究所, 1993,『中國石窟·敦煌莫高窟(四)』, 平凡社.

東寺寶物館, 1995,『東寺の曼茶羅圖』.

上海博物館, 1996,『上海博物館-中國古代雕塑館』, 上海古籍出版社.

中國社會科學院考古研究所, 1996,『北魏洛陽永寧寺-1979~1994年考古發掘報
　　　告』, 中國大百科全書出版社.

中國文物精華編輯委員會編, 1997,『中國文物精華』, 文物出版社.

中國社會科學院考古研究所, 1997,『六頂山與渤海鎭-唐代渤海國的貴族墓地與
　　　都城遺址』, 中國大百科全書出版社.

東京都美術館, 1998,『唐の女帝·則天武后とその時代展』.

新潟縣立近代美術館, 1999,『唐皇帝からの贈り物』.

黑龍江省文物考古研究所, 2009,『1998~2007年度考古發掘調査報告-渤海上京
　　　城』上册, 文物出版社.

黑龍江省文物考古研究所, 2010,『海曲華風-渤海上京城文物精華』, 文物出版社.

<노어>

Болдин В.И., 1990, Отчёт о раскопках на Абрикосовском храме и селище в Приморском крае в 1989году//Владивосток, Архив ИА ДВО РАН.(볼딘 V.I., 1990, 『1989년 우수리스크지구 아브리코스 절터와 마을유적의 발굴 조사보고서』, 블라디보스톡, 러시아과학원 고고학연구소 문서국).

Клюев Н.А., 2010, Отчет о раскопках средневекового каменного сооружения с черепичной крышей на археологическом памятнике Барабаш-3 в Хасанском районе Приморского края в 2010 году// Владивосток, Институт истории, археологии и этнографии народов Дальнего Востока.(클류에프 N.A., 2010, 『2010년 연해주 하산지구 바라바시-3 고고 유적의 중세시대 기와 지붕과 석축구조물에 대한 발굴조사 보고서』, 블라디보스톡, 러시아과학원 역사학 고고학 민족학 연구소).

Шавкунов Э.В., 1994, Отчёт об археологических исследованиях в Уссурийском районе Приморского края в 1993 году//Владивосток, Архив ИА ДВО РАН.(샤프쿠노프 E.V., 1994, 『1993년 우수리스크지구 발굴조사 보고서』, 블라디보스톡, 러시아과학원 고고학연구소 문서국).

2. 단행본(필자명 가나다순)

<국문>

김성구, 2000, 『옛기와』, 대원사.

김종혁, 2002, 『동해안일대의 발해유적에 대한 연구』, 사회과학원.

김진광, 2012, 『발해 북국탐험』, 박문사.

동북아역사재단편, 2007, 『발해의 역사와 문화』, 동북아역사재단.

동북아역사재단편, 2008, 『하늘에서 본 고구려와 발해』, 동북아역사재단.

方學鳳, 1992, 『발해유적과 그에 관한 연구』, 연변대학출판사.

方學鳳 著 · 朴相佾 編譯, 1998,『渤海의 佛教遺蹟과 遺物』, 서경문화사.

方學鳳, 2000,『中國境內 渤海遺蹟研究』, 백산자료원.

方學鳳, 2012,『발해의 강역과 지리』, 정토출판.

백종오, 2006,『고구려 기와의 성립과 왕권』, 주류성.

사회과학원 고고학연구소, 1977,『조선고고학개요』, 과학 · 백과사전출판사.

사회과학원 고고학연구소, 2009,『조선고고학전집 41(중세편 18)-발해의 성곽과
       건축』, 진인진.

샤프쿠노프 E.V(송기호 · 정석배 역), 1996,『러시아 연해주와 발해역사』, 민음사.

서울대학교박물관, 2003,『해동성국 발해』, 서울대학교박물관.

송기호, 1995,『발해정치사연구』, 일조각.

王承禮 저 · 송기호 역, 1987,『발해의 역사』, 한림대학 출판부.

유창종, 2009,『동아시아 와당 문화』, 미술문화.

이난영, 1992,『韓國古代金屬工藝研究』, 일지사.

이병건 편저, 2003,『발해 건축의 이해』, 백산자료원.

田村晃一 외, 임석규 옮김,『동아시아의 도성과 발해』, 동북아역사재단, 2008.

조선유적유물도감편찬위원회, 1991,『조선유적유물도감』8-발해, 조선유적유물도
       감편찬위원회.

조선유적유물도감 편찬위원회, 2002,『발해의 유적과 유물』서울대학교 출판부.

주경미, 2003,『중국 고대 불사리장엄 연구』, 일지사.

주영헌, 1971,『발해문화』, 사회과학출판사.

최맹식, 2006,『삼국시대 평기와 연구』, 주류성.

<중문 · 일문>
劉敦楨 主編, 1986,『中國建築史』, 中國建築工業出版社.

范祥雍 校注, 1999,『洛陽伽藍記-校注』, 上海古籍出版社.

山西省古建築保護研究所 編, 1984,『佛光寺』, 文物出版社.

雷從雲 · 陳紹棣 · 林秀貞, 2008,『中國宮殿史』, 百花文藝出版社.

小衫一雄, 1980,『中國佛教美術史の研究』, 東京: 新樹社.

小野勝年, 1989,『入唐求法巡禮行記の研究』, 法藏館.

梁思成, 1999,『中國建築史』, 百花文藝出版社.

梁銀景, 2004,『隋代佛教窟龕研究』, 文物出版社.

林良一, 1993,『東洋美術の裝飾文樣-植物編』, 東京: 同朋社.

安圖縣文物志編寫組, 1985,『安圖縣文物志』.

王輝・居曉・趙哲夫, 2000,『黑龍江考古文物圖鑑』, 哈爾濱; 黑龍江人民出版社.

龍井縣文物志編寫組, 1984,『龍井縣文物志』.

于建設, 2006,『赤峰金銀器』, 呼和浩特: 遠方出版社.

齊東方, 1994,『唐大金銀器研究』, 北京, 中國社會科學出版社.

朱國・金太順・李硯鐵, 1996,『渤海故都』, 黑龍江人民出版社.

朱國・朱威, 2002,『渤海遺迹』, 文物出版社.

周迅・高春明 編, 1966,『中國衣冠服飾大辭典』, 上海: 上海辭書出版社.

中共寧安市委宣傳部・寧安市文學藝術界聯合會, 2000,『鏡泊湖畔歷史文化名
　　　城-寧安』, 哈爾濱地圖出版社.

齊藤優, 1942,『半拉城-渤海の遺跡調査-』, 琿春縣公署.

齊藤優, 1978,『半拉城と他の史跡』, 半拉城址刊行會.

朱榮憲, 1878,『渤海文化』, 雄山閣.

鳥山喜一, 1968,『渤海史上の諸問題』, 風間書房.

3. 논문(필자명 가나다순)

<국문>

강승남, 1994, 「유적, 유물을 통하여 본 발해 제철,제강 기술에 대하여」, 『조선고고
　　　연구』, 1994년 2기.

강우방, 2002,「佛舍利莊嚴論-經典, 佛塔, 佛像의 상관관계」,『法空과 莊嚴』, 열화당.

강희정, 2003,「발해 불교미술의 신 해석」,『발해 고고학의 최신성과-「해동성국-발해」특별전기념국제학술대회발표요지』, 서울대학교박물관.

강희정, 2003,「발해 후기의 불교조각과 신앙」,『동악미술사학』4.

겔만 E.I(정석배 역), 2010,「러시아 연해주 발해유적 발굴의 결과와 의의」,『고구려발해연구』38.

金東宇, 2006,「渤海의 地方統治制의 運營과 그 變化」,『韓國史學報』24.

金理那, 1985,「三國時代의 捧持寶珠形菩薩立像의 硏究-百濟와 日本의 像을 中心으로-」,『美術資料』37.

김성구, 2005,「고구려 기와의 분류와 그 변천」,『고구려와당』, 경희대학교 중앙박물관.

김종혁·김지철, 1989,「신포시 오매리 금산발해건축지 발굴중간보고」,『조선고고연구』2.

김종혁·김지철, 1990,「신포시 오매리 절골1호발해건축지 발굴보고」,『조선고고연구』2.

김종혁, 1990,「청해토성과 그 주변의 발해유적」,『조선고고연구』1990-4.

김종혁, 1997,「동해안일대 발해유적의 고구려적 성격에 대하여」,『조선고고연구』1997-4

김창균, 1999,「러시아 연해주 발해 사원지 기와와 고구려 양식 계승에 대한 연구」,『강좌미술사』14.

金春實, 1990,「三國時代의 施無畏 與願印 如來坐像考」,『美術史硏究』4.

金太順, 1998,「上京龍泉府와 새로 발굴된 舍利函」,『高句麗硏究』6.

金惠瑗, 2008,「此岸과 彼岸의 만남: 敦煌 莫高窟의 <西方淨土變>에 보이는 건축 표현에 대한 一考」,『미술사연구』22.

김희찬, 2010,「발해 연화문 와당의 고구려 계승성 검토」,『고구려발해연구』36.

김희찬, 2010,「발해 연화문 와당의 문양 변화와 시기적 변천」,『白山學報』87.

류병홍, 1992, 「발해유적에서 드러난 기와막새 무늬에 대한 고찰」, 『조선고고연구』 1992-4.

리화선, 1989, 「고구려 평양성외성안의 리방의 형태와 규모 그 전개에 대하여」, 『력사과학』, 1989년 1기.

文明大, 1981, 「元五里寺址 塑佛像의 研究-高句麗 千佛像 造成과 관련하여」, 『考古美術』 150.

文明大, 1988, 「우리나라의 기와」, 『佛敎美術』 9.

文明大, 1992, 「코르사코프카 불교사원지 발굴」, 『러시아연해주 발해유적』, 대륙연구소.

文明大, 1998, 「渤海 佛像의 樣式變遷」, 『韓國佛敎美術史』, 한언.

文明大, 1999, 「渤海 佛敎彫刻의 流派와 樣式 研究」, 『講座美術史』 14(高句麗 · 渤海研究 Ⅱ).

박대남, 2009, 「사찰구조와 출토유물로 본 분황사 성격 고찰」, 『한국고대사탐구』, 한국고대사탐구학회, 2009년 6월 발표요지.

박룡연, 1994, 「고고학 방면으로부터 본 발해의 불교문화」, 『渤海史研究』 4.

方學鳳, 1986, 「渤海以國中京東京爲王都時期의 佛敎試探」, 『延邊大學學報』.

方學鳳, 1992, 「발해는 무엇 때문에 네 차례나 수도를 옮겼는가」, 『白山學報』 39.

方學鳳, 1992, 「발해의 절간자리에 대하여」, 『발해 유적과 그에 관한 연구』, 沿邊大學出版社.

方學鳳, 1993, 「貞惠公主와 貞孝公主의 墓에 대해서」, 『渤海史研究』 1.

백종오, 2012, 「발해 기와의 연구사적 검토」, 『白山學報』 92.

샤프쿠노프 E.V · 세메니첸코 L.E(송기호 역), 1990, 「소련 연해주의 발해 문화 연구」, 『한국사론』 23.

송기호, 1987, 「발해의 불교 자료에 대한 검토」, 『崔永禧선생華甲기념韓國史學論叢』, 탐구당.

송기호, 1992, 「발해 불교의 전개 과정과 몇 가지 특징」, 『韓國佛敎文化思想史』上 , 伽山 李智冠스님 華甲紀念論叢刊行委員會.

송기호, 1992, 「불정존승다라니경 跋文」, 『譯註 韓國古代金石文』Ⅲ 신라2 · 발해 편, 가락국사적개발연구원.

송기호, 1992, 「불사조 문양이 있는 발해의 막새기와」, 『미술자료』 50, 국립중앙박 물관.

송기호 · 全虎兑, 1992, 「咸和四年銘 渤海碑像 檢討」, 『西巖趙恒來敎授華甲紀念 韓國史學論叢』, 아세아문화사.

송기호, 2010, 「용해구역 고분 발굴에서 드러난 발해국의 성격」, 『고구려발해연구』 38, 고구려발해학회.

宋玉彬, 2013, 「발해 문양와당의 구조와 문자기와의 사용」, 『성곽과 기와』, 한국기 와학회 · 한국성곽학회.

신숙, 2004, 「統一新羅 平脫工藝 연구」, 『美術史學研究』 242 · 243.

심광주, 2012, 「남한출토 고구려 기와의 제작기법」, 『고구려 · 발해의 고고학』, 복천 박물관.

沈盈伸, 1997, 「통일신라시대 四天王像 연구」, 『美術史學研究』 216.

아스타셴코바 E.V(정석배 역), 2012, 「발해주민의 표현 및 장식-응용미술-연해주 유적발굴조사 자료를 통해-」, 『고구려발해연구』 42, 고구려발해학회.

안휘준, 1997, 「한일회화관계 1500년」, 『한국회화의 전통』, 문예출판사.

양시은, 2010, 「일제강점기 고구려 발해 유적조사와 그 의미」, 『고구려발해연구』 38.

梁銀景, 2003, 「中國 山東지역 隋代 佛敎石窟과 摩崖造像」, 『講座美術史』 20.

梁銀景, 2008, 「北韓의 불교사원지출토 高句麗, 渤海 佛像의 출토지문제와 계승 관계」, 『고구려발해연구』 31.

梁銀景, 2009a, 「中國 佛敎寺刹의 검토를 통해 본 百濟 泗沘期 佛敎寺刹의 諸問 題」, 『百濟研究』 50.

梁銀景, 2009b, 「고구려 소조불상과 중국 소조불상의 관계」, 『동북아역사논총』 24.

梁銀景, 2010, 「百濟 扶蘇山寺址 出土品의 再檢討와 寺刹의 性格」, 『백제연구』 52.

왕림안 · 고민 저(윤현철 역), 1999, 「발해의 상경유지에서 두번째 사리함이 출토」, 『발해사연구』 8.

早乙女雅博, 2003, 「발해 동경성의 발굴」, 『해동성국 발해』, 서울대학교박물관·영남대학교박물관.

李康根, 1999, 「渤海 上京 龍泉府의 寺院建築」, 『講座美術史』 14(高句麗·渤海研究 Ⅱ).

이난영, 1991, 「어자문기법」, 『진단학보』 71·72.

이병건, 2006, 「발해 사찰유적의 건축형식 연구」, 『高句麗研究』 22.

이블리예프 A.L(강인욱 역), 2006, 「러시아 연해주 발해고고학연구의 현황」, 『고구려연구』 25.

이상준·이규근, 2012, 「중원지역의 와요지」, 『한국기와학회 학술대회 발표집』, 한국기와학회.

이송란, 2009, 「미륵사지 금동사리외호의 제작기법과 문양 분석」, 『신라사학』 16.

李雨燮, 2013, 『渤海 蓮花文 瓦當 硏究』, 고려대학교 석사학위논문.

이인숙·최태선, 2011, 「평기와 용어 검토」, 『한국고고학보』 80.

이종수, 2009, 「발해 서고성 발굴현황과 그 의의」, 『고구려발해연구』 34.

이우섭, 2013, 「발해 연화문 와당 연구」, 고려대학교 석사학위논문.

林相先, 2006, 「渤海東京地域의 高句麗 文化要素」, 『高句麗研究』 25.

林碩奎, 1995, 「渤海 半拉城出土 二佛并坐像의 硏究」, 『佛敎美術硏究』 2.

林碩奎, 1998, 「東京大 所藏 渤海 佛像의 現狀과 性格」, 『高句麗研究』 6.

林碩奎, 1999, 「크라스키노사원지의 불상」, 『講座美術史』 14.

林碩奎, 2004, 「東京大 所藏 渤海佛像의 現狀과 性格」, 『高句麗研究』 6(발해건국 1300주년), 학연문화사.

林碩奎, 2005, 「발해 소조불상의 성격과 제작기법에 관한 연구」, 『북방사논총』 7.

임지윤, 2007, 『高麗時代 魚子文工藝品 硏究』 弘益大學校 大學院 美術史學科 석사학위논문.

장경국(方學鳳 역), 1996, 「발해상경절터현황에 대한 조사」, 『발해사연구』 7.

장상렬, 1971, 「발해 건축의 력사적 위치-[부록] 몇 개의 발해건축에 대한 외관복원」, 『고고민속론문집』 3.

장상렬, 1992, 「발해의 건축」, 『발해사연구론문집』 1.

조대일, 1988, 「발해의 공예」, 『조선공예사1(고대 중세편)』, 과학백과사전종합출판사.

주경미, 2003, 「중국 불사리 장엄의 연구 현황과 과제」, 『中國史研究』 26.

정석배, 2008, 「한·러 공동 발해유적 발굴조사의 성과와 과제」, 『고구려발해연구』 32.

정석배, 2011, 「연해주 발해시기의 유적 분포와 발해의 동북지역 영역문제」, 『고구려발해연구』 40.

채해정, 2001, 「통일신라 금속 및 칠공예품의 기법과 문양 연구」, 『미술사연구』 15.

최맹식, 2005, 「고구려기와의 특징」, 『한국 고대의 Global Pride 고구려』, 고려대학교 박물관 외.

최몽룡, 1998, 「서울대학교 박물관 소장 발해유물」, 『발해건국 1300주년』, 고구려연구회.

崔茂藏, 1989, 「渤海의 古墳·土器 및 裝身具」, 『韓國史論』 19.

崔聖銀, 1999, 「渤海(698~926)의 菩薩像 樣式에 대한 考察」, 『講座美術史』 14(高句麗·渤海研究 Ⅱ).

崔聖銀, 2006, 「羅末麗初 아미타불상의 圖像的 고찰」, 『講座美術史』 26.

崔聖銀, 2007, 「渤海 불교조각의 새로운 고찰-중국, 일본 고대조각과의 비교를 중심으로」, 『高句麗研究』 26.

최연식, 2005, 「8세기 신라 불교의 동향과 동아시아불교계」, 『불교학연구』 12.

최종택, 2006, 「고구려토기 연구」, 서울대학교 박사학위논문.

최진호, 2012, 「渤海 수막새를 통해 본 渤海文化의 性格」, 『선사와 고대』 36.

楊泓, 2000, 「中國 隋, 唐代 舍利容器」, 『佛舍利信仰과 그 莊嚴 ― 韓·中·日 舍利莊嚴具의 綜合的 檢討』 特別展 紀念 國際 學術 심포지엄 발표요지, 통도사성보박물관, 2000. 6. 16.

한규철, 2007, 「발해 5경의 성격과 기능」, 『발해의 강역과 영역변천』, 동북아역사재단.

한용걸, 1992, 「발해건축의 고구려적 성격에 대하여」, 『조선고고연구』 2.

한인호, 1997, 「금호지구 오매리절터에 대하여」, 『조선고고연구』 1997-1, 사회과학
    출판사.

해사샤프쿠노프 E.V(송기호 역), 1985, 「연해주의 발해문화유적」, 『백산학보 創立
    20周年記念號』, 백산학회.연구』 3, 연변대학교출판사 서울대학교출판부.

해사샤프쿠노프 E.V(송기호 역), 宋基豪譯, 1990, 「소련 沿海州의 渤海文化硏究」,
    『韓國史論』 23.

허형욱, 2006, 「崑崙奴 도상에 관한 연구 - 법주사 석조인물상을 중심으로 -」, 『불
    교미술사학』 4.

<중문>

甘肅省文物工作隊, 1966, 「甘肅省涇川縣出土的唐代舍利石函」, 『文物』, 1966年
    3期.

郭義孚, 1963, 「含元殿外觀復原」, 『考古』 10.

吉林市博物館, 1993, 「吉林省蛟河市七道河村渤海建築遺地淸理簡報」, 『考古-3』.

吉林省文物考古硏究所, 2009, 「吉林琿春市八連城內城建築基址的發掘」, 『考古
    -6』.

吉林省文物考古硏究所, 2009, 「吉林和龍市龍海渤海王室墓葬發掘簡報」, 『考古
    -6』.

吉林省文物編纂委員會, 1982, 『扶餘縣文物志』.

吉林省文物編纂委員會, 1983, 『汪淸縣文物志』.

吉林省文物編纂委員會, 1984, 『龍井縣文物志』.

吉林省文物編纂委員會, 1984, 『和龍縣文物志』.

吉林省文物編纂委員會, 1984, 『琿春縣文物志』.

吉林省文物編纂委員會, 1986, 『圖們市文物志』.

吉林省文物編纂委員會, 1985, 『敦化市文物志』.

吉林省文物編纂委員會, 1985, 『延吉市文物志』.

吉林省文物編纂委員會, 1986, 『長白朝鮮族自治縣 文物志』.

吉林省文物編纂委員會, 1986, 『蛟河縣文物志』.

吉林省文物編纂委員會, 1987, 『撫松縣文物志』.

吉林省文物編纂委員會, 1987, 『靖宇縣文物志』.

吉林市博物館, 1993, 「吉林省蛟河市七道河村渤海建築遺地淸理簡報」, 『考古-3』.

邱玉鼎·楊書杰, 1986, 「山東平陰發現大隋皇帝舍利寶塔石函」, 『考古』, 1986年 4期.

段鵬埼, 「陝西省何家村唐代金銀器小議」, 『考古』, 1980年 6期.

丹化沙, 1978, 「黑龍江寧安出土的舍利函」, 『文物資料叢刊』, 1978年 2期.

丹化沙, 1980, 「關于興隆寺渤海大石佛」, 『北方論叢』.

丹化沙, 1988, 「渤海上京近年發現的重要文物和遺迹」, 『遼海文物學刊』 2.

大同市博物館, 2007, 「大同北魏方山寺院佛寺遺址發掘報告」, 『文物』 4.

陶剛·王祥濱, 1999, 「寧安興隆寺大雄寶殿基址發掘」, 『北方文物』 2.

樊錦詩·關友惠·劉玉權, 1989, 「莫高窟隋代石窟分期」, 『中國石窟·敦煌莫高窟(二)』, 文物出版社.

傅熹年, 1973, 「唐長安大明宮含元殿原狀的探討」, 『文物』 7.

樊瑞平·郭玲, 1999, 「河北正定舍利寺塔基地宮淸理簡報」, 『文物』, 1999年 4期.

徐秀云, 2008, 「渤海故地再次發現舍利函」, 『北方文物』, 2008年 2期.

蕭默, 1976, 「敦煌莫高窟北朝壁畵中的建築」, 『考古』 2.

蕭默, 1989, 「敦煌莫高窟的洞窟形制」, 『中國石窟·敦煌莫高窟(二)』, 文物出版社.

孫秀仁, 1969, 「唐代渤海的佛像和舍利函」, 『黑龍江古代文物』, 黑龍江人民出版社.

孫秀仁, 1979, 「唐代渤海的佛像和舍利函」, 『黑龍江古代文物』, 黑龍江人民出版社.

孫元吉·樊万象, 1991, 「渤海故都上京龍泉府發現金佛」, 『北方文物』.

孫志虹, 2006, 「二唐寺, 都寶世間無－記山西南禪寺和佛光寺」, 『中華文化畵報』 8.

宋玉彬, 2009, 「渤海都城址研究」, 『考古』, 2009年 6期.

宋玉彬, 2010, 「曲背頭筒瓦研究」, 『慶祝宿白先生九十華誕文集』.

宋玉彬·劉玉成, 2011, 「渤海上京瓦當的類型學考察」, 『東北史地-5』.

宿白, 1997, 「隋代佛寺布局」, 『考古與文物』 2.

陝西省博物館·陝西省博物管理委員會, 1972, 「西安何家村發見唐代藏文物」,

『文物』, 1972年 1期.

柴澤俊, 1986, 「唐建佛光寺東大殿建築形制初析」『五臺山研究』1.

梁思成, 1993, 「我們所知道的唐代佛寺與宮殿」, 『敦煌吐魯番藝術叢書-敦煌建築』, 新疆美術攝影出版社.

寧安縣文物管理所·渤海鎮公社土臺子大隊, 1978, 「黑龍江省寧安縣出土的舍利函」『文物資料叢刊』2.

閻文儒, 1951, 「莫高窟的石窟構造及其塑像『文物參考資料』4.

溫玉成, 1992, 「龍門唐窟排年」『中國石窟·龍門石窟(二)』, 文物出版社.

魏存成, 1984, 「渤海的建築」『北方文物』4.

劉濱祥·敦仁, 1995, 「渤海瓦當的分類與分期研究」『北方文物-3』.

伊銘, 2007, 「大唐雙妹-南禪寺及佛光寺」『科學之友』5.

張慶國·李濟瑩, 2001, 「渤海上京寺廟遺址調査」『渤海上京文集 第一集』.

張太, 1981, 「大城子古城調査記」『文物資料叢刊』, 1981年 4期.

梓筠, 1979, 「寧安縣發現的唐代舍利函」『學習與探索』, 1979年 4期.

丁鳳平, 1992, 「略談我國佛光寺東大殿與日本招提寺金堂之異同」『文物季刊』4.

定縣博物館, 1972, 「河北定縣發現兩座宋代塔基」『文物』, 1972年 8期.

朱國, 1988, 「近年渤海上京及其附近發見重要遺跡·遺物」『遼海文物學刊』, 1988年 2期.

趙越, 2008, 「渤海瓦當類型學的考察及分期」『北方文物-3』.

趙哲夫, 2001, 「興隆寺渤海石佛損毀考」『渤海上京文集』.

趙虹光, 2009, 「渤海上京城建制研究」『北方文物-4』.

中國科學院考古研究所西安唐城發掘隊, 1964, 「唐靑龍寺遺址踏察記略」『考古』7.

中國科學院考古研究所西安工作隊, 1974, 「唐靑龍寺遺址發掘簡報」『考古』5.

中國社會科學院考古所西安唐城隊, 1989, 「唐長安靑龍寺遺址」『考古學報』2.

中國社會科學院考古研究所西安唐城工作隊, 1990, 「唐長安西明寺遺址發掘簡報」『考古』1.

肖雨, 1986, 「佛光寺的歷史」『五臺山研究』3.

崔順子, 2000,「渤海的佛教與蓮花紋裝飾圖案」『渤海文化研究』, 長春: 吉林人民
　　出版社.

楊鴻勛, 1984,「唐長安靑龍寺密宗殿堂(遺址4)復原研究」『考古學報』 3.

何明, 1983,「論唐代渤海的佛教」『博物館研究』, 1983年 3期.

河北文化局文物工作隊, 河北定縣北魏石函, 1966,『考古』, 1966年 5期.

黑龍江省文物考古研究所, 1986,「渤海瓦窯址發掘報告」『北方文物-2』.

黑龍江省文物考古研究所, 1999,「渤海國上京龍泉府遺址1997年考古發掘收獲」
　　『北方文物-4』.

黑龍江省文物考古研究所, 2009,「渤海上京城第四階段考古發掘主要收獲『文物
　　-6』.

<일문>

龜田博, 2000,「黃龍寺附近の坊」『日韓古代宮都の研究』, 東京: 生社.

驅井和愛, 1950,「渤海の佛像-特に二佛坐石像について-」『遼陽發見の漢代墳
　　墓』考古學研究第一冊, 東京大學文學部考古學研究室.

東野治之, 1988,「魚子打ちの技術」『正倉院』, 東京: 岩波書店.

三上次男, 1990,「半拉城出土の二佛坐像とその歴史的意義」『高句麗と渤海』, 吉
　　川弘文館.

蕭默, 1993,「莫高窟壁畵にみえる寺院建築」『中國石窟・敦煌莫高窟(三)』, 平凡社.

蕭默, 1993,「莫高窟壁畵にみえる寺院建築」『中國石窟・敦煌莫高窟(四)』, 平凡社.

松原三郞, 1992,「諸城派石造考-南北朝樣式上の位置に就いて-」『古美術』 103.

由水常雄, 1992,「中國・朝鮮の古代ガラス」『世界ガラス美術全集』 4 中國・朝
　　鮮, 九龍堂.

殷稼, 1992,「中國て發見された古代のガラス」『中國の金銀ガラス展』, NHK大阪
　　放送局.

李殿福(西川宏 譯), 1991,『高句麗, 渤海の考古學と歴史』, 學生社.

長谷川道隆, 1992,「北魏, 隋代の塔基と出土舍利容器—インドのストゥパを導

入して」『古文化談叢』28.

田村晃一, 2001,「渤海の瓦當文樣に關する若干の考察」『青山史學』19.

田村晃一, 2001,「渤海瓦 論再考」『早稻田大學大學院』47.

中野政樹, 1983,「日本の魚子文 -受容と展開」『Museum』393.

中村亞希子, 2006,「渤海上京龍泉府址出土軒丸瓦の編年」『東京大學考古學研
　　　究室研究紀要』20.

清水信行, 2009,「渤海上京龍泉府跡出土の瓦再考」『扶桑田村皇一先生喜_記念
　　　論文集』, 青山古考學會.

河上洋, 1983,「渤海の地方統治制 -一つの試論として-」『東洋史研究』42-2.

河上洋, 1987,「東北アジア地域の佛敎 -渤海を中心として」『大谷大學史學論
　　　究』1.

河上洋, 1992,「渤海の東京と二佛坐像」『佛敎史學硏究』35 - 2.

<영문>

Rawson, Jessica. *Chinese Ornament The Lotus and The Dragon*, London: The
　　　Trustee of the British Museum, 1984.

Schafer, Edward H. *The Golden Peaches of Samarkand*, Berkeley: University of
　　　California Press, 1963.

<노문>

Асташенкова Е.В., Болдин В.И., Декор концевых дисков Краскинского
　　　городища//Россия и АТР № 1. Владивосток. 2004. С. 122-129. (아스
　　　타셴코바 E.V., 볼딘 V.I., 2004, 「크라스키노 성터 출토 막새기와 문양」, 『러
　　　시아와 태평양지역』№ 1, 블라디보스톡, pp.122-129).

Болдин В.И., Ивлиев А.Л., Черепичное производство в Бохае (по материалам
　　　Краскинского городища)//Археология юга Сибири и Дальнего

Востока. Новосибирск Наука. 1984. С. 142-151. (볼딘 V.I., 이블리에프 A.L., 1984, 「발해의 기와 생산(크라스키노 성터 유물을 중심으로)」, 『극동과 남시베리아의 고고학』, 노보시비리스크, 나우카, pp.142-151).

Болдин В.И., Будийский храм Краскинского городища// проблемы этнокультурной истории дальнего востока и сопредельных территорий, Благовещенск, 1993, С49-59. (볼딘 V.I., 1993, 「크라스키노 성의 불교 사원」, 『극동과 그 주변 영역의 역사 민족문화의 문제점들』, 블라고베셴스크, pp.49-59).

Болдин В.И., Черепичные печи Краскинского городища//Проблемы археологии и палеоэкологии Северной, Восточной и Центральной Азии, 2003, С. 312-316. (볼딘 V.I., 2003, 「크라스키노 성터 기와 가마」, 『북, 동, 중앙아시아의 고고학과 고환경학의 문제들』, pp.312-316).

Гельман Е.И., Признаки развития черепичного производства в Бохае// Археология и социокультурная антропология Дальнего Востока и сопредельных территорий, 2003. Благовещенск: Изд-во БГПУ. С. 318-324. (겔만 E.I, 2003, 「발해의 기와 생산 발전과 특징들」, 『극동과 그 주변 영역의 사회문화 인류학과 고고학』, 블라고베셴스크, BGPY 출판사, pp.318-324).

Гельман Е.И., 2003. Эволюция Бохайской кровельной черепицы из Бохайских памятников Приморья//Проблемы археологии и палеоэкологии Северной, Восточной и Центральной Азии, РАН.- Новосибирск : ИАЭ СО РАН, 2003. -С.324-327. (겔만 E.I., 2003, 「연해주 발해유적 출토 발해기와의 발전」, 『북, 동, 중앙아시아의 고고학과 고생태학의 문제들』, 노보시비르스크 : 러시아과학원 시베리아지 고고학민족학연구소, pp.324-327).

Колзунов И.В., 1995. К вопросу о реконструкции кровли Абрикосовского храма Вестник ДВО РАН. № 2. С. 108-113. (콜주노프 I.V., 1995, 「아브

리코스 사원 지붕의 복원」, 『북태평양의 고고학』№ 2., 러시아 과학원 역사
학고고학민족학 연구소, pp.108-113).

Сун ЮйБинь. Анализ Культурных факторов декора концевых дисков
Бохайской черепицы//Средневековые Древности Примория,
Выпуск2, Владивосток, Дальнаука, 2012, C.295-323. (宋玉彬, 2012,
「발해기와 와당 문양의 문화요소 분석」, 『연해주의 중세 고대』 제2집, 블라
디보스톡, 달리나우카, pp.295-323).

Шавкунов Э.В., Декор бохайской кровельной черепицы и его
классификация, //Археология Северной Пасифики.-Владивосток,
ИИАЭ ДВО РАН, 1996. -C. 127-144. (샤프쿠노프 E.V., 1996, 「발해 지
붕 기와의 문양과 형식분류」, 『북태평양의 고고학』, 블라디보스톡 : 러시아
과학원 극동지부 역사학고고학민족학연구소, pp.127-144).